2015-2016年世界信息化发展蓝皮书

The Blue Book on the Development of World Informatization (2015-2016)

中国电子信息产业发展研究院　编著

主　编/樊会文

副主编/杨春立　潘　文

人民出版社

责任编辑：邵永忠
封面设计：佳艺时代
责任校对：吕　飞

图书在版编目（CIP）数据

2015–2016 年世界信息化发展蓝皮书 / 樊会文　主编；
中国电子信息产业发展研究院　编著 . — 北京：人民出版社，2016.8
ISBN 978–7–01–016506–6

Ⅰ．① 2…　Ⅱ．①樊…　②中…　Ⅲ．①信息产业—产业发展—研究报告—世界— 2015–2016　Ⅳ．① F49

中国版本图书馆 CIP 数据核字（2016）第 174703 号

2015–2016年世界信息化发展蓝皮书
2015–2016NIAN SHIJIE XINXIHUA FAZHAN LANPISHU

中国电子信息产业发展研究院　编著
樊会文　主编

人民出版社　出版发行
（100706　北京市东城区隆福寺街 99 号）

北京市通州京华印刷制版厂印刷　新华书店经销

2016 年 8 月第 1 版　2016 年 8 月北京第 1 次印刷
开本：710 毫米 ×1000 毫米　1/16　印张：18.5
字数：310 千字

ISBN 978–7–01–016506–6　定价：89.00 元

邮购地址　100706　北京市东城区隆福寺街 99 号
人民东方图书销售中心　电话（010）65250042　65289539

代 序

在党中央、国务院的正确领导下，面对严峻复杂的国内外经济形势，我国制造业保持持续健康发展，实现了“十二五”的胜利收官。制造业的持续稳定发展，有力地支撑了我国综合实力和国际竞争力的显著提升，有力地支撑了人民生活水平的大幅改善提高。同时，也要看到，我国虽是制造业大国，但还不是制造强国，加快建设制造强国已成为今后一个时期我国制造业发展的核心任务。

“十三五”时期是我国制造业提质增效、由大变强的关键期。从国际看，新一轮科技革命和产业变革正在孕育兴起，制造业与互联网融合发展日益催生新业态新模式新产业，推动全球制造业发展进入一个深度调整、转型升级的新时期。从国内看，随着经济发展进入新常态，经济增速换挡、结构调整阵痛、动能转换困难相互交织，我国制造业发展也站到了爬坡过坎、由大变强新的历史起点上。必须紧紧抓住当前难得的战略机遇，深入贯彻落实新发展理念，加快推进制造业领域供给侧结构性改革，着力构建新型制造业体系，推动中国制造向中国创造转变、中国速度向中国质量转变、中国产品向中国品牌转变。

“十三五”规划纲要明确提出，要深入实施《中国制造 2025》，促进制造业朝高端、智能、绿色、服务方向发展。这是指导今后五年我国制造业提质增效升级的行动纲领。我们要认真学习领会，切实抓好贯彻实施工作。

一是坚持创新驱动，把创新摆在制造业发展全局的核心位置。当前，我国制造业已由较长时期的两位数增长进入个位数增长阶段。在这个阶段，要突破自身发展瓶颈、解决深层次矛盾和问题，关键是要依靠科技创新转换发展动力。要加强关键核心技术研发，通过完善科技成果产业化的运行机制和激励机制，加快科技成果转化步伐。围绕制造业重大共性需求，加快建立以创新中心为核心载体、以公共服务平台和工程数据中心为重要支撑的制造业创新网络。深入推进制造业与互联网融合发展，打造制造企业互联网“双创”平台，推动互联网企业构建制造业“双创”服务体系，推动制造业焕发新活力。

二是坚持质量为先，把质量作为建设制造强国的关键内核。近年来，我国制造业质量水平的提高明显滞后于制造业规模的增长，既不能适应日益激烈的国际竞争的需要，也难以满足人民群众对高质量产品和服务的热切期盼。必须着力夯实质量发展基础，不断提升我国企业品牌价值和“中国制造”整体形象。以食品、药品等为重点，开展质量提升行动，加快国内质量安全标准与国际标准并轨，建立质量安全可追溯体系，倒逼企业提升产品质量。鼓励企业实施品牌战略，形成具有自主知识产权的名牌产品。着力培育一批具有国际影响力的品牌及一大批国内著名品牌。

三是坚持绿色发展，把可持续发展作为建设制造强国的重要着力点。绿色发展是破解资源、能源、环境瓶颈制约的关键所在，是实现制造业可持续发展的必由之路。建设制造强国，必须要全面推行绿色制造，走资源节约型和环境友好型发展道路。要强化企业的可持续发展理念和生态文明建设主体责任，引导企业加快绿色改造升级，积极推行低碳化、循环化和集约化生产，提高资源利用效率。通过政策、标准、法规倒逼企业加快淘汰落后产能，大幅降低能耗、物耗和水耗水平。构建绿色制造体系，开发绿色产品，建设绿色工厂，发展绿色园区，打造绿色供应链，壮大绿色企业，强化绿色监管，努力构建高效清洁、低碳循环的绿色制造体系。

四是坚持结构优化，把结构调整作为建设制造强国的突出重点。我国制造业大而不强的主要症结之一，就是结构性矛盾较为突出。要把调整优化产业结构作为推动制造业转型升级的主攻方向。聚焦制造业转型升级的关键环节，推广应用新技术、新工艺、新装备、新材料，提高传统产业发展的质量效益；加快发展3D打印、云计算、物联网、大数据等新兴产业，积极发展众包、众创、众筹等新业态新模式。支持有条件的企业“走出去”，通过多种途径培育一批具有跨国经营水平和品牌经营能力的大企业集团；完善中小微企业发展环境，促进大中小企业协调发展。综合考虑资源能源、环境容量、市场空间等因素，引导产业集聚发展，促进产业合理有序转移，调整优化产业空间布局。

五是坚持人才为本，把人才队伍作为建设制造强国的根本。新世纪以来，党和国家深入实施人才强国战略，制造业人才队伍建设取得了显著成绩。但也要看到，制造业人才结构性过剩与结构性短缺并存，高技能人才和领军人才紧缺，基础制造、高端制造技术领域人才不足等问题还很突出。必须把制造业人才发展摆在更加突出的战略位置，加大各类人才培养力度，建设制造业人才大军。以提高现代经营管理水平和企业竞争力为核心，造就一支职业素养好、市场意识强、熟悉国内外经济运行规则的经营管理人才队伍。组织实施先进制造卓越工程师培养计划和专业技术人才培养计划等，造就一支掌握先进制造技术的高素质的专业技术人才队伍。大力培育精益求精的工匠精神，造就一支技术精湛、爱岗敬业的高技能人才队伍。

"长风破浪会有时，直挂云帆济沧海"。2016 年是贯彻落实"十三五"规划的关键一年，也是实施《中国制造 2025》开局破题的关键一年。在错综复杂的经济形势面前，我们要坚定信念，砥砺前行，也要从国情出发，坚持分步实施、重点突破、务求实效，努力使中国制造攀上新的高峰！

工业和信息化部部长 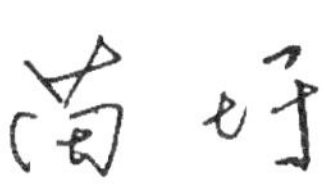

2016 年 6 月

前 言

当今世界，信息技术发展日新月异，信息化的巨大带动性和广泛渗透性，决定了其在促进经济发展、转变发展方式、促进社会就业等方面的重要作用。信息化已经成为经济社会发展的大趋势，无论是发达国家，还是发展中国家纷纷推出信息化相关国家战略，这些战略规划的根本目的是打造国家竞争新优势，反映了世界各国抢占新一轮国际竞争制高点的战略意图和决心。2015 年，新一轮科技革命和产业变革持续发酵，信息技术创新应用层出不穷，信息化加速与经济社会各领域深度融合，信息化引发经济社会结构、组织形式、生产生活方式发生重大变革。全球信息网络加速向高速化、泛在化、智能化方向发展，信息化使网络社会、在线政府、数字生活成为现实，信息技术不断突破原有技术架构和发展模式，信息化日益创造出新的增长点，使得经济增长质量和效益得到极大的提高，信息化成为推动经济高速增长和社会快速发展的主要增长因素。

本书主要跟踪世界主要发达国家和地区信息化发展最新趋势，内容涵盖信息网络建设、信息通信技术创新、信息产业、智能制造、信息安全、社会信息化、电子政务等方面。在此基础上，总结归纳 2015—2016 年世界信息化主要进展，并对未来世界信息化趋势进行研判。撰写中参考和引用了大量文献，并尽可能按照客观、精简、聚焦的原则进行分析论述，力争为信息化工作者和研究者提供最新的有用信息。

由于时间和水平有限，错误和疏漏之处在所难免，恳请读者批评指正。

目 录

综合篇

发展篇

领 域 篇

热点篇

政 策 篇

展望篇

附 件

综 合 篇

第一章　2015年世界信息化发展背景

第一节　信息化成为促进全球经济转型发展的重要驱动力

当前，信息化已经成为促进全球经济转型发展的重要驱动。实体经济与虚拟经济相结合，物质生产与服务供应、知识管理相结合，硬件制造与软件开发相结合，产业边界不断拓展，传统农业、工业和服务业的生产方式和组织形式发生了深刻的变革，新型业态层出不穷，信息化不断创造出新的增长点，经济增长质量的效益得到极大的提高。随着新一代网络信息技术的推广应用，世界各国工业、农业、服务业等传统行业与互联网技术加速融合，不断向智能化方向发展。所有的国家都已经认识到ICT产业能提升国家的竞争力和创新能力，无论是美国、欧盟，还是亚洲、非洲国家，都已发布了ICT产业创新战略，旨在使其成为未来经济增长的“推动者”。2011—2015年全球ICT产业年均增长高于全球GDP增长速度。据波士顿公司研究，2016年G20的互联网经济将达4.2万亿美元，未来五年发展中国家的互联网经济将以平均17.8%的速度增长，远超过其他任何一个传统产业[1]。

第二节　信息技术应用促进传统产业迈向智能化

随着新一代信息技术的推广应用，世界各国工业、农业、服务业等传统行业与互联网技术加速融合，不断向智能化方向发展。其中，互联网助推下的精

[1]《信息化引领转型发展新时代》，经济日报，罗文，2015年9月。

准农业行业呈现迅猛增长势头。据《2020年全球精准农业市场预测》报告显示，2016年到2020年，全球精准农业市场预计将以12.2%的年复合增长率增至45.5亿美元。同时，大数据技术开始在全球农业中得到广泛运用，并成为资本与农业产业巨头投资的方向，包括孟山都在内的农业产业领先公司都涉及农业大数据应用服务领域。全球领先的农产品电子商务平台不再把业务重点放在简单的农产品在线买卖，而是从模式创新到供应链重构，不断探索建设基于平台的农产品采购生态体系，实现农村电商的可持续发展。Local Harvest深耕供应链上下游环节，实现消费端和供给端的双向整合。信息技术加快向传统制造业渗透，推动产业链垂直整合、服务化转型和企业跨界发展，使得产业附加值的知识和信息含量不断提升，推动了规模经济向知识经济的延伸发展，加速了传统产业向高端制造和现代服务业转变。以美国为例，相继出台《重振美国制造业框架》《先进制造业伙伴计划》《先进制造业国家战略计划》，最近又发布《制造业创新中心网络发展规划》。这些政策的重要一环是推动信息技术与制造业充分融合，通过新技术助推产业升级化解高成本压力，支撑未来经济增长的高端产业，以保持世界创新领先者的绝对主导地位。大数据、云计算、物联网等新技术在给物流企业带来挑战的同时，也带来了机遇。IBM全球企业咨询服务部专家提出，智能物流将成为信息化物流的下一站。世界银行发布《物流绩效指数》报告指出，高收入国家占据世界排名前十，德国整体物流绩效在世界排名中高居榜首，与其物流业信息化水平较高不无关系。2015年，全球P2P网贷、众筹融资、第三方支付、基于互联网销售的各类金融产品和服务都呈现快速增长。

第三节　社会领域信息化大幅提升基本公共服务普惠化水平

信息化的创新发展，创造了政府管理新手段，建立了公共服务新模式，极大地拓展了人类的生活空间。政府管理服务向移动化方向发展，信息资源集中共享，流程管理规范有序，分析决策科学可控，政府各部门业务协同和政策协调效率大大提升。目前，在美国、英国、德国、挪威、芬兰、瑞典等发达国家和众多发展中国家，新一代信息技术已经被广泛应用于经济社会发展各领域，政府与居民、企业间的沟通方式更加多样化，沟通渠道不断拓展，提高了百姓和企业的感知度。特别是近年来，随着新技术新应用的快速发展，公众对政府管理与服务模式提出更高的期望。各国纷纷推动电子政务发展模式创新，有效支撑服务型政府建设。同时，网络化、数字化教育与终身学习理念不断融合，推动教育理念、模式深度变革，加速优质教育资源的均衡配置和开放共享。世界主要国家纷纷通过网络在线教育的方式扩展教育领域提高全民的教育程度。一项盖洛普（Gallup）民意调查结果显示，美国民众对大学在线教育的支持率呈上升趋势，已由2011年的30%上升为2015年的40%。为应对老龄化社会的到来，发达国家纷纷推动远程医疗、移动医疗、网上预约等医疗服务新模式，为现代人群提供随时随地、高效便捷的个人健康跟踪服务和管理，满足民众多层次、多样化的医疗卫生服务需求。再如，英、法、德、美等发达国家先后把国民数字健康档案建设作为应对病源谱变化的决策支持系统，德、意、澳等国更是把医疗救治建立在远程医疗的基础之上，有效实现了医疗保险和医疗救护之间的科学配置。

第四节　信息技术不断突破原有技术架构和发展模式

当前，以互联网持续创新和信息化深入应用为引领，信息技术不断突破原有技术架构和发展模式，从感知、传输、计算到信息处理的各主要环节均进入代际跃迁的关键时期，信息技术正在步入体系化创新和群体性突破的新阶段。信息通信技术与制造、材料、能源、生物等技术学科交叉渗透日益深化，催生了深度学习、人脑模拟、虚拟现实、信息材料、生物传感等新一批技术，创造了工业互联网、能源互联网、智能材料、生物芯片等新产业，引发多领域、多维度、系统性、革命性群体突破。当前，摩尔定律的“天花板”效应日益凸显，软件作为ICT产业创新最活跃、增长最快速的领域，正在主导和定义经济社会各领域业务运行的基本理念和模式。互联网打破了时空界限，使ICT能力如同自来水一样唾手可得，实现随时随地按需所取；云服务降低了人们享用IT资源的成本与壁垒，促进了信息技术更广泛的应用。据IDC预测，2016年世界IT和电信支出将增长3.8%至3.8亿美元以上，几乎所有的支出增长和总支出的1/3将集中在新技术，如移动、云、大数据分析和物联网上[1]。

[1]http://www.idc.com/prodserv/4Pillars/bigdata，2015年9月。

第五节　制网权成为各国激烈角逐和大国博弈的全新领域

目前，互联网已经覆盖了 224 个国家和地区，全世界网民数量超过 25 亿，部分发达国家网络普及率接近 100%，移动互联网络覆盖全球人口的 90%[1]。网络化生活已经成为人们生活的常态，网络新边疆的行程，扩大了各国国家安全的领域，成为新的挑战和问题。近年来，各国纷纷把维护国家在网络空间的安全和利益作为信息时代的重大战略，加速信息技术创新和构建自主产业体系，掌控信息获取、利用、控制的主动权，构建自主产业生态格局，事关国家安全和长远发展，深刻塑造国际政治经济新格局新秩序。2015 年 12 月，英国发布了首个《国家空间政策》，首次阐释了更广泛的政府层面的网络空间探索方法，并保证持续投资颠覆性的空间技术、数据与市场应用型技术。同样是 12 月，美国白宫发布了《网络威慑战略》文件并提出具体的举措，如提高快速响应能力、加强政策战略宣传、进一步发展情报能力、加强国际合作等等。

[1]《衡量信息社会报告2015》，国际电信联盟，2016年1月。

第二章　2015年世界信息化发展特点

第一节　信息基础设施更新换代加速

近年来，不但是发达国家，很多发展中国家从带动国家经济发展的角度都提出了国家宽带战略，提出了在普及率或速率方面的发展目标，并相应提出了具体的政策和措施。世界主要国家纷纷加快超高速光纤宽带基础设施升级。根据ITU跟踪调查结果，2015年全球已实施了宽带计划和政策的国家达到148个，但其增速在近几年有所减缓。2015年底，全球移动蜂窝用户数将达到71亿，基本接近全球人口总数，平均每百人中就有97个移动蜂窝用户；移动宽带用户数将达35亿，占全部移动蜂窝用户数的48.8%，移动宽带用户数以4.4∶1的比例超过固定宽带用户数（2014年为3∶1)。亚太地区移动宽带的增长主导了全球市场增长态势，该地区移动宽带用户数占全球用户数的比例从2014年的45%上升至2015年的50%以上[1]。与此同时，下一代互联网和新型网络架构正成为未来发展的关键基础设施，物联网、云计算、大数据、工业互联网等应用基础设施即将助推经济社会转型发展。据IC Insights调查，2015年初，全球大数据市场规模实现53.2%的增长，远快于整个信息和通信技术市场增长速度；受各国战略引领和市场推动，全球范围内与物联网链接的子系统与各种设备内部的网络通信、感测与控制功能相关的半导体组件市场规模有望成长29%，达到624亿美元。

[1]《衡量信息社会报告2015》，国际电信联盟，2016年1月。

第二节　智慧产业成为传统产业智能转型的必然产物

在全球范围内智能制造、智慧城市正在快速发展，这使得传统产业智能化改造，催生一批新兴的智慧产业。集成电路、人工智能、量子通信、虚拟现实、3D打印等新技术在经济社会各领域应用深度和广度日益扩大，推动着产业的智能化转型；无人驾驶汽车、无人飞机、数控机床、智能机器人、智慧家庭、可穿戴设备等高度智能化产品的商业化步伐不断加快。麦肯锡、思科等认为未来10年万物互联（IoE）带来的商业价值将达到19万亿美元，连接到互联网的设备数量将从目前的百亿级增加到千亿级。信息物理生产系统（CPS）正在引领制造方式的变革，制造装备正从制造单元向智能工厂和智能生产演进；智能制造整体解决方案推动企业从产品制造转向提供具有丰富内涵的产品和服务。全球研发设计、生产制造、服务交易等资源配置体系通过信息技术加速重组，网络众包、异地协同设计、大规模个性化定制、精准供应链管理等新模式构建企业新竞争优势。美国“工业互联网”战略和德国“工业4.0”战略都聚焦于智能制造这一未来产业竞争制高点。同时，在世界范围内智慧城市的蓬勃发展已成为助推经济增长、社会转型的重要一极。英国、日本、韩国、加拿大纷纷制定相应战略，通过鼓励发展智慧城市相关的新技术、新产品、新模式、新业态，特别是信息技术与服务业的融合创新，促进信息消费、拉动经济增长，同时带来良好的社会效益。

第三节　数字竞争力成为构筑国家综合优势的关键所在

世界主要国家围绕建立数字竞争优势，不断强化信息化战略布局，加快核心技术产业的建设，不断强化信息化背景下的技术发展主导权。国家间的信息资源开发利用和控制权之争正上升为国家间战略竞争。发达国家不断增强对全球尖端信息科技的掌控能力，构建国家数字竞争力成为各国国家战略的优先选择。2015年7月，美国正式启动国家战略性计算计划（National Strategic Computing Initiative，NSCI），旨在使高性能计算（HPC）研发与部署最大限度地造福于经济竞争与科学发现。美国也是率先将量子通信列入国家战略、国防和安全的研发计划,《保持国家竞争力》计划更是把量子通信作为重点支持的方向,量子密码通信(量子密钥)、量子计算等技术取得阶段性进展。同年 10 月,俄罗斯公布“国家技术计划”首批四个市场网络发展路线图,其核心目标是发展未来 15—20 年具有广阔前景的新兴高技术市场,培育出若干具备国际影响力的技术型大企业,以应对由信息技术引发的新一轮全球技术革命的迅速兴起。欧盟发布了《量子信息处理和通信:欧洲研究现状、愿景与目标战略报告》,明确提出欧洲未来 5 年和 10 年量子通信发展的中长期目标,包括实现地面量子通信网络、星地量子通信、空地一体的千公里级量子通信网络等,并将量子中继和星地量子通信、实现上千公里量级量子密钥分配作为战略发展重点[1]。2015 年底,法国公布了 Developpementet Numerique(开发和数字化)行动计划,其重点在于促进发展中国家的数字化系统,更好地发挥发展中国家的数字化潜力,包括提高宽带普及率、促进开放和多元文化的互联网发展、促进企业发展及创新、进行数字技能培训等。

第四节 云计算 + 大数据模式奠基信息经济新阶段

近年来全球数据规模爆发式提升,如今数据作为一种生产要素,介入了财富创造的过程,实现着由信息技术到数据技术的升级。根据 Wikibon 的数据显示,2015 年初全球大数据市场规模达到 285 亿美元,同比增长 53.20%,其预计 2015—2017 年全球大数据市场规模分别可达到 383 亿美元、452 亿美元和 500 亿美元。同时根据 IDC 的数据,2015 年初全球云计算市场规模大约 1520 亿美元,与此前 Gratner 的预测较为一致,同时 IDC 还预计到 2020 年全球将有 3 万亿美元通信技术增量由云计算产生[2]。根据 IDC 的预测,2015 年,82% 的新应用都将运行在云计算平台上,而到 2020 年,云计算业务将占到所有 IT 系统的 27%。可以看到,随着当前经济形态由工业经济逐步向信息经济加速转变,基础设施的巨变也日益彰显。同时,根据全球云计算 + 大数据的应用情况,云计算 + 大数据产业应用正在加速落地,正从移动互联网、电子商务、游戏等中小企业用户用云为主,

[1]http://europa.eu/publications/official-documents/index_en.htm, 2015.03.
[2]http://wikibon.org/, 2016.01.

发展到传统大中型企业上云加速，金融、政府、能源、交通、制造等行业用户纷纷着手采购云计算服务，未来云计算 + 数据的市场应用前景较为广阔。新的基础设施如云、网、端三部分正发挥着越来越重要的作用。我们认为目前中国已全面进入信息经济发展的新阶段，而云计算作为新信息基础设施的核心，未来将有望推动技术发展从传统的计算机 + 软件范式转向云计算 + 数据模式的转型，无疑也将担负起信息经济新阶段的重任。

第五节 “零”边际成本驱动共享经济“无边界”扩张

《零边际成本社会》的作者里夫金分析认为，在数字化经济中，社会资本和金融资本同样重要，使用权胜过了所有权，可持续性取代消费主义，合作压倒了竞争，“交换价值”被“共享价值”取代。共享经济以“共享之名”锁定用户群实现“无边界”扩张[1]。分享无处不在，从生活走向生产领域。目前，所有的通信网络、能源网络和交通网络通过物联网整合。随着“零边际成本社会”的发展，“协同共享”这一新的经济模式将不断壮大。里夫金认为，“协同共享”的经济模式将改变传统产业，正如现在音乐和书籍的电子化对于传统行业的冲击。以 Uber 和 Airbnb 为例，其惊人的成长速度在传统经济模式下是不可想象的，也正是得益于共享经济这种对“沉没”的闲置资源进行再利用的经济模式，它们才能以如此“轻”的资产而调动如此广阔的资源，从而获得自身爆炸式的发展。在美国，最典型的共享经济代表者 Uber 和 Airbnb 已加入了“百亿美金俱乐部”，并分别成为全球估值第一和第三的创业公司。Uber 成立于 2010 年，目前已进入全球 58 个国家的 311 个城市，2015 年初全球交易额 30 亿美元，是没有汽车的全球最大出租车公司;Airbnb 成立于 2008 年，目前用户遍布 190 个国家近 34000 个城市，2015 年初全球交易额 40 亿美元，是没有房产的全球最大住宿服务提供商[2]。据 Crowd Companies 统计，截至 2015 年 1 月，共享经济已涉足交通、房屋、能源、物流、娱乐等十多个领域，并且仍以惊人的速度在拓展。共享经济同样也是 2015 年夏季达沃斯论坛中的热点词汇，各国纷纷意识到共享经济是拉动经济增长的新途径，互联网更是推动发展的强大动力，是发展分享经济的重要推手。

[1]《零边际成本社会》，杰里米・里夫金，2014年3月。
[2]《零边际成本社会》，杰里米・里夫金，2014年3月。

第三章 2015年世界信息化发展存在的主要问题

第一节 世界各经济体间差距日益扩大

据国际电联发布新版《衡量信息社会报告 2015》统计，韩国位居国际电联 ICT 发展指数（IDI）排行榜榜首，紧随其后的是排名第二的丹麦和第三的冰岛。2015 年，几乎所有接受调查的国家的 IDI 排名均有所提升。在过去五年中，IDI 值分布居中和垫底的国家之间的差距正在拉大。最不发达国家的 IDI 增长低于其他发展中国家，尤其在 IDI“使用”分指数方面落后，这可能影响到其受益于 ICT 发展的能力。不同区域之间的 IDI 平均值相差悬殊。37 个非洲国家中有 29 个处于 2015 年 IDI 最低的四分之一国家的行列，其中包括 11 个排名垫底的国家，凸显了解决非洲和其他区域数字差距问题的重要性。美洲约 29 个国家进入了全球前一半国家的行列。亚太地区 ICT 发展参差不齐，也反映出经济发展水平之间的巨大差异。独联体（CIS）地区国家的变化幅度最小，反映出该地区经济在一定程度上的相似性。该地区所有国家在世界排名中均处于中等偏上。在欧洲，除阿尔巴尼亚外，平均值高于全球 IDI 均值 5.03，在全球 IDI 排名中均在中等以上，反映出该地区高度的经济发展水平[1]。

第二节 全球范围内网络延伸遭遇发展瓶颈

据国际电联发布新版《衡量信息社会报告 2015》统计，虽然互联网上网人数空前增长，但从历年比较来看增幅趋缓。截至 2015 年年底，全球约 46% 的家

[1]《衡量信息社会报告2015》，国际电信联盟，2016年1月。

庭将可在家中上网，而2014年和2010年的数字分别为44%和30%。在发达国家，现已有81.3%的家庭拥有住宅互联网接入，发展中国家的比例为34.1%，而联合国48个最不发达国家仅为6.7%。最新数据表明，互联网使用增长放缓，在增速达到2014年的7.4%以后，2015年的全球增长为6.9%。移动宽带依然是发展最为迅速的业务，全球移动宽带订户数量在五年间增长了三倍多，从2010年的8亿增至2015年的约35亿。然而，移动网络覆盖在延伸至最后5亿人遭遇瓶颈。蜂窝移动业务目前已覆盖全球95%以上的人口，这意味着世界上依然有约3.5亿人居住在移动网络尚未覆盖的地区，而一年前这一数字为4.5亿，呈逐年递减的趋势，但递减的速率却在逐年减少[1]。

第三节　数据和网络信息安全仍然是各国关注重点

目前，全球互联网覆盖的国家和地区越来越多，全世界网民数量超过25亿，部分发达国家网络普及率接近100%，移动互联网络覆盖全球人口的90%。网络新边疆的行程，扩大了各国国家安全的领域，成为新的挑战和问题。网络空间呈现政治化、军事化、情报化的趋势，网络空间主权呈现前所未有的挑战。从“震网”病毒、“火焰”病毒到“棱镜门”事件，再从DDos、APT等大规模、高级可持续性网络攻击到全球针对金融机构、电信网络以及普通民众的网络诈骗行为，使各国不得不认识到问题的严峻性和迫切性。面对网络与信息安全面临的新竞争环境，各国把网络安全战略政策的制定和落实，网络组织机构的建设和完善列为重要任务。截至2015年，全球发布网络空间安全战略的国家已经超过60个[2]。同时，以云计算、大数据、移动互联网为代表的新一代信息技术的发展和应用，带来了网络和信息安全的新挑战，云安全、数据安全、移动安全形势成为世界范围内关注的焦点，移动安全威胁等呈现跨平台趋势。

第四节　数字及网络监管成为各国面临的新挑战

互联网在造福人类的同时，也催生了一个更为复杂的社会生态环境。网络

[1]《衡量信息社会报告2015》，国际电信联盟，2016年1月。
[2]《衡量信息社会报告2015》，国际电信联盟，2016年1月。

空间治理与物理世界治理既有继承性和一致性，也面临监管缺失、规则重构等诸多新的问题。2015 年，TPP 缔约方披露了 TPP 协定全文文本，其中“电信”章节鼓励网络接入竞争规则也适用于移动网络供应商，对于稀缺电信资源的分配和使用，包括频率、号段、网路权（rights-of-way）等，它们承诺以一种客观、及时、透明和非歧视的方式进行管理。在“电子商务”章节中，确保互联网和数字经济的驱动力——全球信息和数据的自由流动，但须遵循合法的公共政策目标，例如个人信息保护等[1]。同时，为了打破欧盟境内的数字市场壁垒，欧盟委员会公布了“欧洲数字一体化市场”（Digital Single Market）战略的详细规划。同时，欧洲议会投票通过了欧盟理事会一项有关确立互联网接入服务的“网络中立（net neutrality）”原则的提案，意味着“网络中立”原则已在欧盟层面以法律形式确立。网络中立原则的确立，是欧盟建立电信单一市场，并进而构建数字单一市场战略的重要步骤。

第五节　宽带成本和可承受性困扰各国可持续发展

《衡量信息社会报告》，蜂窝移动业务的价格在全球范围内持续下降。最不发达国家的蜂窝移动价格指数也在不断下滑，从 2008 年占人均国民总收入的 29% 降至 2014 年年底的 14%。过去一年出现的最大幅度的移动宽带价格下降，使全球业务价格的可承受性平均提高了 20% 至 30%。到 2015 年年初，111 个经济体（采自 160 个经济体提供的数据），包括世界上所有发达国家和 67 个发展中国家，都达到了宽带数字发展委员会确定的宽带业务费用不超过月平均工资 5% 的目标。然而，22 个发展中国家的宽带价格依然占人均国民总收入的 20% 以上。报告还指出，尽管移动宽带价格在可承受性方面的成果颇丰，但固定宽带价格在经历了若干年的持续下降后，又于 2013 年至 2014 年间有所抬升。尤其在最不发达国家，固定宽带业务依然令人无法承受，致使多数最不发达国家在固定宽带价格指标方面垫底。2014 年平均固定宽带价格指标从一年前占人均国民总收入的 70% 飙升至 98%，而这无助于提高世界上最贫困国家已然极其低下的固定宽带采用率[2]。

[1]https://tppinfo.org/，2015.03.
[2]《衡量信息社会报告2015》，国际电信联盟，2016年1月。

发 展 篇

第四章　2015年世界信息基础设施发展情况

第一节　发展特点

一、各国相继出台宽带发展的新战略，互联网覆盖面日益扩大

当前，将宽带列入国家性战略的国家数量不断增长。据 ITU 跟踪调查结果，至今，世界上有大约 140 个国家制定了相关的国家宽带计划、战略或政策，另外，将有 13 个国家计划推出这样的措施（见图 4-1）。当前，全球已悄然实现了网络的大规模覆盖。国际电联发布的 2015 年度《衡量信息社会报告》显示，2000 年至 2015 年期间，互联网用户普及率几乎提高了 7 倍，上网人数已达 32 亿人，占全球人口的 43.4%。截至 2015 年年底，全球几乎 46% 的家庭将可在家上网。在发达国家，现已有 81.3%的家庭拥有住宅互联网接入。发展中国家的互联网用户数量在五年中（2010—2015 年）近乎翻番。

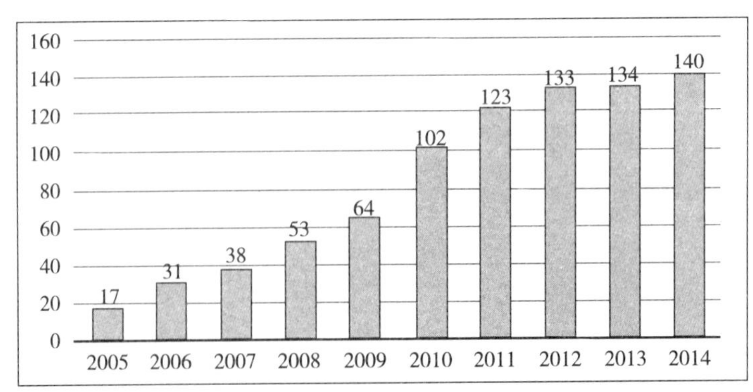

图 4-1　制定国家宽带计划的国家数

资料来源：国际电联，2015 年 3 月。

二、宽带降费进程加快，光纤宽带对固网业务的拉动作用日益显著

各国政府通过适当的监管和市场力量，固定宽带价格占人均国民总收入的比重下降了65%[1]，宽带服务价格变得更加优惠。2008年至2011年间，发展中国家的宽带服务价格急剧下降。根据《2014年全球宽带状况报告》数据显示，目前在111个国家中，宽带价格是可承受的，基本（固定或移动）宽带一揽子服务的成本低于人均国民总收入（GNI）的5%。传统固定电话业务在全球范围内不同程度走向饱和与衰退，固网业务的发展面临增长乏力的困境。在此背景下，光纤正成为带动固网业务复苏的核心驱动力。北美Verizon等企业的光纤用户已占到宽带用户的70%，光纤接入收入占固网业务收入的比重已接近70%，带动固网业务收入持续增长。

三、5G技术研究步伐加速，SDN成为下一代无线网络重要组成部分

国际电信联盟公布了5G技术标准化的时间表，5G技术正式名称为IMT-2020，标准将在2020年制定完成。对于研究5G毫米波移动无线接入技术的国际联盟mmMAGIC正进行技术研发。有关国际标准化组织已初步明确2016年正式启动标准研制，欧洲、韩国和日本等国家都成立了一些5G研究或推进组织，提出了5G商用时间表，发布了一系列研究报告和白皮书等，众多手机生产企业已针对部分5G关键技术研制出概念样机。越来越多的运营商意识到，可以将SDN架构用于提高业务提供和资源分配的灵活性，如德国电信、Telstra等运营商开始在OSS/BSS和策略控制等网元引入SDN架构，加快提供新业务的速度和灵活性。2014年的MWC_L，SDN成为一个亮点。十余家公司宣布运营商级的SDN和网络功能虚拟化产品。AT&T已经宣布首批助其迁移至软件定义网络（SDN）并实现网络功能虚拟化（NFV）的厂商名单。其中包括全球最大的移动通信设备商爱立信、自称网络协作专家的Tail-F Systems和云计算网络公司Metaswitch，它们将负责提供设计和部署建议。同时，AT&T公司还与A ffi rmed Networks合作，致力于研发虚拟演进分组核心网络（vEPC），而爱立信还将在集成与转换服务方面为其提供专业咨询意见。AT&T在开放网络峰会上宣布将利用SDN转向更灵活的组网策略，将推出用户定义的网络云。AT&T计划提供基于用户需求的弹性网络服务，就像今天云服务提供商提供的云计算和存储服务一样。传统电信网络可能

[1]国际电信联盟：《2014年全球宽带状况报告》，2015年3月。

需要相当长的时间（或许10年）来调整、适应SDN的新架构。但是，随着业务流量的快速增长和降低成本压力的不断加大，电信运营商可能会被迫加快其转变速度。

第二节　重点地区发展概况

一、韩国

韩国是全球网络基础设施最为完善、网速最快的国家。国际电信联盟（ITU）30日公布的一份最新报告显示，韩国在通信基础设施方面位列各国之首。根据Akamai发布的《2015年第三季度互联网状况报告》显示，韩国宽带网络的平均连接速度达20.5Mbps。

LTE基站建设方面，根据韩国通信委员会和中央无线电管理办公室的统计数据，SK电讯的LTE建设全国领先，拥有大约17.32万座LTE基站，LG U+拥有14.65万座LTE基站，韩国电信拥有12.70万座LTE基站。而在LTE-A基站方面，韩国电信、SK电讯和LG U+三大运营商拥有的基站数分别达10.80万座、6.39万座、3.76万座。

5G推进方面，韩国从两方面入手，一方面是韩国成立了5G论坛，论坛的目标是制定韩国5G的发展战略，推动韩国5G的概念、需求、技术以及产业化的相关研究，目前成员有十多家单位。另一方面是韩国启动了Giga Korea项目。这个项目不光是5G通信技术，还包括终端和业务，是比较全面的一个项目。

二、新加坡

随着电子商务、电子政务、数字医疗和数字教育等应用系统的广泛应用，新加坡居民对宽带网络的需求高涨。根据Akamai公布的2015年全球网速排行榜最新数据显示，新加坡平均网速已位列全球前十，其网速峰值全球第二。

当前，新加坡4G网速仍在逐步提升，电信运营商推出速率达到每秒300兆比特（300Mbps）的4G网络连接，比现有移动网速快上一倍。第一通（M1）公司5月已将乌节路和裕廊地区一些地点的移动网络服务速度提升到300Mbps，并表示会在2015年年底之前把高速网络扩大到全岛。新加坡电信开通了300Mbps的4G移动网络服务，高速网络覆盖率已经覆盖全国，包括中央商业区、樟宜机场，以及一些受欢迎的商场，同时，使用能支持300Mbps网速智慧型手机或平板电脑的用户，无须支付额外费用便能享用网速更高的服务。星和移动先在全岛一些区域逐步开通150Mbps网速，之后开始把4G网络服务提升到300Mbps网速。

三、英国

经过近年来的大力发展，英国已经成为全球宽带发展的一个后起之秀。根据欧盟委员会的数据，英国已经基本实现了向全体国民提供固定宽带覆盖的目标。

英国每百名居民中有43.3人拥有固定互联网连接。其中，34.1人拥有144kbps或更高速度的连接，8.7人达到30Mbps或更高，只有0.5人达到100Mbps或更高速度。达到144kbps和30Mbps的用户数量高于欧盟的平均水平，但达到100Mbps的用户比例比欧盟平均值1.6%低。根据英国政府公布的最新《宽带发展数据》显示，全国已有300万座楼宇被覆盖，计划到2017年实现95%的英国楼宇覆盖24Mbps及以上的宽带。为此，英国投资了7.9亿英镑以确保到2017年95%的英国地区都能接入超高速宽带。其中，英国政府拨款5.3亿英镑用于“宽带传播英国”（BDUK）项目中农村高速宽带的部署。另外，扩展超高速互联网服务被纳入基础设施财政预算。英国政府还投资1000万英镑探索在偏远地区部署超高速宽带网络的办法。在英国宽带普及项目中，有三分之二的资金来自于政府。

维珍媒体是英国电信运营企业的亮点，它联合奇尔特恩地方议会在切舍姆小镇铺设了“英国第一条智能人行道”，智能人行道将Wi-Fi装置安装在了地下，并由防水树脂覆盖，Wi-Fi接收器则安装在街道的电缆架及交通灯柱上，其网络访问的有效范围为80米。它能为上面的行人提供Wi-Fi热点。智能人行道覆盖了切舍姆大街及Lowndes公园部分区域，行人可从80米开外的地方接收信号，享受到最快速度达166Mbps的网速。凡是通过切舍姆中心的居民、企业和游客都可获取免费Wi-Fi服务。

四、澳大利亚

澳大利亚国家宽带网络（NBN）目前的第四代固定—无线网络实践已处于世界领先地位，第五代网络是澳大利亚这一宽带网络项目推行的最后一步。截至目前，澳大利亚国家宽带网络TD-LTE建设全部完成。截至2015年6月底，用户数已达到26.8万户。

同时，得益于澳洲政府致力打造的国家宽带网络（NBN）计划，澳洲在网速和费用问题上有了较大改观。网速方面，澳大利亚电信（Telstra）旗下的25Mbps-5Mbps（下载—上传速度）的固定—无线网络产品，较国际同行的同类网络产品相比速度快了7倍，菲律宾长途电话公司（PLDT）同类产品每月网络数据流量为70GB，而澳大利亚电信则达到500GB。资费方面，澳大利亚电信的产品资费也比其他国际同行（比较对象：德国电信T-Mobile捷克公司推出的同类产品）低出4倍之多;在每GB数据流量的单价（以美元为单位进行比较）方面，澳大利亚电信的产品单价为17美分/GB，比较对象新西兰网络公司iiNet和德国电信捷克公司的产品单价为79美分/GB，加拿大运营商泰勒斯（Telus）该项比较单价最高，达到6.88美元/GB。

尽管事实上固定无线接入网络服务的部署成本比其他服务高很多，澳大利亚国家宽带网络却因交叉补贴政策受到质疑，即固定无线接入网络用户与城市用户所缴费用相当，但是固定网络服务城市人口的成本要低很多。澳大利亚政府近来已经开始关注交叉补贴政策的问题，可能将通过在部分地区设定价格上限来解决这一问题。

第五章　2015年世界电子商务发展情况

第一节　发展特点

一、电子商务企业成为资本市场的主角，电子商务服务业呈协同式、集群式发展

近年来，电子商务在资本市场备受追捧。据了解，2015 年已有 16 家电商企业成功上市，成为迄今上市数量最多的一年。其中，印度和澳大利亚各有一家，中国和美国各有四家，而西欧则高达六家。同时，已有多家电子商务企业成功首次公开募股（IPO），如阿里巴巴和京东，上市伊始便跻身于世界最大电商之列。O2O 和移动电商备受风险投资关注，成为私募市场中的热点，融资额一再创新高。如美国的打车服务软件 Uber 即将获得一轮新融资，这轮新融资中至少将获得 10 亿美元投资，融资后，Uber 的估值将达到 350 亿美元至 400 亿美元；韩国电商 Coupang 募集到了两轮共约 4 亿美元的融资，使得该公司的估值超过了 20 亿美元。创业公司在资本的推动下实现了高速发展，甚至有的公司在不到一年的时间便达到估值 10 亿美元的规模。近年来，电商服务业正呈现出协同式、集群式发展。一是表现在产业协同发展上，电商企业已成为新兴技术密集产业，是大数据、云计算、物联网、智能终端等新兴技术活跃的领域，与信息制造业、信息服务业、金融服务业、物流服务业等的每一次突破形成了极大的联动效应。二是政策推动集群式发展，随着电子商务与各个领域日益广泛和深度融合，电子商务所紧密关联的信息基础设施、物流基础设施等已成为基本的商业基础设施，各国纷纷加强有关建设，尤其是在发展中国家，重点推动部分区域的电子商务基础设施建设，形成了电子商务产业集群。如阿里研究院数据显示，截至 2015 年 3 月，中

国全国电商园区数量超过510家，此外，还在大批产业园、软件园等地聚集了不同规模的网商和电商服务商，形成了电子商务服务集聚化发展的特征。又如，韩国政府持续推动信息网络村庄平台计划（the Information Network Village Platform，INVIL），以支持偏远地区电子商务发展和改善生活水平，目前，已有357个这样的信息网络村庄，在线销售额超过了3900万美元。

二、网络促销持续成为电子商务时代特征，移动端成为电子商务交易渠道主流

面对疲软的经济形势和严峻的业内形势，电商平台为了抢占市场，弥补资金周转不足的现状，纷纷以网络促销为手段，以期推广新产品、降低囤积产品的数量并补充自身的现金流。电商促销节便是其中主要的形式之一。全球最著名的两个电商促销节分别是美国的“黑色星期五”和中国的“双十一”。据全美零售联盟（NRF）的统计，2014年的整个圣诞假日购物季销售额高达6169亿美元，其中以黑色星期五、超级星期六、网购星期一等的销量最大。美国市场研究公司comScore发布研究报告称，2014年“网购星期一”全美桌面网络购物额同比增长17%，达到创纪录的20.4亿美元。美国最大“Shopping day”是感恩节后的“黑色星期五”，据研究机构ShopperTrak的统计，在2014年的黑色星期五，电子商务已占全部销售额的20%，该日产生的桌面网购额为15.1亿美元。由效果营销科技公司Criteo发布的《2015年第三季度移动电子商务报告》表明，50%的电子商务交易涉及跨屏，APP为零售商贡献了更高的转化率和超过50%的销售量，智能手机成为消费者购物首选。那些在早期就对APP进行优化的电商公司，已获得了良好的回报。在零售行业，注重APP体验的品牌，从APP中获得了60%的移动收入。这相比第二季度的50%有所上升，大大超过桌面端带来的收益。而对于重视APP的旅游品牌来说，约50%的移动业务收入是来自于APP的。

三、全球跨境电子商务市场增速明显，发展中国家跨境电商占比高于发达国家

由于电商用户数量极速膨胀，交易平台服务、物流配送、电子支付等电子商务服务业已初具规模，跨境电商增长动力强劲。联合国贸易和发展会议预计，2015年的跨境电子商务将占到世界贸易总额的40%左右。美国、英国、德国、澳大利亚、巴西和中国是目前最重要的跨境网上购物市场，仅这些市场2018年

的跨境电子商务收入预计将达3070亿美元。最受这些市场消费者欢迎的跨境网上购物目的国依次是美国（45%）、英国（37%）、中国（26%）、加拿大（18%）、澳大利亚（16%）和德国（14%）。根据波士顿咨询公司的预计，到2025年，亚洲市场跨境电子商务收入约占全球总收入的40%，将成为全球电子商务的中心。此外，发展中国家跨境电子商务占本国电子商务比例高于发达国家。万国邮政联盟（UPU）关于国际邮政包裹的数据很好地诠释了近几年跨境电子商务的发展趋势：2011年到2014年间，国际包裹增长了48%，其中以发展中国家所占份额最大，尤其是亚洲和大洋洲的国家。亚洲和大洋洲地区在全球跨境电子商务出口中的比例从25.5%增长到32.9%，进口比例从15%增长到23.9%[1]。发展中国家B2C和C2C跨境电子商务比发达国家所占份额要大得多。在亚洲，印度和新加坡跨境电子商务占电子商务总额的一半以上。在拉丁美洲，哥伦比亚、巴拉圭、委内瑞拉跨境电子商务在电子商务总额中也占了很大份额。

第二节　重点地区发展概况

一、美国

美国电子商务交易额增速明显。2014年全年电商交易额高达3590亿美元，比2013年增长了11.5%，比2002年翻了五番，显示出强劲的增长势头。

老用户线上销售额的提高是美国电子商务的主要增长动力。据eMarketer统计，截至2014年，美国的互联网用户约为2.5亿，渗透率高达77.8%。美国人口调查局的数字显示，2014年美国电子商务用户规模达1.98亿，占成年总人口数的78%[2]，也就是说，约4/5的互联网用户属于网购人群。如此高的互联网用户渗透率和网购渗透率意味着美国电子商务的增长将更多的来自于老用户线上销售额的提高，而不是吸引新用户的参与。

美国电子商务在零售业增长显著。从贸易、零售和税收额角度来看，美国的电子商务在各行业中的占比都在增长，尤其是在制造业和零售业，增长尤其显著。

电商促销节销售额稳步增长。根据Adobe公司的分析数据，2015年，美国黑色星期五感恩节期间的网购销售额达到了45亿美元。IBM亦指出，黑色星期五那天

[1]Payvision：《全球跨境电子商务发展报告》，2015，pp.5-10。

[2]U.S. Census Bureau. Quarterly Retail E-Commerce Sales 4th Quarter 2014[R/L]（2015-01-17）[2015-04-20]. http://www.census.gov/retail/mrts/www/data/pdf/ec_current.pdf.

的表现超出了平日均值 134.45 美元。

移动电子商务贡献巨大。2015 年黑色星期五 / 感恩节期间基于移动设备的交易额占总销售额的 35%。美国网上零售在线设备中，智能手机和平板电脑共占有 60% 的时间，占据了绝大多数访问量[1]。

美国跨境电子商务发达。美国的电子商务市场全球最大，并拥有众多优秀品牌，再加上美国的通货膨胀率较低，使得美国电子商务网站成为全球在线采购的主要目的地，为美国带来了巨大的收益。据欧洲电子商务网站 yStats 统计，2014 年，美国在全球跨境电子商务出口额中排名第一。2014 年，使用“由亚马逊发货”服务的全球活跃卖家数量同比增长 65%。据统计，整个 2014 年，来自全球 100 多个国家的亚马逊卖家通过“由亚马逊发货”服务为 185 个国家的用户提供了服务。

二、欧盟

欧洲总体的电子商务发展水平较高。在联合国《2015 年信息经济报告》中，有 6 个欧洲地区国家位居全球 B2C 电子商务发展指数前十位。其中，其快递服务、安全服务、互联网基础设施等比较完善，营造了较为良好的电子商务发展环境。2014 年欧盟地区电子商务占比上年略有增长。欧盟统计局数据显示，2014 年欧盟 28 国电子商务占企业收益的比重为 15%，比上年的 14% 增长 1 个百分点。但从近几年的数据看，自 2010 年以来，其收益占比一直在 14% 左右来回波动，从总体上看，欧盟地区总体的电子商务市场总体进展不大，欧洲地区的电子商务进入一个发展平台期，2014 年欧洲电子商务销售额为 4238 亿欧元，同比增长 14.3%，全球排名第二，仅次于亚太地区。2015 年，欧洲电子商务市场有望实现两位数的增长，预计营业额将为 4770 亿欧元，增长 12.5%。

同时，欧洲也是全球最大的跨境电子商务市场，其中斯堪的纳维亚国家、比利时、荷兰、卢森堡等国家是欧洲跨境电商购买的主力国家。欧洲的智能移动设备普及率很高，移动电话渗透率已经超过了 100%，移动设备的增加在一定程度上刺激了电子商务的发展，为消费者网上购物提供了便利。欧洲超过一半的在线零售商都开辟了跨境销售服务，同时欧盟成员国的在线买家数量也在不断扩大。

英国是欧洲地区电子商务发展较为领先的国家。在联合国电子商务发展指数中，英国位居全球第 9 名，在投递服务、安全服务、互联网使用等方面都处于前

[1]资料来源：comScore。

列，这表明英国的电子商务发展环境良好。这也推动了英国在电子商务规模、消费者网购频次、移动购物、跨境购物等方面都处于领先地位。从电子商务规模占零售业比重来看，2014 年英国以 13% 的比重位居全球第一，未来几年仍将领先全球，从网购频次看，欧洲投递公司（Hermes）于 2014 年 11 月发布的调查数据显示，目前，英国经常网购的消费者比重为 27%，远高于法国（14%）和德国（10%）。从移动购物来看，英国有 23% 的人经常通过移动端购物，远高于德国（11%）和法国（9%）。从跨境购物来看，英国网站更为吸引人，约有 1/3 的德国和法国顾客在英国网站上购物，比来自中国和美国的顾客还多。

2015 年以来，法国电子商务的发展超出预期，二季度同比增速为 16%[1]，创造了近三年以来的巅峰。亚马逊、Cdiscount 和 Fnac 是法国人首选电子商务网站[2]。其中，亚马逊是法国最受欢迎的购物网站。在 2015 年 1 月至 3 月，该网站成为法国人点击量最大的网站。根据法国电子商务及远程销售联合会公布的数据显示，平均每月访问该网站的客户为 16832000 人。这一数据远大于排在第二位的法国本土电子商务网站 Cdiscount（访问该网站的客户为 10501000 人）。而排在后面的依次为法国 Fnac 网站（访问该网站的客户为 8847000 人）、易趣 eBay（访问该网站的客户为 7989000 人），以及排在第五位的 Voyage-sncf.com 网站（访问该网站的客户为 6768000 人）。但是，这些吸引了大量的访问量以及销售量的网站，却远离常态。目前，法国电商网站达到 164200 个，但是其中 96.2%的网站年订单营业收入都没有达到 100 多万欧元。只有 6000 个网站的营业收入在此之上。在这些商务网站之中，有四分之三的商家并不只是依靠他们的网站盈利，他们往往还拥有一个或多个实体店（90%零售业）。

三、俄罗斯

俄罗斯的电子商务刚刚起步，正处于成长期。随着近几年俄罗斯网络渗透率的迅猛增长，网上顾客和零售商的数量也随之出现明显增长的趋势。截至 2014 年，俄罗斯具有 6900 万成年网络用户，网络渗透率高达 59%。移动宽带用户在 2014 年达到了 9200 万人，智能手机渗透率达到了 14%，而平板电脑的渗透率也达到了 14%。

[1]法国电子商务和远程销售协会（FEVAD），法国《回声报》，2015年9月21日，见http://china.huanqiu.com/News/mofcom/2015-09/7647929.html。

[2]法国电子商务和远程销售协会（FEVAD），2015年7月7日，见http://www.twwtn.com/information/18_285013.html。

俄罗斯的电子商务具有发展需求和发展潜力。俄罗斯地广人稀，尤其是远东等偏远地区，零售业十分不发达。电子商务是使得该地的居民能够获得物美价廉商品的重要手段之一，因此电子商务的需求较大。俄罗斯电子商务营销手段较落后，没有引入同行的网络营销方式，现阶段采用的手段主要是广告投入，形式较单一，营销成本相对较低。俄罗斯绝大多数网店都集中在大城市，二三线城市的电子商务几乎处于真空状态，发展空间大，从中心城市向周边辐射将是今后俄罗斯 B2C 市场发展的趋势。

俄罗斯消费者偏爱跨境网购。在 2012 年，便有不低于 400 万的俄罗斯消费者通过跨境网购在海外购买了不下 1600 万订单的商品，交易额超过了 20 亿美元。这主要是因为跨境网站上能够买到在俄罗斯国内买不到的商品，同时由于俄罗斯的海关政策极其宽松，只对重量超过 31 千克或价值超过 1000 欧元的网购包裹征税，使得大多数俄国跨境网购者享受了免税的待遇。

摩根士丹利预测，随着网络的广泛普及，俄罗斯网民数量将在 2015 年底增至 8700 万人，同时电子支付模式的推广和二三线城市电子商务市场潜力的不断释放，2015 年俄罗斯电子商务市场规模有望达到 360 亿美元，并在 2020 年达到 500 亿美元。

四、韩国

近年，韩国移动电子商务发展迅速。移动购物交易额则由 2013 年的 65600 亿韩元大幅增长了 125.8%，达到了 2014 年的 148090 亿韩元，使得韩国成为仅次于中国和日本的亚太地区第三大电子商务零售市场，也是全世界第七大电子商务零售市场。

社交电子商务优势明显。据 DMC 发布的报告，2014 年有超过 2/3 的互联网用户通过社交电子商务购买了产品。报告显示，通过社交电子商务购买产品的用户在性别上具有差别，通过社交电子商务购买的女性消费者占女性互联网用户的比例高达 75.2%，而这一数字在男性上只有 60.9%；同时，女性进行网络购物的比例比男性高了 8.1%。但报告同时也显示，年龄在社交购物习惯上影响甚微。

移动电子商务发展迅速。移动电子商务的发展速度远高于电子商务或者总零售额，截至 2014 年底，移动电子商务零售额比 2013 年底增长了 79.2%，四倍于同期电子商务零售额增长速度[1]。据 eMarketer 预测，2015 年韩国移动电子商务零售额将达到 150 亿美元，达到电子商务零售额的 37.5% 和国家总体零售额的 4.2%[2]。

据 eMarketer 统计，韩国在亚太地区的互联网渗透率排在第三位，仅次于日本和澳大利亚。而如此庞大的互联网用户中，有近 2760 万消费者至少会完成一次网络购物，这一用户数量占所有互联网用户的 3/4。因此，在该地区，韩国电子商务消费者绝对数量仅次于中国、印度和日本，名列第四。根据电子商务交易额排名，韩国电商在亚太地区的排名也较靠前。据 eMarketer 预计，2015 年，韩国电子商务零售额将达到该地区的第三位，仅次于中国和日本；同时，电子商务零售额占总零售额的比例排名更高，仅次于中国，位列第二。

五、印度

近年来，印度电子商务发展迅猛。2014 年，印度电子商务交易额高达 8152.5 亿卢比，同比增长 53%。旅游、电子跟踪、金融服务和整容等相关行业在技术驱动型电子商务的推动下，增速明显。据保守估计，如果印度电子商务能保持 33% 的增长率，那么 2015 年其整体交易额将超过 1 亿卢比[3]。

作为印度国内两家主要的电商企业，Flipkart 和 Snapdeal 采取多种措施开展竞争。Flipkart 向大众开放了电子支付服务，力求激励更多的印度人通过网络购买产品；Snapdeal 推出当日送达服务，如果顾客下午一点之前订购了符合条件的产品，则当日货物便能够送到消费者的手上。同时，Flipkart 和 Snapdeal 还展开了大规模的融资，Flipkart 通过现有投资者完成了新一轮 2 亿美元的融资，而 Snapdeal 则获得有 eBay 领投的 5000 万美元融资。

印度电商纷纷进入“在线教育”市场。随着印度电子商务的发展以及企业间的竞争愈演愈烈，电商巨头已经不满足仅仅争夺传统零售市场份额，开始将目标转移到在线教育上。据印度评级和研究机构调查，印度 2014—2015 年度教育市场规模约 5.9 万亿卢比。为了争夺这一庞大市场，Flipkart.com、Snapdeal.com 和 Groupon.co.in 等印度电商市场佼佼者，纷纷打造在线教育平台，向用户提供多种在线课程和培训素材，甚至可以帮助用户更便利地获得证书或是工商学位。

---

[1]资料来源：Statistics Korea。
[2]资料来源：eMarketer。
[3]India Today. Indian e-Commerce market to cross Rs 1 lakh crore by year-end[EB/OL]（2015-03-19）[2015-04-20].

印度电子商务零售总额占其总零售额份额较少。据 eMarketer 最新统计，2014 年印度电子商务零售额达到了 53 亿美元，并预计在 2015 年有 45.2% 的增长，并达到 76.9 亿美元，但其在印度总零售额的占比仍只有 0.9%。即使在之后能够保持两位数的实际增长率，到 2018 年，印度电子商务零售额占比仍然只有 1.4%[1]。

造成印度电子商务营业额增长缓慢的原因众多。其中之一是印度电子商务渗透率较低，在印度，2014 年只有不到 1/4 的互联网用户曾经在互联网上购买商品。据 eMarketer 预测，直到 2018 年这一占比仍只有 29%。另一主要阻碍印度电子商务发展的原因是教育的缺乏，据 Accenture 调查，印度农村地区人们受教育程度普遍较低，他们要么不相信互联网，要么不知道该如何通过网络进行购物。

[1]资料来源：eMarketer。

第六章　2015年世界云计算发展情况

第一节　发展特点

一、产业链各环节企业积极开展合作

在难以通过竞争“制敌”的背景下，不同产业或不同产业领域的产业生态体系的合作就成为建立更强竞争优势的新途径。微软、甲骨文、Salesforce.com 微软积极扩展合作伙伴，建设 Azure 生态圈。微软、Salesforce.com 结成战略合作伙伴，Salesforce.com CRM SaaS 应用将与微软 Office 365 工具进行整合；Salesforce 将使用微软 Azure 的 IaaS 云托管其 Exact Target 营销产品。阿朗、英特尔在云计算及信息安全领域开展合作。思科、德国电信、BT 集团和 Equinix 投资 10 亿美元同合作伙伴一起构建全球性云计算网络，思科计划将全球各地的数百个数据中心和云供应商连接起来，构建一个全球性的云计算网络，将公共云和私有云接在一起，允许企业在不同的云和数据中心之间移动数据流。

二、云服务由价格战转向功能战

随着 IaaS 云市场的逐渐成熟，云服务商的竞争焦点变成看谁能提供更为先进的功能，新产品、新服务不断涌现。例如 Mongo 宣布在 Microsoft Azure 和 Google Compute Engine 平台上提供企业级服务；UnitedStack 发布 UOS 2.0，统一架构的公有云 + 托管云；微软推出 Azure 平台机器学习和实时分析服务，并公布称其最新、最大的 G 系列虚拟机实例已经可供访问，并随时可用。谷歌计算引擎全面提供 Autoscaler 服务；AWS 发布 CloudTrail 处理库等。Joyent 在巴黎召开的 OpenStack 峰会上宣布将其核心产品——开源的云管理平台 SmartDataCenter 和

对象存储系统 Manta 开源；开源的云计算开发包 Apachejclouds 1.8.0 发布。

三、云计算领域的标准建设取得实质性进展

2014 年以来，第一代云计算国际标准出炉，该领域的技术标准建设取得实质性进展，有助于云计算服务业的持续发展。国际标准化组织（ISO）和国际电工委员会（IEC）发布了 ISO/IEC 17788:2014《信息技术 云计算 概述和词汇》和 ISO/IEC 17789:2014《信息技术 云计算 参考架构》两个云计算的国际标准。目前，ISO/IEC.ITC l/SC 38 酝酿的三个新标准：云计算——服务水平协议；云计算——互操作性和可移植性；云计算——数据和流程跨设备和云服务，将以第一代云计算国际标准为基础。

第二节　重点地区发展概况

一、荷兰

荷兰位于欧洲西偏北部，是欧盟主要成员国之一。历史上，荷兰的造船及航海运输业在全球处于领先地位，一度成为大航海时代的全球霸主。当前，荷兰仍拥有风车、郁金香等国家名片，在全球享有较高的美誉。随着信息科技的不断进步，云计算、大数据、移动互联网等新兴领域为全球各国开启了一扇抢位发展的大门，荷兰也依托其在地理、气候、能源等多个优势，聚焦计算中心建设和运营，推动整个云计算产业发展，实现了依托云计算的经济社会整体升级。

荷兰以数据中心为主体，实现单点突破，对整个欧洲的云计算产业发展起到非常积极且十分重要的作用，是欧洲云计算产业发展的重要支点。据调查，荷兰是欧洲新建数据中心最受欢迎的五个所在地之一（其余四国分别为英国、法国、德国和西班牙），其产业集中程度也远高于其他四国。

荷兰在发展云计算产业中，将其定位为欧洲云计算数据中心的主要基地，聚焦数据中心的建设和运营，推动了整个国家乃至整个欧洲云计算产业的发展。荷兰的主机托管服务公司 iTricity 已经为荷兰、比利时、德国、卢森堡等多个国家的课题提供主机托管服务，行业覆盖领域包括了政府、金融、医疗、汽车、体育等。iTricity 与 IBM 合作，在阿姆斯特丹建立了全新的技术领先的云计算中心，进一步扩大市场服务范围，增强服务能力。iTricity 的成功经验带动了全球各大企业在

荷兰进行数据中心等云计算产业的布局。Equinix、Interxion、Evoswitch 在内的多家企业均启动了在荷兰的数据中心建设项目。在原有数据中心的基础上，云计算托管商 DigitalOcean 在荷兰阿姆斯特丹建立新的线上数据中心。除了新建数据中心之外，部分企业如 Servlnt 公司，计划将其自身已有的欧洲数据中心迁移至荷兰。

荷兰结合自身优势，以数据中心为核心，云计算产业注重绿色、环保、节能，这些都是当前数据中心产业发展的重要趋势。可以看出，荷兰不仅在产业定位中准确瞄准了数据中心，此外还确立了数据中心的发展原则，这些原则十分有助于荷兰的数据中心产业升级，保持荷兰在该领域的持续领先地位。此外，通过释放产业发展溢出效应，为进一步扩大产业规模、提高云计算服务附加值带来广阔的空间。

二、澳大利亚

澳大利亚政府已经意识到云计算的战略意义，并出台了《澳大利亚云计算战略》，布局云计算总体发展。2014 年，澳大利亚财政部公布《澳大利亚政府云计算政策》（第三版），进一步推动云计算产业发展。新政策强制要求政府机构使用云服务，适用于将要更换或升级 IT 设施的非法人联邦实体。按照新政策，这些实体在运行面向公众的网站以及从事测试和研发时需要采用云服务，并应考虑在运营系统上使用云计算，还要研究其他部门和机构的云服务是否可以拿来使用。当前，云计算已经广泛应用于澳大利亚的银行和金融行业。根据《云就绪指数》（Cloud Readiness Index）报告，澳大利亚被定位为部署云服务的理想国度之一。

三、英国

英国由国家 CIO 发布了《数字英国报告》，呼吁政府部门建立统一的政府云。2014 年，英国政府宣布正式采用“政府云服务（G-Cloud）”，并通过五个措施推进政府云服务发展。一是积累客户群，为 3 万名左右公有部门的用户提供服务。二是吸引供应商，确保公平竞争，让不同规模的供应商都能参与政府合同投标。三是完善产品目录，满足用户需求。四是改进流程，解决安全认证。五是打造新型数字市场，完善 CloudStore 市场功能。2015 年，英国已经至少有 50% 的信息技术资源通过公共云服务网络来购买。

第七章　2015年世界物联网发展情况

第一节　发展特点

一、全球物联网市场不断壮大，应用范围大规模普及

受各国战略引领和市场推动，2015 年，与物联网相关的产业市场规模预计将增幅 29%，达到 624 亿美元。到 2025 年，全球物联网的产业规模将会超过 10 万亿美元。IC Insights 预计，2015 年，整体物联网上的全球联网设备量有望达到 132 亿台；2020 年，全球联网设备预计超过 250 亿台，而同时因特网用户约 44 亿。当前，全球物联网应用呈现加速发展态势，在公共市场的应用开始显现。

二、M2M应用模式成为物联网发展主流，业务助推移动通信运营商新高点

随着物联网产业生态系统的深入发展，全球范围内，产业界已普遍注重以 M2M（Machine to Machine，机器到机器，物联网）模式来推进物联网的发展。Ericsson（爱立信）公司在所发布的相关报告中预计，到 2020 年年底，基于移动通信网络物联网业务系统的 M2M 物联网设备数将达到 8 亿。物联网业务引起全球移动通信运营商对其落地应用的高度关注，纷纷提前布局，以期在未来获得竞争先机。目前，基于第二代移动通信 2G 的 GSM 网络所提供的 M2M 业务占到了总量的近 80%。在北美，几乎所有的移动通信终端设备都支持接入第三代或第四代移动通信网络，而 M2M 物联网是唯一还在使用第二代移动通信 2G 网络的通信业务；预计在未来两到三年的时间里，西欧也将会出现北美现在的这种情况。

三、半导体行业并购活动趋于常态，行业巨头加快布局工业物联网芯片市场

2015年，半导体行业出现多次大型并购活动，对整个半导体行业格局产生重大影响。一方面，工业物联网市场对半导体传感芯片和移动芯片需求持续增长，另一方面，半导体芯片研发生产成本逐渐上升，半导体厂商正试图通过资本并购，加快布局工业物联网新兴市场，拉动业务增长，巩固市场地位。荷兰恩智浦半导体公司宣布，将以约118亿美元的现金加股票方式收购飞思卡尔半导体公司，此次收购将扩大恩智浦半导体在汽车与工业智能传感芯片领域的影响力；赛普拉斯半导体和飞索半导体宣布，两家公司价值50亿美元的全股票免税合并交易正式完成，此次合并将显著提升赛普拉斯半导体在全球汽车、工业和物联网领域的市场地位；新加坡半导体厂商安华高科技（Avago Technologies）宣布将以370亿美元的现金加股票方式收购美国博通公司，拓展汽车、工业和无线网络互联等领域芯片市场，此次收购是半导体行业史上规模最大的合并交易；英特尔宣布以167亿美元收购Altera，这是英特尔史上最大一次收购，Altera的芯片主要用于电信和无线通信设备，涉及军事装备、汽车、工业互联等领域。

四、智慧城市成为物联网集成应用的综合平台，物联网技术广泛用于城市基础设施管理

物联网成为各国智慧城市发展的核心基础要素，在城市管理、节能减排、能源管理、智能交通等领域进行广泛应用，“前端设备智能化 + 后端服务平台化 + 大数据分析”成为通用模式。智慧城市中物联网应用呈现两大特点：智慧城市通过物联网应用汇集海量感知数据，依托城市综合管理运营平台和大数据分析，实现对城市运行状态的精确把握和智能管理。国际智慧城市建设重点方向之一是构建多种应用互联互通、海量数据汇集共享的智慧城市综合性管理平台，打破传统物联网应用规模小、分散化的模式。西班牙巴塞罗那智慧城市平台，可将环境和能源、交通、水资源管理、生活质量等不同领域的传感数据进行整合并分析处理；桑坦德“城市脉搏”项目致力于建立智慧城市平台，汇聚遍布全城的传感器和“人体传感器”数据，各类应用通过API调用平台的大数据处理能力，并通过移动APP提供城市管理和生活服务。国际智慧城市建设重视物联网技术在城市重要基础设施管理方面的应用，希望增强交通、能源等重点领域服务能力，促进城市绿色、

低碳发展。在电力领域，物联网感知与电网、分布式电源等设施深度融合，实现能源生产消费全流程实时监测和预测预警，如英国布里斯托的3e3住宅项目集成了太阳能等可再生能源，通过对家庭能源消耗的实时监控和管理，实现节省能源、降低二氧化碳排放；在交通领域，通过物联网建设“人—车—路”高度协同的互动型交通基础设施，利用互联的充电桩、收费点、控制中心等基础设施，为用户提供随时随地缴费、交互式地图导引等服务，如德国法兰克福正在开发多模式交通导航系统，基于对各类交通设施地上地下全面立体感知定位，实现行人、自行车、公共汽车和火车、出租车、私人汽车的协同高效出行。

五、物联网标准化持续推进，开放式架构成为重点

目前，物联网标准化工作在持续推进，物联网架构标准的研究成为热点和重点。在行业领域，标准化不断深化，其中工业、家居两个领域标准化成为产业布局和竞争的焦点。在工业领域，美国工业互联网联盟（IIC）和国家标准技术研究院（NIST）积极研究制定工业互联网标准，2015年6月，IIC发布了工业互联网参考架构，并逐步推进重点方向的技术研究；德国工业4.0战略提出参考模型RAMI 4.0，并提出网络通信、微电子、安全、数据分析等重点领域的研发方向。在智能家居领域，技术和标准呈现百花齐放的局面，Allseen联盟、开放互联联盟（OIC）、Thread联盟三大阵营正在推进各标准之间的互联互通。业界试图打造开放式物联网架构。开放统一的物联网架构是物联网爆发式增长的基石，各标准组织都在加紧研究。欧盟持续推进IoT-A相关研究，已经发布IoT ARM1.0（架构参考模型），涉及域模型、信息模型、功能模型、通信模型、安全模型，目前正在推进IoT ARM2.0研究。ISO/IEC JTC1启动物联网参考架构研制，提出六域模型。IEEE启动了P2413物联网体系架构（SAIoT）研究，旨在尽快形成国际统一的物联网体系架构。ITU-T今年新成立的SG20，专门设立了物联网架构和协议的研究课题。oneM2M标准化组织在2015年1月发布M2M业务层R1标准，涉及需求、功能架构、安全、协议、终端管理等，预计在2016年中发布R2标准。物联网架构标准的复杂性和高难度，使其至今未取得实质性突破，标准的成熟和推广有待时日。

第二节　重点地区发展概况

一、美国

美国是最早研究物联网技术的国家。美国国防部率先开始对传感器和计算机网络技术进行研究，这就是今天我们所熟知的物联网技术的基础。一方面，政府以大量资金持续支持物联网相关技术产业发展，2015 年宣布投入 1.6 亿美元推动智慧城市计划，将物联网应用试验平台的建设作为首要任务。美国能源部组建“智能制造创新机构”，投入多达 7000 万美元推动先进传感器、控制器、平台和制造建模技术的研发。另一方面，为推动技术应用发展，政府加大政策支持力度。2014 年 7 月，美国联邦通信委员会（FCC）发布了电子标签新指南，建议带屏幕的消费电子设备可在屏幕上显示数字标签，从而取代原来的固定铭牌或蚀刻标签；美国加州发放无人驾驶汽车许可，谷歌、奥迪和奔驰成为首批获得许可的企业；智能物流领域，美国邮政局采用物联网技术改善邮政营运、基础设施以及产品与服务；工业制造领域，美国政府将以物联网技术为根基的网络物理系统（CPS）列为扶持重点，并加快以 CPS 为核心的“工业互联网（Industrial Internet）”战略布局。尤其是物联网在美军应用中较为成熟，主要集中于 C^4ISR 系统和火力控制系统，在物流管理、训练和模拟、移动等方面应用有限，集中度不高。

C^4ISR 系统（指挥、控制、通信、计算机、情报及监视与侦察的英文单词缩写）是现代军队的神经中枢。物联网在 C^4ISR 系统的应用是在重要目标地域部署数以百万计的传感器，通过雷达、声呐、视频、红外、射频识别等形成战场侦察传感信息网，实现对目标区域作战地形、兵力部署、武器装备等侦察感知—迁并与卫星、飞机、舰艇、战车等平台上的传感器有机融合，形成全方位、全时域的战时感知系统。各传感器获得的数据全部被传送到分布式通用地面系统（DCGS），DCGS 是 C^4ISR 系统数据的主要集成平台，DCGS 通过获取和分析数据，可以向上级提供信息，对下级进行指挥；也可以全面了解友军和敌军兵力部署等情况，从而增强对整个战场的控制和协调能力。C^4ISR 系统的中央操作中心接收来自整个战区各平台的数据源，经过分析整理，为高级指挥官提供战略参考，以加强对整个战争态势的把控能力。战士们也可以得到他们战区的相关数据资料。战机飞行员通过战术数据链（TDLS）从自身传感器优先获得和识别所有可能的威胁和目标数据，并在头盔上显示。

军事的全自动系统主要集中在战区。全自动系统对各传感器传送来的数据快速反应，并提供高精准度。例如，海军的作战系统，一个水面舰艇的综合火力控制系统具有全自动开火能力。和武器控制一样，美军水面船只的作战系统能指挥、控制舰炮和鱼雷上的一整套制导巡航导弹及反导武器。侦察 / 反侦察雷达系统在一个周期内可以全自动同时探测、跟踪和引导制导武器多达 100 个目标。

军方花费巨资使用无人机侦察有重要价值的目标。地面操控员利用无人机上的照相机和传感器就如同身临驾驶舱一样来操控无人机。综合利用传感器信息以及 DCGS 系统信息，飞机可以识别目标和发射“地狱火”导弹，采用激光指示器来定位目标，使导弹能精确命中目标。弹药也可以联网，允许智能武器跟踪移动目标或在飞行中被重新定向。典型的例子是海军首屈一指的精确打击武器一战斧对地攻击导弹。战斧 BlockIV 型具有双向卫星链路，使导弹可以在飞行中被重定向到一个新的目标，或移动在目标区域，将导弹上的摄像头拍摄到的画面发送给指挥官，他们以此来确定新的目标或者评估其打击破坏力。战斧导弹可以指定攻击任何预先设定的目标，或根据新调整的 GPS 目标进行攻击。

美军在物流管理中一定程度上使用了物联网技术。国防后勤局（DLA）和美国运输司令部在为服务机构提供联合物流管理中使用了物联网设备，如 ID（射频识别）、跟踪发货和库存管理。例如，在主要运输枢纽平台装置的射频设备可以主动和被动地识别或标记。国防后勤局在配送中心也采用数字化方式监控油箱内的燃油量，并使用软件对数据进行分析，调整现有环境下油料量相关数据，如温度。物流数据输入到系统的后端接口，允许用户输入和跟踪订单并监控库存物料，这个过程称为集成数据环境或全球运输网络融合（IGC）。

物联网相关技术也被用于军事训练和仿真。例如，现场演练“射击房”中使用摄像机、运动传感器和声学传感器跟踪士兵训练过程，发送数据到教官的移动设备，以便实时指导士兵，并生成编辑视频和基本的统计数据，用于演习后的审查。另一个例子是多集成激光介入系统（MILES），模拟步兵战斗使用空炮弹和激光。类似于激光射击游戏，当士兵发射空炮弹时，安装在武器上的激光会发出编码信号。如果安装在士兵服装或装备上的感应器接收到他们被打中的激光信号，会发出蜂鸣声表示士兵已被打死。新版本 MILES 里使用连接器和计算机建模提供一个更全面的训练场景，模拟从大炮开火到使用大规模杀伤性武器等战争中所有可能遇到的状况，并让教官实时监控所有的训练状况。

国防部已正式部署开发可供军人和普通人共用移动通信技术的规划。根据不同的平台、协议和需求，国防部相关的服务和独立机构正在研发各自不同的移动项目。并且，成立了由国防部派出人员出任首席信息官的协调工作小组，这个协调工作小组提供可共享的信息和最好的实践活动。这些移动通信项目可经由协调工作小组调整。空军已采取不同的方法开发出一系列具有应用价值的 iPad 功能的应用程序。史葛空军基地针对 KC-10 运输机载研发的自我训练程序已经被广泛使用，并获得了政府的技术创新奖。空军也在探索使用 iPad 为维修人员提供电子设备手册、更换电池寿命有限的笔记本电脑。

二、欧盟

物联网可以提高生产率并促进经济增长，在此轮物联网发展的浪潮中，欧盟已经处在领先的位置，欧盟围绕物联网技术和应用做了不少创新性工作。欧盟重构物联网创新生态体系。欧盟在 2015 年成立了横跨欧盟及产业界的物联网创新联盟（AIOTI），并投入 5000 万欧元，通过咨询委员会和推进委员会统领新的“四横七纵”体系架构，将包括原有 IERC、地平线 2020 在内的 11 个工作组纳入旗下，统筹原本散落在不同部门和组织的能力资源，协同推进欧盟物联网整体跨越式创新发展。其中四横指项目设置、价值链重塑、标准化、政策导向四大横向基础支撑，七纵指家居、农业、可穿戴、智慧城市、交通、环保和制造七大行业纵深领域。创新联盟的建立是欧盟落实物联网发展战略的又一重要举措，将对欧盟物联网发展和创新起到强有力的驱动作用。

此外，欧盟及其成员国还加大物联网投资力度，欧盟计划 2016 年投入超过 1 亿欧元支持物联网大范围示范和未来物联网重点领域，英国政府追加投资 4500 万英镑，并向由英国电信、劳斯莱斯、处理器厂商 ARM 和军用品厂商 BAE 等 40 余家公司组成的 HyperCat 联盟注资，用于研发 HyperCat 标准，为物联网开发通用规范；德国政府投资 2 亿欧元支持工业 4.0，并投入 800 万欧元加强物联网信息安全领域的研发。从目前的发展来看，欧盟的物联网已经在医药、能源、电力等重要领域广泛应用，同时也应用在一些传统领域，比如物流、制造、零售等行业，智能目标推动了信息交换，提高了生产周期的效率。

三、日本

为了借助物联网技术实现未来新型社会，日本政府2015年10月23日成立产学官合作组织“物联网推进联盟”，联盟将由企业相关人士和专家建立工作组，就物联网技术的研发测试及先进示范项目制定计划。除了向政府提出政策建议外，还将就网络安全对策等展开讨论。根据IDC Japan发布的《日本物联网市场调查》数据显示，对企业的抽样调查中，物联网使用率为4.9%[1]。其中，企业中工业部门物联网使用率最高，且是最早开始利用物联网发展的，达6.7%，其次是物流运输部门（5.0%）、公共基础设施部门（3.2%）、金融部门（1.3%）。从物联网的用途来看，用于检测故障、监控设备运行状态的企业最多（占9/10），远程监测消费者设备以分析消费者用于营销途径的占30%。

[1]IDC Japan：《日本物联网市场调查》，2015，pp. 5–8。

第八章　2015年世界大数据发展情况

第一节　发展特点

一、市场增速略有放缓，应用成为新的增长动力

2015 年大数据市场规模达到 421 亿美元，到 2020 年，全球大数据市场规模将达到 1263.21 亿美元，同比增长 17.51%[1]。从 Gartner 2014 年最新的技术成熟度曲线中可以看出，大数据作为新兴领域，已经进入应用发展阶段，基础设施建设带来的规模性高速增长出现逐步放缓的趋势，技术创新和商业模式创新推动各行业应用逐步成熟，应用创造的价值在市场规模中的比重日益增大，并成为新的增长动力。在全球范围内，大数据的应用已经具备了初步的实践基础，并深入应用到了政府决策、交通、金融、农业、医疗、社保、社交、销售等领域。

二、竞争态势愈加激烈，融资并购成为市场热点

全球新增大数据创业企业和开展大数据业务的企业数量急剧增加，产品和服务数量也随之增长，但还没有占据绝对主导地位的企业。市场结构趋向完全竞争，企业间竞争变得更加激烈，变化仍将持续。谷歌、亚马逊、Facebook 等互联网企业龙头和甲骨文、IBM、微软等传统 IT 巨头，通过投资并购的方式不断加强大数据领域布局，初步形成贯穿大数据产业链的业务闭环，并在各行业拓展应用。

三、区域发展尚不均衡，信息化基础和数据资源是关键

全球大数据发展呈现两极分化的态势。欧美等发达国家拥有先发优势，处于

[1]贵阳大数据交易所：《2015年中国大数据交易白皮书》，2015，p. 9。

产业发展领导地位，中国、日本、韩国、澳大利亚、新加坡等国家分别发挥各自在数据资源、行业应用、技术积累、政策扶持等方面的优势，紧紧跟随，并在个别领域处于领先。其他多数国家的大数据发展相对缓慢，还停留在概念炒作和基础设施建设阶段。在开源技术的支撑下，技术已不是大数据发展的最大障碍，信息化基础和数据资源成为一个国家和地区大数据发展的关键要素。

四、产业生态不断优化，基础设施建设更加合理

Hadoop、Spark、Storm 等开源技术得到更广泛的认可和应用，大数据技术生态圈形成。同时，各国政府、企业和产业组织非常重视大数据产业生态建立和环境优化，不断通过建设基础设施，制定法律法规、政策体系和数据标准，加强数据安全和隐私保护等方法完善大数据生态环境，进而提升国家对数据资源的掌控能力和核心竞争力。美国、日本、韩国、澳大利亚等国家加强数据中心、宽带网络、无线网络、大数据研发中心和实验基地等基础设施建设。其中，美国政府为了提高数据中心的效率和推广大数据，将全国的数据中心进行整合，2015 年，联邦数据中心数量从 2094 个减少到 1132 个，减少近 46%。

第二节　重点地区发展概况

一、美国

美国政府自推出《大数据的研究和发展计划》后，不断地出台各种相关政策、法规、行政命令等支持大数据发展。2014 年 5 月，美国总统行政办公室发布名为《大数据：抓住机遇，保存价值》的白皮书，对大数据的作用范围进行了总结，围绕隐私保护提出了构建大数据政策框架的建议。

随着大数据技术的逐渐成熟和应用场景不断丰富，大数据的价值正从理论落到实处，开始逐渐在政府管理和公共服务方面发挥积极作用。例如，美国旧金山、华盛顿、达拉斯等城市管理部门向公众推出 SeeClickFix 应用程序，人们可以通过手机拍照，举报乱涂乱画、交通设施损坏、排水管堵塞等问题，这些投诉会被快速地记录并发送到相关的管理部门，加快了问题从发现到处理完成的速度，提升了社众参与社会管理的公众参与度，大幅提高了管理效率。波士顿城市公共服务机构推出交通出行大数据应用，整合现有交通信号灯数据、汽车运行等相关数

据等，为公众出行提供路线规划、目的地停车位预判等服务，能够帮助公众在出行时及时调整路线，节省时间、节省费用。

大数据市场是一个高速发展中的新兴产业，特别是美国的大数据市场开发最早，技术最先进，其国内 ICT 企业是推动大数据发展的主力军。美国白宫 2014 年发布的大数据白皮书中将大数据视为影响国家发展的重大技术革新和未来许多年里的一个重大投资领域。在大数据技术研发上，美国拥有多年的技术沉淀和创新积累，既有 IBM、微软、谷歌这样的信息技术巨头，也有 Facebook、Teradata 一类的大量硅谷新兴创新型企业不断推动大数据技术的发展。近年来，随着奥巴马政府的重视，美国 ICT 巨头纷纷通过兼并、新建研发机构等举措加大对大数据的投资，力图在全球市场抢占先机。在商业模式上，谷歌、亚马逊、Facebook 等美国新兴互联网企业以及沃尔玛等传统巨头均应用大数据获得了商业利益上的成功，它们通过云计算平台，汇集来自互联网、智能手机、全球定位系统（GPS）、无线标签等渠道采集的大量数据，经过分析处理后，为其客户信息管理和市场营销活动提供决策指导和数据支撑。目前，美国已经出现一批以提供大数据分析服务为目标的公司。

大数据的发展在战略和战术上都对美国国家安全造成了重大挑战。为此，美国军事国防机构已开始投入巨资，大力提升国家安全和信息网络安全能力，积极应对国家安全中的大数据挑战。棱镜门事件折射出美国利用大数据技术的能力已领先全球。美国中央情报局通过利用大数据技术，将分析搜集的数据时间由 63 天缩减到 27 分钟，大幅度提高了信息处理效率。据悉，美国国防部已经在积极部署大数据行动，希望对全部现有数据加以汇总一上到无人机飞行距离、下至医疗数据，整理成一套单独的可分析系统，提高快速响应能力，实现决策自动化。

二、欧盟

2014 年，欧盟议会通过“个人数据保护规定”。欧盟委员会（以下简称欧委会）7 月宣布，拟推出一系列措施助推大数据发展，包括建立大数据领域的公私合作关系、依托“地平线 2020”科研规划，创建开放式数据孵化器、就“数据所有权”和数据提供责任做出新规定、制定数据标准、成立多个超级计算中心、在成员国创建数据处理设施网络等。10 月 13 日，欧委会与欧洲大数据价值协会签署谅解备忘录，共同承诺建立公共私营合作伙伴关系，在 2020 年以前投入 25 亿欧元推动大数据发展，其中欧委会将拨款 5 亿欧元研发资金，源讯、Orange、SAP 和西门子等企业以及弗劳恩霍夫、德国人工智能研究中心等私营部门将投资至少 20 亿欧元。

目前，欧委会已通过决定，将大数据技术列入欧盟未来新兴技术（FET）行动计划，加大技术研发创新资助力度。截至目前，欧委会公共财政资助支持的大数据技术研发创新重点优先领域主要包括：云计算研发战略及其行动计划、未来物联网及其大通量超高速低能耗传输技术研制开发、大型数据集虚拟现实工具新兴技术开发应用、面对大数据人类感知与生理反应的移情同感数据系统研究开发、大数据经验感应仪研制开发等等。

三、澳大利亚

澳大利亚政府高度重视大数据对公共服务能力的提升，其公共服务大数据全球领先。大数据技术在澳大利亚受到了政府和社会各界的高度关注，但与美国全面的大数据战略相比，澳大利亚侧重于政府数据的开发利用。普遍认为，政府数据国家资产，应当用于公共利益，企业和公众有权共享数据，参与开发利用。大数据可以为政府决策提供关注的是政府科学指导，实现政府资源的优化配置，提高政府服务效率，因而拥有巨大的价值。澳大利亚政府信息管理办公室发布了《公共服务大数据战略》，旨在通过大数据提升公共服务质量，增加服务种类，为公共服务领域带来变革，使澳大利亚成为政府公共服务领域全球领先国家。澳大利亚的大数据战略目标明确，政策措施细致，可操作性很强。

为确保大数据战略的顺利开展，澳大利亚组建了专门机构——大数据工作组，负责政府大数据事宜的统筹规划和整体协调。与美国大数据高级指导小组相比，澳大利亚的大数据工作组是多机构合作组建的，推进工作方面更便利、更高效。工作组首要的工作是制定大数据管理的规范和标准，为此大数据工作组首先与澳大利亚政府数据分析重点科研中心（简称 DACoE,隶属于澳大利亚税务局）合作，识别政府政策、技术、法律、资源、组织和文化等方面有效利用大数据的障碍，研究解决措施和行动。在此基础上，正式出台《大数据实践指南》，指导政府机构公布和开发利用大数据的步骤和机制。该指南采用国家统计服务局统一的统计框架结构，提高了访问和开发利用大数据的便利性。

大数据特点是数据量大、种类多、形成速度快，如何打消公众的顾虑，保护好商业和个人信息，是开发大数据必须解决的关键问题之一。澳大利亚规定必须在大数据项目的整个周期包含隐私设计，所有数据的共享须在遵守相关法律的基础上使用。澳大利亚保护隐私相关的法律主要包括1988年隐私法和2012年隐私修正法。

开发大数据的另一个关键问题是确保数据的可用性。为此，澳大利亚规定大数据项目启动需经业内审查和公众咨询，以确定项目的可行性、合理性。使用托管的个人数据或其他敏感数据必须全程保持充分的控制。发达国家对大数据的隐私保护问题都很重视，但如何在保护隐私的同时确保数据的可用性，澳大利亚的公共服务大数据战略对于这个问题进行了成功的探索。

此外，澳大利亚依法加强全面数据开放共享。1982年颁布的澳大利亚信息自由法是推行数据开放共享的最重要法律依据。按照澳大利亚政府的《开放政府申明》，澳大利亚建立了政府数据网站 data.gov.au，由澳大利亚金融和放松管制部负责运营和持续发展。在适当情况下，任何政府大数据项目的结果以及在数据分析过程中产生的数据都会在 data.gov.au 网站进行公开。为了支持全社会更好地开发利用数据，发挥大数据的价值，澳大利亚政府不仅提供开放数据共享，还提供相关技术的共享。

四、日本

日本推进大数据技术主要在IT战略等国家科技战略中重点提及。如，日本总务省发布的《面向2020的ICT综合战略》中大数据技术是重点之一。安倍内阁推出IT新战略——《创建最尖端IT国家宣言》，阐述了2013—2020年间发展大数据推动IT产业发展的最新战略规划，提出向民间开放公共数据、促进个人数据的流通与运用的系列政策措施。

尽管日本在大数据产业发展环境方面落后于欧美，但是日立、东芝、丰田等科技巨头依靠雄厚的技术积累，大数据的应用和开发方面仍然卓有成效。NEC拥有独特的脸部验证技术“Neo-Face”，日立、东芝在智慧家庭和智慧能源应用方面，丰田在智能交通和车联网等方面都拥有众多专利，开展了很多成功的实践。根据日本总务省2013年对大数据的发展现状调查，结构化数据仍然是当前日本数据的主要构成部分，商业、制造业、物联网领域具有开发应用大数据的优势。日本著名的矢野经济研究所预测，日本大数据市场每年将增长20%。日本Gartner的调查报告指出，大约六成以上的企业目前正在积极考虑活用大数据。

同时，日本的大数据发展离不开第三方的广泛参与。日本国土交通省成立了由信息系统公司和日本汽车工业协会等业界团体、学术专家构成的委员会，确定实现大数据实用化的课题和对策，系统构建所需经费将纳入2015年度预算概算要求基准。规定在2020年之前，日本政府和汽车厂商拥有的汽车相关数据集中上传至互联网。政府授予访问权限的运营商将有权阅览。日本首相官邸组织的“个人数据研讨会”提出修改“个人信息保护法”，并制定新的个人数据使用方案，以推动并规范“大数据”的利用。

五、韩国

同亚洲大部分国家一样，韩国在大数据方面也属于跟随者，其大数据发展受限于隐私立法、数据开放、分析处理、人才等多方面的问题，规模还有限。由于韩国的宽带建设、硬件终端以及应用发展全球领先，韩国发展大数据的优势在于数据中心、宽带等基础设施建设以及智慧城市服务方面。韩国科学、ICT和未来规划部合作建立了韩国大数据中心作为服务大数据企业的一个实验基地，以帮助中小型企业、风险企业、大学利用大数据技术解决业务或者研究方面的问题，并为大学培养研究人员。韩国科学部希望以此帮助科技行业赶上世界顶尖科技公司。

为了刺激供需方开放数据，促进大数据市场的发展，韩国政府制定了到2016年开放政府60%数据的目标，在五年时间内，政府将为此投资20亿美元。2014年12月底，韩国政府进一步发表《国家优先开放资料的开放计划》，公布了政府开放资料的时间表。韩国将开放公众选出的36个项目，2015年先开放不动产等10大领域的资料，剩余的资料最迟会于2017年年底前全面开放。此外，发挥韩国移动技术和移动基础设施优势，韩国政府开发利用现有数据资源，通过手机客户端提供公共服务，提升了政府公共服务水平和效率。

处于公众对信息安全的担忧和完善隐私立法保护的需求，韩国未来创造科学部与放送通信委员会修订了对个人信息使用的限制，提出企业使用个人无法识别的数据信息进行商业性开发时，无须再向主管部门申请。为此，韩国制定了数据共享新标准。标准的建立有利于大数据产业发展，同时加强了对个人信息的保护，避免了个人敏感信息的泄露。韩国还计划修改位置信息法，对不暴露个人信息的位置服务，免除申请。对于医疗、健康等个人隐私有关的数据，则必须在个人信息保护相关法令出台后方可开放。

此外，韩国通过智慧城市推动大数据产业发展。通过大数据分析，地方智慧城市建设过程中可以有针对性地进行公共服务开发建设。例如，智慧首尔建设的一个重点工程就是“首尔开放数据广场”，通过该工程可以为用户提供公共交通、停车位、天气预报及餐厅推荐等十大类公共数据信息并配有地图、图表和网络链接等信息服务。在总结第一阶段经验的基础上，将进一步扩大数据开放的种类和范围。首尔政府预计这些公共信息的商业开发将创造 1.2 万亿韩元的经济价值，有助于企业探索大数据商业模式和价值。

第九章　2015年世界移动互联网发展情况

第一节　发展特点

一、全球快速向移动宽带网络迁移，3G/4G覆盖面不断扩大

据国际电信联盟（ITU）近日发布的年度互联网调查报告显示，目前全球移动宽带用户比例达到47.2%，高于固网宽带的10.8%，以及安装互联网服务的家庭比例46.4%[1]。而且，固网和移动宽带用户数的差距正在不断地拉大。2015年，全球69%的人口将由3G移动宽带覆盖。此外，3G移动宽带也在迅速扩至农村地区。据国际电联估计，到2015年年底，3G移动宽带将覆盖全球29%的农村人口，将有89%的城区人口可接入3G移动宽带[2]。4G移动通信网络正以更快的速度得到部署。截至2015年1月末，全球正式实现规模商用的4G移动通信网络达到352个（与去年同期相比，新增了88个），至此，全球超过一半的国家或地区（一共为124个）实现了每个国家或地区都有一个4G移动通信基础网络运营商。此外，2014年年末，全球4G移动通信连接数总量相比2013年年末不止翻了一番——前者的数值大约为5亿（具体数值为4.9亿），而后者的数值为2亿[3]。全球范围内，截至2015年1月末：欧洲的4G移动通信网络数量最多，超过全球已商用4G移动通信网络总数的30%——108个。

二、LTE正在不断地进行后续演进，商用网络数量快速提高

用户体验质量改善需求、更大无线接入速率需求、LTE终端设备市场的极度

[1]国际电信联盟（ITU）：《2015年度互联网调查报告》，p1-3。
[2]国际电联（ITU）：《2015年信息通信技术数据》，2015，p2。
[3]Ericsson（爱立信）：《全球移动通信网络发展现状》，2015，p4。

繁荣这三大因素驱动着 LTE 移动通信网络市场普及率的不断提升。尤其是后者，截至目前，全球一共有超过 300 家的 LTE 终端设备供应商，终端种类已经超过 3000 款（包括 LTE-FDD 与 TD-LTE 两种制式）。仅过去一年，LTE 终端设备就新增了将近 1500 款。目前，已有 138 个国家正式推出了 393 个 LTE 商用网络[1]。全球一共有 34 个国家正式商用了 54 个 TD-LTE 移动通信网络，其中有 16 个 TD-LTE 与 LTE-FDD 混合型网络。另外，LTE-Advanced（LTE-A）载波聚合网络的商用数量正在快速提高，无线频谱资源利用效率越来越高。目前，移动通信基础网络运营商最高可聚合 40 MHz 的 FDD 频谱，从而可提供高达 225~300 Mbit/s 的下行数据传输速率。截至目前，全球一共有 39 个国家推出了 64 个 LTE-A 商用网络。

三、移动芯片市场集中化态势明显，巨头通过资本运作强化市场竞争地位

高通、联发科、展讯、美满科技和英特尔等排名前五的厂商占据基带芯片市场超过 90% 的份额，其他厂商除三星、海思自给自足外，生存空间被极大压缩，以德州仪器、博通为代表的国际知名厂商已相继退出。此外，资本运作成为巨头抢占市场、巩固地位的共同选择，其中英特尔通过 90 亿元人民币入股紫光、结盟瑞芯微、大幅补贴白牌平板厂商提升市场地位，2014 年 X86 平板电脑实现 4600 万的突破性出货；高通不断强化移动芯片优势地位，以 25 亿美元并购英国 GPS、蓝牙通信、物联网芯片商 CSR，大力布局前瞻性产业领域。

第二节　重点地区发展概况

一、美国

目前，美国的移动手机注册用户 3.29 亿，手机渗透率 103%[2]。美国的 4G 网络主要分布在沿海区域，东西部相比，东部分布较广一些。4G 网络覆盖率接近 100%。Verizon Wireless、AT&T Wireless、Sprint Nextel、T-Mobile USA 是美国四大主流移动运营商。其中，Verizon 公司占据 41.06% 的市场份额，拥有 8500 万最富有的用户，也就是所谓的后付费签约用户。 AT&T 占据 33.82% 的份额，拥有

[1]Ericsson（爱立信）：《Ericsson Mobility Report》，2015，p22。
[2]comScore：《2015年美国移动用户行为报告》，2015，p20。

7000万用户。而Sprint和T-Mobile远远落后于前两家，市场份额分别为13.04%和12.08%。这两家的低利润的预付费的用户占大多数。AT&T称自己拥有美国最快的3G网络，信号好，资费较便宜。

美国智能手机1.9亿部，智能手机普及率77%左右。苹果依旧是美国最大的手机品牌，占据41.3%的市场份额。三星成为安卓系统手机里的老大、份额为27%。LG、Motorola、HTC排在之后。操作系统方面，Android和ios占据93%以上的份额，微软的WP、黑莓、塞班等系统仅占很小的份额。

二、欧洲

据GSMA（GMS协会）发布的《移动经济：2015欧洲》（The Mobile Economy: Europe 2015）研究数据预测，随着该地区市场受益于机器对机器（M2M）通信等新移动技术的普及带来的生产力和工作效率的提高，到2020年，该产业对欧洲国内生产总值（GDP）的贡献将从2014年的5000亿欧元增加至6000亿欧元[1]。据该报告称，到2020年，移动运营商针对4G网络质量及旨在覆盖整个欧洲的持续投资，将使4G网络占移动连接的60%，而目前仅占20%。

尽管宏观经济和监管条件受到挑战，但过去几年，欧洲移动运营商仍大举投资4G领域。我们期望，在余下几年里，移动运营商对4G部署、容量和频谱的投资能够得以延续。目前，欧洲的移动用户享有远超全球平均水平的下载速度，而且将利用下一代网络和设备可能产生的一系列创新服务。

欧洲是一个在移动领域高度成熟的地区，且用户普及率高。到2015年底，欧洲将拥有4.3亿唯一移动用户，相当于该地区总人口的79%。这使得欧洲成为全球移动普及率最高的地区，其普及率高出北美地区近10个百分点。因此，该地区未来的用户增长空间十分有限：据预计，到2020年，欧洲的唯一移动用户数将达到4.5亿，相当于届时该地区预期人口的81%。

4G覆盖范围的扩大和智能手机的日益普及将带动向4G网络的迁移。2015年初，4G网络的覆盖范围涵盖了欧洲80%以上的人口，这一数字预计到2020年前将超过95%。提高4G设备普及率的因素包括不断扩大的覆盖范围、以更广泛的价格提供更多的可用设备，以及音乐和视频流媒体服务的使用增加。据预计，到2020年，智能手机将占欧洲移动连接的76%，高于今年的60%。

---

[1]GSMA：《移动经济：2015欧洲》（The Mobile Economy: Europe 2015），2015，p17-20。

此外，4G 覆盖范围的扩大和 4G 支持设备的更多采用也将促使移动数据使用量增加。据思科（Cisco）称，西欧的月均数据使用量将从 2014 年的每月不到 1GB 增加到 2019 年的近 6GB，其中复合年增长率（CAGR）为 45%。许多欧洲运营商在报告中称，目前 4G 客户使用的数据量为 3G 用户的两倍以上。据这份报告显示，移动数据服务的收入也将帮助许多运营商在经历一段时期的负增长后重新实现服务收入增长。

移动为整个欧洲带来经济增长，同时推动创新。欧洲移动产业在 2014 年创造的 5000 亿欧元相当于该地区 GDP 的 3.2%。该产业还直接或间接地为 380 万个就业岗位提供了支持，并以各种税收形式贡献了大约 840 亿欧元的资金。除了税收贡献，移动运营商还将通过频谱费用支付为公共资金作出贡献。例如，2014 年，希腊、匈牙利和爱沙尼亚等国家的频谱牌照分配为各自政府创造了总计约 7 亿欧元的公共资金。

移动产业是欧洲领先的数字创新，特别是在移动商务、智能制造、智能家居和智能健康等领域。移动网络也将为物联网（IoT）机会提供平台：到 2020 年，欧洲的蜂窝 M2M 连接数量预计将从 2015 年的 6800 万增加到 1.82 亿，复合年增长率为 22%。另外，该地区对低功耗广域网（LPWA）解决方案的使用兴趣也在日渐高涨，这将在连接一系列物联网设备方面起到重要的作用。

三、中东

随着智能手机在中东市场的渗透率增长和日渐成熟，越来越多的移动广告主在寻找中东移动流量。中东地区本土内移动 Web 开发公司有一定数量，移动应用开发数量还较少。手游开发公司的数量偏低，主要以主机游戏（PS3、Xbox 等）开发为主[1]。

从区域上来看，以色列、埃及、阿联酋、沙特、约旦移动开发公司较活跃。中东地区，特别是阿联酋、沙特电子商务较为发达，网购习惯较好。从全球移动网络分布来看，虽然近些年中东区域的网络基础设施快速发展，很多国家大力推广 3G，甚至 4G 网络，但与发达国家相比，仍然还有很大的差距。2014 年中东地区数字广告支出规模 20.44 亿美元，2015 年中东地区数字广告支出规模预计在 25 亿美元左右。2014 年中东地区移动广告支出规模在 9 亿美元左右，2015 年，

[1]YeahMbobi：《全球移动互联网市场数据大揭秘系列–中东篇》，2015年8月27日，见http://mt.sohu.com/20150827/n419872250.shtml。

中东地区的移动广告支出增长率预估为59%，15年中东地区移动广告支出规模估计在14亿美元。

随着中东地区国家对互联网、移动互联网、所需技术、物理环境的大力支持与推进，该地区的互联网用户人数约1.5亿，移动技术服务的普及率已大大提升，现在很多阿拉伯国家的普及率已经超过100%。2012年以来，中东地区互联网普及率增长了2000%。中东地区的年轻用户则对网络、手机、高级轿车等更为迷恋，在网络上交友、聊天、玩游戏；如：Facebook 、Twitter、Whatsapp、Online Games等都是他们最常光顾的。中东地区所使用的主要网站还有Yahoo，MSN，Google之类的国际性网站，本地最大的阿拉伯语网站是Maktoob。

四、拉美

拉美地区一直是移动产品出海的热门区域之一，其庞大的手机用户群以及安卓低端手机为主力设备的特点使得该市场特色鲜明，在此背景下，YeahMobi联合APP应对该地区移动互联网，游戏、广告市场的背景已经各项数据做一统计分析，充分呈现该地区移动基础现状，以帮助出海企业进一步了解该地区市场的特点。

2015年初，拉美地区移动手机用户达到4.39亿，手机普及率72%，高于全球手机的覆盖率（51%）；拉美地区智能手机普及率仅为24%，低于全球智能手机普及率（38.5%）。智能手机发展缓慢，是影响该地区整体移动广告增长的重要因素。该区域移动网络仍以3G和2G网络为主；地域上来看，沿海城市如墨西哥及巴西沿海城市地区3G覆盖较好；巴西内陆部分及玻利维亚地区仍以2G网为主甚至无移动网络覆盖。

从各国移动环境来看，墨西哥有9760万手机用户，智能手机普及率37.0%，约3700万智能手机用户，互联网用户数2500万。巴西移动手机持有量2.82亿。其中3G手机1.49亿，4G手机775万。巴西智能手机普及率32.4%，到2020年达到72.2%。巴西近90%的人都拥有Android智能手机，巴西互联网用户数达6900万。智利手机用户2450万，目前4G用户仅占0.4%。互联网用户30万。在固定宽带和移动3G宽带业务普及率方面，智利继续领先于巴西和哥伦比亚等拉美国家。近几年，得益于政府大力发展3G、4G网络和推广智能手机，智利已经发展成为拉美地区网民数量最多的国家之一。除了大力推进网络建设，智利政府还非常重视贫困人群的上网问题。

阿根廷的手机持有量6000万部，其中4500万部是活跃用户，手机普及率达到了130%；1270万智能手机用户，智能手机普及率30.6%；预计2020年智能手机普及率将达到72%。互联网用户1800万。平均每人每天在互联网上花费的时间长达7.2个小时。其中大部分时间用于在线观看电影或电视节目网站，其余部分则被社交网络和在线音乐所占据。

哥伦比亚是拉丁美洲第三大经济体，目前，哥伦比亚拥有2400万移动用户，拉丁美洲第四大移动市场，在哥伦比亚15岁到64岁的人群中，手机拥有率达到94%，其中80%为使用移动互联网的网民。智能手机的普及率达26%。互联网用户已达1060万户。哥伦比亚全境主要城市已覆盖3G网络。为满足日益增长的移动互联网服务需求，哥伦比亚政府正在大力推动4G网络的设施建设。据哥伦比亚电信部门预计，到2020年，哥伦比全国使用移动互联网的手机、平板电脑等终端设备的数量将达到4亿部。

秘鲁是拉美第五大互联网用户市场。互联网用户数580万。2013年手机活跃用户达2000万，其中智能手机普及率17.2%，预计2020年将达到57.4%。委内瑞拉属拉丁美洲地区经济较为发达的国家之一，石油产业是其经济命脉，收入占财政总收入的70%以上。2013年，手机用户3100万，智能手机用户1266万。安卓系统手机占39.7%；出奇地，黑莓系统占到了30.92%，Windows Phone占5.4%以及iOS占4.1%。其他操作系统占了剩下的19.8%。LTE手机只取得了市场的0.6%。到2014年，互联网用户达1160万。在巴拉圭，67%的移动用户用手机上网。巴拉圭的平均网费则高达168美元，29.5%的家庭拥有电脑，25.1%的家庭使用互联网。

移动购物环境方面。拉美支付一个很大的障碍：大部分南美的用户都主要是以信用卡来支付，信用卡非常不方便，即便是用户想要支付，也会产生很大的障碍。跟拉美的移动运营商建立良好的合作伙伴关系，这样就给游戏的开发商提供了很好的机会，把这样一个支付服务的功能嵌入到游戏当中，比如说一键式的支付，给他们的用户提供了非常快捷方便的支付服务。墨西哥有三分之二的B2C电子商务是通过信用卡支付，货到付款屈居第二；巴西流行信用卡分期付款，很多人买个很便宜的东西也要分很多期付，违约的很多；PagSeguro是巴西门户UOL下的支付服务，有点类似腾讯旗下的财付通；在巴西，大约有80%的人口拥有银行产品，如信用卡和借记卡，继信用卡之后，Boleto是巴西地区最常用的支付方式。巴西主要的物流方式还停留在巴西邮局所提供的服务。尽管国内两大航空公司Tam和Gol及TexEncomendas和长途汽车公司Pluma都推出了自己的物流服务，但邮费太贵；巴西的电子商务行业在巴西现状相当于中国的2010年前后。

阿根廷地区，录入系统的现金支付屈居于在线卡支付排名第二，此类的系统包括PagoFacil和RapiPago。秘鲁电子商务现在面临的最大障碍是：说服消费者改变传统的购物方式转而接纳在线购物的方式。此外，秘鲁应向消费者提供更多的在线支付渠道，使他们上网购物变得更加快捷。在全球移动电商快速发展之际，秘鲁移动电商技术依然滞后。因此秘鲁应推出更多的移动电商平台，为日益增多的智能手机和平板电脑用户提供服务。54%的拉美的智能手机用户在移动端购买产品或服务；40%的墨西哥移动用户用手机购买产品；阿根廷15%的手机用户进行在线支付。

第十章　2015年世界信息技术服务发展情况

第一节　发展特点

一、全球信息技术外包市场持续增长

近年来，作为信息技术服务业关键组成部分的信息技术服务外包（ITO）持续增长。根据 Gartner 的预测，2012—2016 年全球 ITO 支出的复合年增长率将达到 3.8%。由此，预计到 2016 年全球 ITO 支出将达到 2922 亿美元。2014 年，全球 ITO 呈现出一些值得关注的发展趋势：①机器人提供信息技术服务趋势明显。2014 年开发和应用机器人的技术得到巨大发展，使外包活动中目前由人工操作的工作变得自动化。机器人制造逐步向高端知识价值链迈入，而且外包商出于降低劳动力成本考虑，对自动化普及的期望在增加，而通过自动化的方式减少对人工的使用，可以降低人力成本完成信息技术功能或服务。②混合离岸模式升温。2014 年，一种结合了内包和外包的混合离岸服务模式越来越普遍，并挑战原有的一项离岸业务外包给一家服务供应商的模式。混合离岸模式使得企业能够在共同管理形式下更好地共享服务和外包，以实现最优秀的人才和最具成本效益的信息技术服务组合。③内包模式显著增加。外包需求方更愿意创建自有组织，不仅可以管理服务，并且开始更多地在操作层面对业务运行进行控制。这使得在曾经外包出去的信息技术服务中，20%—30% 被重新转回内部，企业将依托信息技术服务管理框架来管理增加的内包业务。④云技术落地。2014 年是云计算年，为了有效管理云服务，需要客户和服务提供商进一步明确其云服务的战略目标，应用统一的指标体系，量化投资回报率，以迎接快速发展的业务环境。同时，企业也能够将不同云方案以及传统方案放在同一标准下进行比较。⑤成本咨询模式出

现。2014 年，越来越多的经验丰富的信息技术外包客户决定放弃昂贵的第三方咨询机构而自己建立信息技术服务交易，并寻找适应他们模式的外包机构。而越来越多的咨询机构为客户提供“轻服务”，通常按年收费，以满足那些希望投入较少资金的客户。

二、信息技术服务业发展呈现更多模式创新

近年来，信息技术服务业的各类创新层出不穷。从发展趋势上看，信息技术服务业将在服务形态、品牌竞争模式、客户关系等方面呈现新的面貌。第一，服务形态将会从被动形态向主动形态转变。未来信息技术服务提供商将向客户提供一站式全生命周期的信息技术服务模式。第二，在品牌竞争模式将发生变化。未来的品牌竞争将逐渐偏离旧的单打模式，向生态链协同的模式转变。第三，客户关系也将发生转变。信息技术服务提供商和使用客户会变成一个战略性合作伙伴关系。从创新方向来看，未来信息技术支持和维护的创新点将向平台化服务、移动化服务、设计化服务进行转型，这是信息技术服务未来发展的大势所趋。

三、投资并购呈现井喷式增长，新兴技术及应用备受关注

根据全球软件产业的投资、并购和首次公开募股（IPO）数据表明，全球资本市场正在持续回暖，并由欧美国家引领。根据美国风险投资协会（NVCA）的数据，2014 年前三季度全美投资案例中，软件和 IT 服务共计 2215 起，同比增长 62.03%；投资金额 139.76 亿美元，同比增长 46.65%。软件行业并购主要面向两个方向：一是新技术领域；二是行业的深化应用。其中，新技术包括云计算、大数据等；而行业深化应用方面，主要集中在关系国计民生的应用层面。这些以资本为纽带的并购整合背后，反映出近几年软件业已进入新的调整期，正在酝酿新的变局。与 2013 年度相比，IT 领域无论是在并购交易数量还是规模上都有大幅增加，最为显著的是支付和金融技术、大数据、社交网络、移动互联网和云计算，另外，基于网络的广告和技术市场也在蓬勃兴起。

第二节　重点地区发展概况

一、美国

美国凭借其强大的计算机技术、通信技术以及网络技术构成信息技术产业

的基础架构，推动信息技术服务业的快速发展。目前，美国信息技术服务业市场份额全球领先，市场份额占全球产业总体份额的 40% 以上。信息技术实力突出。全球 IT 服务巨头 IBM、惠普以及 EMC 虽然面临企业营收增长不利等问题，仍然保持行业领先优势，同时积极加快云计算等新兴领域的业务体系建设。2015 年 IBM 获得 7355 项专利，美国专利获得量蝉联第一，并处于云计算专利技术战略主导地位。

二、印度

在信息技术服务业领域，来自美日等发达经济体的企业一直处于全球市场的前列。2014 年 4 月，HfS Research 公布了全球信息技术服务业十强名单，基本延续 2012 年以来的格局，IBM 仍保持首位；但该榜单的亮点是印度公司 TCS 首度入榜全球信息技术服务业十强，这反映了印度信息技术服务公司的实力和全球影响力提升到了一个可观的高度，这可以归因于以下几点：

一是灵活的定价策略。由于印度公司的管理层级较其竞争对手简单，开销更少，很容易为赢得生意而向用户提供富有竞争力的价格。二是优秀的服务意识。印度公司不像其他业者，喜欢专注于高利润的项目而放弃小生意，印度信息技术服务公司不会放弃小生意，他们知道一旦嵌入客户的项目中，机会将出现。而且为更贴近客户，即便是收入达到数十亿美元的印度信息技术服务供应商，也会让客户知道其 CEO 的手机电话,使客户得到最直接的服务。三是产品和服务的创新，印度信息技术服务供应商渴望获得业务，并非常努力，他们能为客户提供卓越的创新产品，其想法和能力令客户惊讶，客户喜欢这样的企业。此外，近年来，印度发力基础设施服务，以强化其信息技术公司在应用开发和业务流程外包领域的竞争优势，如一家印度供应商在美国或欧洲的基础设施协议业务上打败了 IBM、EDS 或 CSC，这在十年前将是闻所未闻的消息。

三、欧盟

欧洲产业增速逐渐复苏，加强数字化建设发展。目前，欧盟信息技术服务业并未出现明显加速，但市场开始逐步复苏。该区域注重信息服务业发展对国民经济的重大影响，关心其所带来的巨大经济前景。欧盟各成员国普遍以信息分析与咨询业为龙头发展高价值、高端化的信息服务业。欧盟委员会提出，欧盟各成员国应积极迎接“大数据”时代，通过“地平线 2020”计划，推动跨国合作。

随着经济形势趋向好转，区域市场需求逐渐上升。市场研究机构 Pierre Audoin Consultants 报告显示，当前，36% 的欧洲企业将在数字化转型上投入更多资金，48% 的欧洲企业还将在移动办公上投入更多资金。

第十一章　2015年世界智能制造发展情况

第一节　发展特点

一、跨国公司持续加大智能制造投入，与传统制造业各环节结合日益紧密

目前，智能制造领域跨国企业正在积极依托软硬件产品及系统，加快制造业要素和资源的识别交互与信息集成，针对不同行业提供系统解决方案，推动制造业的信息化、网络化、智能化发展。沃尔沃的智能车载交互系统可实现与 Apple Watch 和 Android Wear 的无缝连接，通过智能手表可调节车内设置、开关车门等功能，通过车载 SIM 卡，智能交互系统可以在事故、故障或失窃情况下提供定位和追踪服务。福特正在给汽车配备更多的广角摄像头，包括一个提供 180° 前方及后方视野的新系统，能够帮助驾驶员看清各个角落。通用汽车公司宣布扩建其加拿大安大略省奥沙瓦市的工程中心，致力于研究车联网系统、汽车与智能手机互联软件和控制系统等。福特汽车公司组建了一支全球性团队，致力于开发适用范围更广的辅助驾驶技术，福特将与一些科技企业开展合作，推动“福特智能移动”（Ford Smart Mobility）计划的实施。日本欧姆龙公司 2 亿美元收购美国爱德普公司，通过整合爱德普在智能工业机器人领域的技术和产品优势，为汽车、数字设备、食品饮料加工和包装等行业提供完整的系统解决方案。富士康启动实施了“百万机器人”计划，其 2015 年规划提出在未来 3 年内由自动化设备、机器人取代 7 成左右的人力劳动。此外，互联网企业开始投资实体经济，充分发挥自身信息技术领域的优势。例如，谷歌公司 2013 年收购了 8 家与机器人有关的公司，2014 年又陆续收购人工智能公司 DeepMind 和智能家居公司 Nest，智能制造成为

谷歌新的业务领域。

二、工业机器人智能化程度逐渐提升，不断向细分领域推广应用

随着工业机器人逐渐向细分领域推广应用，人机协作、智能深度学习等技术将成为工业机器人未来发展方向。目前已有部分工业机器人厂商开展研发与合作，并推出了相应的产品。如，ABB 推出人机协作的双臂工业机器人 YuMi；安川电机开发出用于人机协作的小型 6 轴机器人 MotoMINI，具有轻量、高速、高精度等特点，能够实现多品种少批量的生产；日本宣布与 Preferred Networks（PFN）公司合作研发深度学习技术与机器学习技术，应用于工业用机器人、机床、射出成型机等。目前，工业机器人逐步应用于航空、汽车、电子等工业制造领域，在 2014 年销售的 23 万个机器人当中 10 万个应用于汽车行业。按区域划分，亚洲是现在工业机器人使用最大的地区，占世界范围内机器人使用的 50%，接下来是美洲包括北美、南美，其次是欧洲。在机器人密度方面，韩国每万个员工中有 478 个工业机器人。日本和德国的机器人密度也是比较大的。

三、工业控制管理软件功能日渐丰富，智能化决策分析将成为工业软件系统升级趋势

工业控制管理软件趋于网络可视化和功能集成化，在传统的监控管理基础上，逐渐向自动分析识别和提供智能化决策方向延伸。工业控制管理软件与云计算、大数据、互联网等技术相结合，将促进软件系统平台走向网络化、云端化，依靠大数据和云计算，实现故障预警和用户行为分析，并提供智能化和个性化的解决方案。目前已有部分工业软件产品呈现出这一发展趋势。4 月 13 日，施耐德电气发布基于 Web 的可交互式应用软件 Wonderware Alarm Adviser，用来对历史报警数据进行可视化分析，帮助用户按照报警优先级别、持续时间、出现频率和管理区域对警报进行过滤和审查；5 月 29 日，横河电机集团发布基于网络的实时操作管理软件，利用工业云计算、工业 SaaS、工业物联网等技术，连接传感器、设备和工厂设施，实现远程访问数据，为调度、运营、监视控制系统环境提供综合的解决方案；6 月 2 日，西门子发布工业网络监控管理软件 Sinema Server，可自动检测网络中的所有 Profinet 和以太网设备，帮助用户及时发现潜在故障，为制定预防措施提供依据。

四、工业互联网市场潜力巨大，领先型运营商涉足工业互联网领域

各大运营商纷纷抢夺“工业互联网”商业蛋糕，AT&T凭借成熟M2M应用与GE开展合作。AT&T宣布和GE公司签署全球合作协议。两家公司期望通过这款M2M无线通信系统，让使用者能够在全球任何地方对GE的机器设备进行远程跟踪、管理、记录和操作，提升制造企业的生产效率。GE选择AT&T作为合作伙伴，共同开发工业互联网应用，除了AT&T强大的通信网络能力以外，主要还考虑了AT&T成熟的M2M应用。T-Mobile以汽车制造为突破口树立ICT服务品牌。目前，T-Mobile的ICT服务覆盖14个行业，其中，工业制造业、行政服务部门、交通运输、仓储和邮政业、金融业的渗透率最高、产品覆盖最广，取得众多成功案例。Verizon通过兼并与合作进入工业互联网领域运营商。Verizon以工业制造的M2M应用和车联网为切入口，开始向工业互联网领域不断扩张。

第二节　重点地区发展概况

一、美国

在国际金融危机后，实体经济的战略地位日益凸显，制造业依然是新一轮产业革命的绝对重心，也是国家经济竞争力的关键所在。在金融危机中受到重创的美国为了保持在全球制造业的领先优势，自2009年起密集出台了一系列政策文件，如《重振美国制造业框架》《先进制造业伙伴计划》《先进制造业国家战略计划》《制造业创新中心网络发展规划》等。这些政策的最终目标是推动制造业回归本土，通过产业升级化解高成本压力，通过大力发展支撑未来经济增长的高端产业，以保持世界创新领先者的绝对主导地位。

“工业互联网”的概念最早由通用电气于2012年提出，随后AT & T、通用电气、思科、英特尔和IBM五家行业龙头企业宣布成立工业互联网联盟（IIC），以期破除技术壁垒，促进机械世界和数字世界的融合，实现智能制造的快速推进。由于以信息技术深度应用为核心的工业互联网概念与美国先进制造业发展战略高度一致，很快被确立为国家战略，成为美国《先进制造业国家战略计划》的重要组成部分。美国工业互联网联盟是工业互联网深入应用的主导者和推动者，其力图通过制定通用标准，打破技术壁垒，使不同企业的产品可以实现数据共享和互联互

通。这些标准一旦建立起来，将有助于硬件和软件开发商创建与物联网完全兼容的产品，最终实现网络、计算机、传感器、云计算系统、机器设备以及其他类型的各种实体都得以全面连接和信息共享，进而推动整个工业产业链效率以及生产过程智能化水平的全面提高。

二、德国

随着制造业的战略地位日益凸显，竞争也愈演愈烈，德国日益感到来自于其他国家的压力。在此背景下，德国产业界提出“工业 4.0”概念，并成为德国《高技术战略 2020》中的十大未来项目之一，上升为国家战略。

德国“工业 4.0”偏重生产制造的“硬”环节，基本理念是强化制造业基础，向未来互联网融合。核心是基于信息物理系统（Cyber Physical System，CPS）实现人、设备与产品的互联互通、相互识别和有效交流，并利用网络空间的高级计算能力形成对生产过程和生产模式的全面改造和革新，从而形成高度灵活、个性化、数字化、智能化、绿色化的智能制造模式。在这种模式下，生产由集中向分散转变，规模效应不再是核心追求；产品的个性化定制、柔性生产得以实现；用户可以全面、实时地参与生产和价值创造的全过程。德国工业 4.0 战略的要点可以概括为：建设一个网络：信息物理系统网络；研究两大主题——智能工厂和智能生产；实现三项集成——横向集成、纵向集成与端对端的集成；实施八项计划。“工业 4.0”战略的未来愿景是使德国成为新一代工业智能生产技术的主导，助推德国在保持制造业领先地位的前提下再次提升其全球竞争力。

三、日本

战后日本为了实现经济腾飞，根据不同时期世界经济局势及本国经济发展特点及时出台了一些产业政策来引领发展重点和发展方向。战后的《倍增计划》、《e-JAPAN》战略以及 2014 年公布的《3D 打印制造革命计划（2014—2019）》《新策略性工业基础技术升级支援计划》《机器人开发五年计划（2015—2019）》等对产业发展及经济增长都起到了重要的引领和带动作用。为了抓住第四次工业革命的先机，保持日本制造业的长久不衰，提升电子信息产业的国际竞争力，2015 年 6 月 9 日，日本经济产业省公布了《2015 年版制造白皮书》（以下简称《白皮书》），以期为制造业特别是电子信息制造业发展提供方向引领。《白皮书》虽然不是战略规划，也不是指导制造业发展的纲领性文件，仅仅只是对全球及日本制造业发展情况的综合分析和研判，但文中提出了未来日本制造业的发展重点和发展方向，这对日本制造业的再次腾飞起着至关重要的作用。《白皮书》认为，在制造业进入不断转型的智能化时代，美国和德国相继提出振兴制造业的发展规划，大力促进云计算、大数据、物联网等新一代信息技术与制造业的融合，极大改进了生产方式、提高了生产效率。日本虽然在机械设备制造、汽车及关键零部件制造方面占据优势地位，但在电子信息领域，日本企业逐渐显示出与美、德企业的差距，目前日本企业在世界知名的大数据公司、物联网企业、软件企业中难觅其踪。因此，日本制造业要想抢占高端制造业的发展先机，抓住第四次工业革命的发展机遇，继续保持持久的竞争优势，就必须进行制造业的结构调整，大力发展机器人、下一代清洁能源汽车、再生医疗以及 3D 打印等高附加值的尖端技术产业，促进大数据、物联网以及软件等先进技术在制造业中的渗透和应用，通过实施智能制造实现制造业的转型升级。

领 域 篇

第十二章　2015年世界智慧城市发展情况

第一节　发展特点

一、物联网驱动智慧城市向纵深方向发展

物联网成为各国智慧城市发展的核心基础要素，在城市管理、节能减排、能源管理、智能交通等领域实现了广泛应用，“前端设备智能化＋后端服务平台化＋大数据分析”成为通用模式。在城市管理领域，通过物联网应用汇集海量感知数据，实现对城市运行状态的精确把握和智能管理，如西班牙桑坦德通过“城市脉搏”项目致力于建立智慧城市平台，汇聚遍布全城的传感器和“人体传感器”数据，各类应用通过 API 调用平台的大数据处理能力，并通过移动 APP 提供城市管理和生活服务。在电力领域，物联网感知与电网、分布式电源等设施深度融合，实现能源生产消费全流程实时监测和预测预警，如英国布里斯托的 3e 住宅项目集成了太阳能等可再生能源，通过对家庭能源消耗的实时监控和管理，实现节省能源、降低二氧化碳排放。在交通领域，通过物联网建设“人—车—路”高度协同的互动型交通基础设施，利用互联的充电桩、收费点、控制中心等基础设施，为用户提供随时随地缴费、交互式地图导引等服务，如德国法兰克福正在开发多模式交通导航系统，基于对各类交通设施地上地下全面立体感知定位，实现行人、自行车、公共汽车、出租车、私人汽车的协同高效出行。

二、智慧城市建设不断催生新兴业态

从全球来看，智慧城市催生的新业态在应对金融危机持续影响、加快经济复苏进程、引领新兴经济创新发展等方面的重要作用日渐凸显。世界各地在智慧城

市建设应用中，通过鼓励新技术、新产品、新模式、新业态的研发设计、推广应用，带动全社会的创新意识，形成了新的经济增长点。2014 年 12 月，韩国国会通过 2015 年政府总预算，研发预算大幅增加 62%，达 18.9 兆韩元，约合 200 亿美元；而刺激创业资金为 3.5 兆韩元（超过 30 亿美元），大幅超越 2014 年的 1.0 兆韩元。《数字加拿大 150 计划》提出将投资 2 亿加元支持中小企业采用数字技术进行创新。同时，许多地方在推进智慧城市新业态上，十分注重信息技术与服务业的融合创新，服务业门类众多，与信息技术融合创新点较多，引发了远程教育、互联网金融、电子商务等新兴业态，进一步刺激了居民的新兴消费需求，不仅拓展巨大的经济发展空间，带动经济持续增长，而且不断创造良好的社会效益。

三、智慧城市成为拉动经济增长的新动力

从经济视角解读智慧城市，除了其自身发展对经济直接增长贡献巨大以外，其更大作用是创造了一个泛在互联、智能可控的发展环境，通过宽带网络、智能应用的部署，可以加速资源的有效集聚，大幅提高其他领域工作效率，进而促进 GDP 的快速增长。分析报告指出，固定宽带普及率每提升 10%，将为发展中国家带来 1.35% 的 GDP 增长，为发达国家带来 1.19% 的 GDP 增长，而增加 20% 的 ICT 投资可带来 1% 的 GDP 增长。欧洲通过高速宽带的部署已创建了 100 万个工作机会，带来近 8500 亿欧元的经济收益。到 2025 年，互联网在非洲引发的农业、零售、医疗领域变革，将为非洲带来 3000 亿美元的年 GDP 增长量。

四、“智慧”加速城市溢出效应

随着信息流、商品流、资金流、人流不断加速，全球城市群、都市圈渐渐涌现，城市之间的界限越发模糊，核心城市的辐射作用越发明显。通过智慧城市建设，利用互联网超越时空约束的特性，让核心城市公共服务平台、数据中心等设施、平台、产品、应用向周边辐射，加速了城市群化这一进程，带动经济相对落后地区发展，形成合力，进而提升以中心城市为核心的区域整体经济水平。如：北美五大湖城市群依靠高度发达的信息网络，发掘城市个体之间的内在联系，共同构成了一个相对完整的城市集群电子商务网络。电子商务加快了五大湖城市群经济有机综合体的形成，通过高效的信息技术手段和分工明确的专业化协同合作，使得生产要素、服务要素、管理要素、交易要素等在各个经济体之间流转的时间和空间距离大幅缩短，投资回报率和要素收益率显著提升，实现了各个城市经济体

的协调发展。伦敦城市群则是通过开放数据，让各级机构、公务员和其他数据捐助者把数据积累到公共数据库 London Datastore，利用数据共享带动了整个区域的协同发展。

第二节　重点地区发展概况

一、美国

作为全球智慧城市的主要倡导者和最大受益者，美国凭借其在信息技术领域的绝对优势，领跑全球智慧城市发展。对美国政府而言，智慧城市建设是保持和重夺国家竞争优势、刺激美国经济的一个银弹，并逐步将其上升到国家战略层面。2015 年 9 月，美国联邦政府发布了“白宫智慧城市行动倡议”，提出将在减少交通堵塞、维护社区治安、提高地区经济生产总值、加强环境保护、优化城市公共服务等方面加大研究和项目实施力度，预计资金投入将超过 1.6 亿美元，相关新技术合作项目将超过 25 项。该倡议明确了四大关键战略：一是搭建物联网和智能应用平台，建立跨部门的协同合作机制；二是大力支持举办民间科技合作活动，鼓励不同城市间展开合作；三是充分整合和优化配置联邦政府已有的政策和资源，集中投入智慧城市建设；四是积极推动国际合作，将亚洲和非洲作为未来智慧城市技术和产品的主要出口市场[1]。在倡议的实施过程中，美国国家科学基金会、国家标准与技术研究院、国土安全部以及其他相关职能部门都将积极参与，在智慧城市基础设施部署、优先领域解决方案研制和市场应用等方面开展工作，各级城市、高校、企业和社会组织等将加强合作，运用市场力量对联邦政府投资以外的领域开展补充建设。同时，美国还发布了“智慧互联社会框架”，强调加强智慧城市解决方案的基础研究和创新成果转化及其推广应用，并对从研究、开发到应用全流程环节提出了具体目标和实施路径。

当前，美国不仅在自身智慧城市建设上取得了积极进展，在技术和产品对外输出方面也享受到了巨大的经济效益。一方面，美国智慧城市在质量和数量上都占据了世界领先地位。根据智慧社区论坛（Intelligent Community Forum，ICF）历年智慧城市全球榜单评选结果，截至 2015 年，共有 51 个美国城市进入全球排行榜，

[1]国家信息中心：《美国联邦政府智慧城市行动倡议》，《电子政务发展前沿》2016年第1期，http://www.sic.gov.cn/News/251/6082.htm。

达到智慧城市评选总数（210 个）的 24.3%，位列其后的是加拿大（40 个）和澳大利亚（24 个）。其中，ICF2015 年智慧城市最佳实践全球前七强中，美国城市占有三席（Arlington County，Virginia；Columbus，Ohio；Mitchell，South Dakota）。另外，根据西班牙纳瓦拉大学 2015 年 5 月世界智慧城市能力报告研究结果，美国有 10 个城市被评定为 A-RA 中高级别，智慧城市建设综合能力居世界第一。另一方面，美国企业在全球智慧城市建设热潮中收益颇多。美国拥有大量从事智慧城市建设的企业，包括谷歌、微软、甲骨文、IBM、惠普、EMC、英特尔、思科、苹果、Facebook、亚马逊、戴尔、GE、高通、新云、数字集团和霍尼韦尔等，均在云计算、大数据、软件服务外包等领域拥有先进技术和产品优势。随着世界智慧城市建设需求上升，这些企业的市场空间持续扩张，不仅加快了资本积累的速度，而且日益强化了其在市场中的主导地位。《财富中国》2015 年 7 月统计数据显示，世界财富 500 强中有 128 个美国企业，其营业总收入达到 8.692 亿美元，其中 IBM、英特尔、思科、EMC 和亚马逊等 15 家企业均涉及智慧城市解决方案业务。同时，智慧城市也成为中小微企业创新发展的孵化场，硅谷、波士顿和芝加哥等地拥有数以千计的以智慧城市为主攻领域的中小微企业，未来成长空间不可估量。

二、新加坡

2015 年，新加坡提出“智慧国家 2025”计划，为其之前提出的“智慧城市 2015”目标的升级版，计划十年内建成全球第一个智慧国家。新加坡建设智慧国家的核心理念是“3C”：连接（Connect）、收集（Collect）和理解（Comprehend）。其中，“连接”是指全国范围内建立一个实际速率快、可扩展性强、建设成本低的统一的信息通信基础设施；“收集”是指在允许范围内，利用覆盖全国的传感终端和传输网络采集、整合、管理和共享实时有效数据；“理解”是指对实时采集的数据在一定保护手段下进行分析挖掘，从而对民众需求展开预测判断以提供更准确、更快捷的民生服务。

在以信息通信技术为驱动的智能化国度和全球化都市建设目标引领下，新加坡一直大力发展信息通信基础设施，并将其作为智慧城市建设的重要抓手。目前，新加坡信息通信水平已经位居世界前列，网络速率、基础架构、数据传输能力全球领先，汇集了东南亚超过 50% 的商业数据托管及中立运营商数据中心，承载了东南亚地区二分之一以上的数据量，新加坡由此成为全球数据管理枢纽城市之一。截至2015年，新加坡新一代宽带网络覆盖率达到97%，网络接入速率最高达到1GB，宽带网络用户数超过25万，宽带服务市场基本形成超过17家服务提供商相互竞争、优势互补、共同发展格局，家庭和企业用户可自由定制符合自身需求的光纤宽带网络接入服务方案。无线网络建设成效也十分突出，全国共部署了超过7500个无线网络公共热点，这意味着平均1平方公里范围就拥有10个公共热点，访问速率高达1Mbps，无线用户数超过210万。在“智慧国家2025”战略中，新加坡将部署下一代基础设施和通用技术架构，在现有的连接基础设施之上，渐进式部署地面（AG）设施和异构网（HetNet）技术以实现异构网络之间的互联互通，如在街灯、公交站或交通路口部署传感器，建立起异构网络，让手机和平板可以在移动网络和无线网络之间进行无缝切换。同时，国家也预留了频谱来建立新的超级WLAN，具有更广的覆盖范围，且功率要求低于标准的无线网络。目前，裕廊湖区正在全面开展HetNet试点计划。

随着传感设施和网络部署的加快推进，新加坡逐步将战略重点转向数据的采集和传输，并已推出传感网、物联网和特定领域产品的一系列标准，为数据共享和分析准备了条件。目前正在实施的一项重点工作是推动数据开放，以便为支持智慧国家决策提供扎实的数据资源基础。新加坡首先建立了全国统一的开放数据平台data.gov.sg，整合并开放了来自60多个公共部门或机构的8600多个数据集，促成了100多项包括停车、公厕、野猫管理等在内的新兴应用。新加坡的一些职能部门在开放数据方面也做出了自身努力，比如，土地管理局开放了地理数据，陆路交通管理局开放了交通数据，为企业或个人开发位置服务、交通管理等方面的应用软件提供了数据支持。新加坡政府还十分重视数据保护管理，公布了《个人资料保护法》，重点是防范对国内数据以及源于境外的个人资料滥用行为。

三、日本

日本智慧城市建设把重心放在绿色低碳和循环经济上，致力于建立资源节约型智慧技术服务体系，通过先进技术的应用和服务，在有效降低家庭和社会能源消费开支的基础上充分满足使用需求，显著降低对能源和资源的外部依赖。

2015年，日本政府发布了“I-Japan战略”（智慧日本），加大了数字信息技术在生产和生活中的部署力度，旨在基本建成一个充满活力的数字化社会。

“I–Japan 战略”围绕新技术的研发和推广应用，以网络基础设施建设为支撑，以政府治理、医疗健康、教育教学三大领域为实施重点，在电子政务、远程医疗、在线教育等方面展开了积极的探索。其中，智慧城市新技术研发与应用十分注重与家庭和人的生活习惯直接对接，紧密贴合人的日常生活需求，具有较强的实用性，如积极开发了可视化能源管理软件，使人通过卡通冰块面积的变化掌握家庭总用电量，并进行远程智能操控家用电器；将电动车的充电系统与家庭电网对接，便于人们把车里多余电量供给家庭应急使用。

在政府的号召下，丰田、松下电器、日立、东芝集团、三井不动产等日本本土民营企业基于自身技术优势，大力发展智能化节能管理解决方案，主导了松下—腾沢智能城市、丰田智能低碳示范小区、三井—柏叶智慧城市等多个知名的智慧城市建设项目。以柏叶智慧城市为例，其部署建设了遍及全市的智能终端系统，已经实现家庭、楼宇、社区的用电信息向业主的实时传递，从而支持家庭和社区用电的自我管理。柏叶智慧城市建设过程中还注重集聚整合不同行业企业资源，擅长城市开发的三井不动产、以节能技术为主的日立电器、以精密测量为主的国际航业、以建筑设计知名的日建集团等企业都参与其中，各类企业在充分发挥自身所长的基础上实现优势互补、协同合作；同时，千叶县、柏市政府、东京大学研究所、千叶大学研究所和当地居民共同组建了“城市设计中心”，重点支持电动汽车、能源、住宅、交通、物流等各类软硬件技术开发和系统集成，以及智能管理综合服务等方面的研究和产业化，有力推动智慧和低碳技术的推广普及。

资源匮乏一直是制约日本经济社会发展的掣肘，为有效应对能源危机，日本大力实施智能电网战略，并致力于将日本智慧电网标准向全世界推广，以此抢占电力智能管理市场主导权地位。为推动电动汽车有效接入电网，东京电力公司、富士集团和三菱公司建立了战略合作关系，联合制定了电动汽车接入电网的领先标准。日本还凭借大型锂离子蓄电池技术优势，与美国开展合作，旨在将自身蓄电池技术推广为国际标准。在智能电网应用方面，横滨市、丰田市、关西文化学术研究都市、北九州市都开展了智能电网 / 智能城市测试验证，包括能源使用的可视化、家电的控制、供应方根据能源需求状况促使消费者进行消费调整的需求响应、电动汽车与家庭的结合、蓄电系统的优化设计、电动汽车充电系统以及交通系统建设等。通过这些技术集成，构建区域能源管理系统，以实现区域范围内能源的整体优化使用。

四、英国

英国智慧城市建设重心在于促进信息通信技术应用和城市发展战略（可持续性、公民福利和经济发展）的深度融合，从而破解城市发展难题，构建形成可持续发展能力强的面向未来的新型城市。具体来讲，即充分运用智能传感、大数据预测、消费者需求分析、智能决策等核心技术，加强交通、社区、急救、供水、教育、建筑、健康和安全八大城市管理系统集成，实现城市经济发展、生活品质和公共安全水平的提升。为加快推动智慧技术的产业转化，英国技术战略委员会设立了未来城市技术创新中心（Future Cities Catapult），旨在推动与智慧城市发展相关的科技成果转化，促进城市、企业与大学合作开发商业化的城市整合系统解决方案满足城市未来的发展需求，其已开展的智慧城市项目包括大曼彻斯特的数据同步方案（Greater Manchester Data Synchronisation Programme，GMDSP）、感知伦敦（Sensing London）、无障碍城市（Cities Unlocked）等等。根据英国政府近期发布的《支出审查报告》，未来 4 年，英国将在公共部门投入 18 亿英镑（约合 176 亿元人民币）用于发展数字技术和转化项目，强化英国政府作为数字领导者的地位。

当前，英国许多城市结合自身发展需求，开展了各具特色的智慧城市建设试点。格拉斯哥市以改善资源效率、可持续的人口流动、环境的可持续性、经济繁荣为核心目标，重点打造开放数据平台、城市运行中心和智能路灯管理系统，获得英国技术战略委员会 2400 万英镑的投资，以及欧盟 1500 万欧元的资助。纽卡斯尔市充分利用市立大学在可持续发展、能源、计算机科学、交通和城市规划等方面的研究力量，通过建立经济和科学中心助力智慧城市发展。曼彻斯特市通过开放数据和开发基于开放数据的应用，改进城市服务、降低政府成本同时使市民受益。伯明翰市制定了智慧城市路线图，重点关注经济发展、幸福生活、城市流动性和环境挑战。

五、以色列

以色列首都特拉维夫围绕“数字特拉维夫（Digi-Tel）”建设，分别在城市互联、数据开放、智能服务、创新创业等方面加强了战略部署和项目实施力度，极大地提升了特拉维夫智慧城市建设水平。

在信息通信基础设施建设方面，特拉维夫市政府主导实施了城市免费公共

Wi-Fi 项目，首批建设了覆盖该城市主要人口集聚区和商务休闲区的 60 个 Wi-Fi 热点，随后又将热点数量增加至 80 个，并为此投入了 600 万谢克尔（约 160 万美元）的建设资金。该项目完成后，特拉维夫城市互联能力一跃迈入世界先进行列，与欧美国家主要城市特定范围免费公共 Wi-Fi（如纽约曼哈顿的电话亭式免费 Wi-Fi 区域）相比具有明显的信息通信优势。

在数据开放和利用方面，特拉维夫市政府大力推动社区服务、文体活动、公共卫生、市政预算、统计数据等领域非涉密数据向公众开放，并将其作为政府信息公开政策的重要内容。同时，市政府还十分重视开放数据的再利用，组织了基于开放数据的手机应用开发竞赛“App2U”等社会活动，支持公众和创新型团体或企业积极利用政府开放数据研发各类民生服务应用。

在城市服务方面，一款“数字特拉维夫（Digi-Tel）”的 App 应用汇集了休闲活动、交通出行、政府服务等各类信息，并基于地理位置服务（LBS）技术平台为市民出行提供信息查询、路线导航、票务预订、餐饮团购等便利服务，甚至帮助查询城市公共自行车停车点位置、可租赁数量，以及私家车可停驻的地点和收费情况等翔实信息，还能通过用户上传图片内容发布城市安全预警信息。特拉维夫市政府还推出了数字居民俱乐部卡（Digi-Tel Residents Card），为 13 岁以上通过注册认证的居民提供市政信息推送服务。目前，全市已有五分之一的居民加入了这一服务网络，凭借个人住址和兴趣爱好设定，定期或不定期收到个性化的市政活动信息通知。

在创业创新方面，特拉维夫智慧城市建设催生出众多本土优秀解决方案，中小企业通过积极参与建设实现了快速成长。如，由初创企业开发的 Pango 停车支付手机应用在特拉维夫地区甚至全以色列地区广泛普及，其可实时定位停车位置并计算出停车费，帮助用户通过手机缴纳停车费用；Pango 开发企业凭借良好的应用体验成为政府合作方，为市政府停车管理和收费管理提供了极大的便利。除此之外，HTS、地面服务公司 FSM 都被入选承建以色列政府项目并有出色表现。市政府还积极推动招标项目面向国外公司开放，以寻求更多解决方案提议及供应商。

第十三章　2015年世界行业信息化发展情况

第一节　农业信息化

一、发展特点

（一）以农业大数据应用为核心的创业创新持续升温

当前，大数据技术开始在全球农业中得到广泛运用，并成为资本与农业产业巨头投资的方向。通过搜集土壤、病害、天气等农业数据并进行分析处理，在最佳播种时间、用什么类型的种子以及在哪里种植等方面提供最优解决方案，从而在最大限度减少对环境的影响的基础上实现粮食产量的大幅提升。包括孟山都在内的农业产业领先公司都涉及农业大数据应用服务领域，通过对有关天气和作物生长的海量数据进行分析，帮助农户提高玉米、大豆等作物的单产，避免肥料和农药的过量使用。孟山都 2015 年可持续发展报告显示，其设定的降低作物保护产品运营中温室气体排放目标已完成 73%、提升全球种子生产运营中灌溉水的应用效率已完成 35%、在美国 100 万英亩农田上帮助农民更高效使用肥料以减少温室气体排放目标已完成 20%[1]，这一过程中其农业大数据解决方案在粮食生产、改善环境、实现可持续发展方面的实践取得了积极效果。未来粮食安全生产将越来越依赖适应性强、长势良好的作物，这意味着大数据在农业中的应用潜力不可估量。数字化农业网络公司 Farmers Business Network 在 2015 年 5 月完成新一轮规模达 1500 万美元的融资，其业务重点在利用大数据系统分析作物产量、天气和种植数据，为农民提供增加产量、减少肥料和农药浪费的咨询服务。这笔投资

[1]中国农资传媒网：《孟山都发布2015年可持续发展报告》，2016.3，http://www.sino-nz.com/html/2016/03/17/41424.html。

由 Google Ventures 领投，而 Google Ventures 还在持续关注、评估和投资与分析天气和作物生产数据有关的其他创业公司。

（二）人工智能在农业领域中的应用逐步展开

利用无人机、卫星遥感等技术对土地、气候、苗情等信息进行实时监测，采用机器人替代传统机械进行智能耕作、精准控制，这些人工智能在农业生产中的新探索推动农业智能化的进一步升级。旧金山初创公司 Ceres Imaging 在 2015 年初获得 90 万美元的融资，其主要业务模式是采用集成了传感器、摄像头等设备的无人机空中搜索大范围农场的实时数据，为农场主提供农田光谱信息监测土地和农作物状况，帮助农民更好地进行作物管理、实施合理的施肥和灌溉计划。下一步，Ceres Imaging 计划将收集到的数据进行交易，转变为“数据即服务”的 2C 服务公司。农业科技和农业自动化技术服务商，Blue River Technology 主打农业机器人，其机器人产品能够自动识别农作物，判断幼苗间距是否过小或是哪些杂草应该清除，从而优化农业生产方式、减少化学农药在粮食生产中的使用。

（三）农产品电子商务平台微创新层出不穷

全球领先的农产品电子商务平台不再把业务重点放在简单的农产品在线买卖，而是从模式创新到供应链重构，不断探索建设基于平台的农产品采购生态体系，实现农村电商的可持续发展。Local Harvest 深耕供应链上下游环节，实现消费端和供给端的双向整合。在消费端，Local Harvest 利用谷歌地图自动定位消费者所在地，支持消费者就近购买本地农产品，利用社区宅配物流体系实现即时配送，同时提供各种消费者参与农产品生产和销售方式，增强消费者用户黏性；在供给端，自主开发了具备在线订单、会员、配送和财务等管理功能的软件 CSAware，为农场主提供有偿的农场日常管理服务，还从食物配送交易额中收取 2% 佣金。Farmigo 创新了基于在线交易平台的“食物社区”团购模式，将地理位置相邻的消费者划定为同一“食物社区”，并通过平台直接关联周边的中小农场，经过订单统一征集、统一发送、统一配送，极大地降低了物流和采购成本。HelloFresh 提供个性化食谱和制作方式，并提供食谱材料采购和配送服务，致力于打造全新的生活方式和消费体验，并与快餐连锁企业建立合作关系，通过免费食物的诱惑，诱导消费者进行更多的消费。

二、重点国家和地区农业信息化发展情况

（一）英国

在英国“农业技术战略”实施的两年期间内，英国创新署农业信息技术创新中心日臻完善，构建了较为健全的农业科研资助体系，以及集投资公司、研究机构、农业生产等产学研要素为一体的协作体系。创新中心在英国农业技术领导委员会和开放数据政策的引导下，搭建了贯穿农业全产业链的数据采集和分析平台，建立了数据成果共享机制，为提升农业生产效率提供整体解决方案，使得各方参与者能够最大限度进行农业数据资源再利用。该中心还致力于开发相关软件及农业应用解决方案，支持各类用户对数据的整合开发和应用推广。在中心的协作框架下，包括洛桑研究中心、雷丁大学、苏格兰农业学院、全国农业植物学会等英国农业领域的领先机构和企业都积极参与中心工作，洛桑研究中心发挥数据建模和统计服务所长，雷丁大学提供科学服务，全国农业植物学会和苏格兰农业学院则负责农业技术资料交流等等。中心自成立以来，一直得到英国政府的大力支持，在金融危机尚未消退、政府开支大幅削减的背景下，2015 年春季英国政府在中心建设上仍提供了 1200 万英镑的预算拨款。

（二）美国

当前，美国农业信息化发展水平处于全球领先地位，通过网络建设、信息资源管理、先进技术应用等多种方式建立了覆盖全国的农业信息化支撑服务体系，为全国农业水平的整体提升提供了有力支持。

围绕农业信息资源共享和利用，美国在信息网络、数据中心、信息服务体系、政策保障等方面着手进行了全方位部署。自 20 世纪 90 年代起，美国就采用政府与社会资本相结合的方式，每年专项拨款 10 亿美元引导农田物联网和农村高速宽带网建设，积极采集整合农业数据资源并面向全社会开放，支持发展了一大批农业大数据服务企业，为精细化农业生产和农场管理提供服务解决方案，显著提升了农业生产效率。同时，美国还支持建设了一批较大规模的涉农信息数据中心，建立了集农业信息收集发布系统、农业教育科研推广系统、公司系统和民间服务组织系统等为一体的四级农业信息服务体系，积极推进农业数据资源的共建共享。为维护信息主体权益、强化数据资源使用保障，美国建立完善了从信息资源采集到发布的立法管理体系，树立了严格的监督机制，以法律保护的形式确保了数据

资源的真实性和有效性，以及知识产权归属权等内容，为促进农业信息数据资源的共享发挥了积极作用。

此外，美国还十分重视遥感、地理信息系统、全球定位系统、智能装备等技术的应用，为全国农业科学决策系统的建立夯实了基础。当前，美国大中型农场的农机设备均已安装了全球定位系统，通过实时接收和分析卫星遥感遥测信息，从而帮助农场主对土壤施肥、作物生产、环境监测等进行精准化管理。美国农场还广泛采用智能技术，应用自动灌溉系统基于环境温度、土壤成分等数据实现科学灌溉，应用智能仓储系统基于粮仓温度、湿度等数据实现农作物仓储的远程调控，应用智能农机装备实现高速作业和精细化农作物生产管理。

（三）法国

截至目前，法国已经建立了十分完备的农业信息数据库，数据库信息覆盖种植、渔业、畜牧、农产品加工等农业全领域。在此基础上，法国正在着力打造一个“大农业”体系，逐步将高新技术研发、商业咨询、法律政策、互联网应用等行业纳入这个综合性体系内，为法国农民在线获取农业市场行情、开拓市场新空间提供决策支持。此外，农民还可以通过专业化农业协会享受更为详尽的农业信息资讯有偿服务，从而能够及时调整农产品种植方案、实现效率最大化。

政府、农业合作组织、企业共同构成法国“三位一体”农业信息化服务体系，从不同角度、面向不同需求提供信息技术支持服务，与法国以中小农场为主体的“精耕细作”型生产模式相得益彰。法国政府作为农业公共服务的主体，其职责重点是定期发布农业生产信息、监督管理农产品销售环节、跟踪发布国际大宗商品和主要农产品价格动态变化信息等。农业合作组织带有半官方色彩，数量众多，职责明晰，形式灵活多样，多数与农民进行直接交流，在法国农业信息化建设中起到重要的推手作用，如法国最大的农业工会组织——全法农业工会联合会主要向农民提供有关法律、科技、农场管理等咨询服务。为了支持农业合作组织发展、确保提供更符合农民实际需求的信息服务，法国政府对农业合作组织提供了税收、管理等各类政策优惠支持。企业在为农业信息化提供服务方面具有商业模式灵活、服务内容丰富的优势，已逐步发展出面向农民特定需求的定制化、多样化服务。

（四）德国

目前，德国正在大力实施“数字农业”战略，其核心是深化大数据和云计算等新一代信息技术在农业生产中的应用，基于云平台对农业生产数据进行分析处理，用于指导大型农业智能机械的精细作业。在“数字农业”发展过程中，德国在农业技术研发上投入大量支持资金，以充分激发大型企业创新主体活力，统计显示，仅2014年，德国技术研发上投入就达到54亿欧元[1]。知名行业应用解决方案服务商SAP研发的“数字农业”解决方案实现了农民在线实时查看农场生产情况，包括作物分布、光照强度、土壤成分、肥料投放等，从而为优化生产、提升产量提供决策支持。农业机械制造商科乐收集团（CLAAS）与德国电信开展合作，利用传感器和移动通信技术促进机器设备之间的通信和数据交换，并对机器数据进行实时分析，支持收割过程的全自动化管理。德国电信发展了数字化奶牛养殖监控技术，通过温度计和传感器等设备监控奶牛受孕、产崽等信息，并自动将监控信息发送给养殖户。

信息通信技术在农业生产中的广泛应用使得德国农民工作效率大幅提升。大型农业机械通过全球卫星定位导航控制系统（GPS）实现精准生产，作业误差可控制在几厘米之内。初创企业365FarmNet创新开发了一套专业服务于农场主的应用软件，除了提供土地信息、种养殖规划、实时监控等服务功能外，还与企业建立了合作关系，通过实时联系直接获取相关咨询帮助。

（五）日本

物联网技术应用和网上农场兴起为日本农业发展开拓了一条集约化发展道路。

日本十分注重农业物联网的推广应用，其正在实施的物联网推广计划提出，到2020年日本农业信息技术化规模达600亿日元（约30亿元人民币），农业云技术使用率达75%[2]。目前，日本温室种植的物联网普及率已超过50%，农户普遍通过温室中布设的传感器实时监测温度、湿度、土壤墒情、溶液浓度、作物生长等参数，并通过数据管理中心进行远程调控。在政府的大力引导下，日本农业开始引入育苗移栽、耕耘施肥、果实采摘等各类小型化、智能化农用机器人，显著提升了农业生产效能。

日本网络农场是曾经风靡网络的QQ农场游戏的现实蓝本，是较早实现以销

[1]新华网：《国外如何推动农业信息化建设》，2015年8月，http://news.xinhuanet.com/info/2015-08/19/c_134532112_3.htm。

[2]上海农业网：《发达国家农业物联网模式对中国的启示与借鉴》，2015年12月，http://e-nw.shac.gov.cn/kjxn/hwzc/hwkj/201512/t20151215_1601451.html。

定产的农业生产模式创新，即根据需求进行作物栽培，推动日本农民从劳作者角色向生产者、经营者和服务者角色转变。其经营模式具体为：消费者租赁农场地块，通过在线平台选定在该地块栽种的作物，以及下达浇水、施肥、采摘等各种指令，由农场专人负责执行指令、对地块进行经营管理，并通过上传照片、视频等方式让消费者动态跟踪作物生长情况；待作物成熟，农场就负责将农产品寄送给消费者；消费者还可通过网上商城与其他签约种植户进行农产品买卖交易，取得一定收入；即便因为天气等不可抗力因素导致农作物减产，消费者会与农场共同承担歉收风险；消费者亦可将租赁的地块当做休闲度假的场地，在假期亲自劳作，并与农民交流，学习更多的农业知识。

第二节　金融信息化

一、发展特点

（一）基于互联网的金融服务强劲增长

近年来，以云计算、大数据、社交网络等为代表的新一代信息技术迅猛发展，促使传统金融服务领域发生了新的变革，使金融活动更便利地发掘产业价值链上下游之间的价值联系，发展信用，形成丰富多彩的企业金融活动。2015 年，全球 P2P 网贷、众筹融资、第三方支付、基于互联网销售的各类金融产品和服务等都呈现快速增长。新兴移动支付在改善用户体验、减少刷卡费用等方面优势明显。发达国家主要银行纷纷发展向移动业务迁移，积极开发了一系列使用方便快捷的 App 应用程序、移动产品等。以美国为例，美联储开展调查结果显示，2014—2015 年美国人使用手机登录银行账户、信用卡或其他财务账户的比例持续上升，39% 拥有手机的成年人使用移动银行业务，22% 的手机用户称曾有过移动支付行为，33% 的消费者曾用扫描条形码来寻找价格最优惠商品，39% 的人通过手机来追踪其购买和支出活动[1]。

（二）互联网金融催生跨界合作新模式

互联网实现了各行各业的互联互通，促使金融活动向各行各业全面渗透。银行作为传统融资的主要渠道，为交易双方提供了第三方中介服务，以解决各交易

[1]上海经信委等：《2015世界服务业重点行业发展动态》，2015.9，p49–50。

主体信息不对称、信用不充分等问题。互联网金融改变了传统银行融资中介角色，通过为供求双方搭建信息交互对接平台，基于线上线下双向互动促进直接投融资业务发展，不仅省略了银行中介环节，也使得投融资参与主体更加多元化，各种类型的企业、个人及机构客户均可借助互联网参与投融资行为。互联网金融经营模式也更加多样，P2P 网络贷款平台创新了面向个人和小微客户的直接融资服务，如 Zopa 和 Lending Club；众筹融资平台开辟了个人股权融资新模式，如 Kickstarter；基于票据交易市场的融资平台创建了应收账款网上转让交易空间，如 Market Invoice。此外,基于平台的金融产品创新不断,网上预付现金、分期付款、消费信贷、流水贷、供应链金融、担保贷款等新型产品凭借信贷门槛低、申请过程便捷、安全系数高等特点日渐受到金融市场的青睐。

（三）金融社交的规模化商用逐步展开

社交化是移动互联网的重要特征，也是移动互联网金融新的发展方向之一。人们可以通过移动终端随时随地和朋友问候交流、分享资讯，将整个社交圈装在口袋里。当前，移动社交网络与线下生活消费的结合日益紧密，为打通满足生活消费需求的一站式金融服务的各个环节，互联网金融也开始谋求社交化发展，将移动银行、移动支付、移动理财等功能植入社交网络，在熟人社交圈营销推广移动金融服务。2015 年 3 月，Facebook 在移动支付领域加强部署，在其应用软件 Message 推出了个人对个人资金转账服务，未来还将通过移动支付服务与 PayPal 和 Square 等老牌供应商和大银行展开竞争。同时，移动社交数据也成为个人信用体系建设的重要参考因素。

（四）大数据应用深入互联网金融各个环节

大数据已经成为世界金融服务业务顺利展开的关键因素，基于数据的市场预测分析大幅提升人们对未来市场的把控和资产管理能力，催生了算法交易、社会情绪分析、信贷风险管理等金融创新模式。其中，社交媒体数据应用已经成为互联网金融企业盈利的重要手段。MarketPsy Capital 对冲基金率先通过对网站、博客、微博等的跟踪分析来判断市场对不同企业的支持程度，再依此确定该基金的交易策略，实现基金回报率高达 40%。华尔街德温特资本市场公司则通过 3.4 亿个微博留言来确定民众情绪正负与否，结合人们高兴时买股票、焦虑时抛售股票的普遍规律，决定公司买卖股票的最佳时机。印第安纳大学利用谷歌心情分析工具判断近千万条网民留言情绪，并以此为依据对道琼斯工业指数变化进行预测，准确率高达87%。

（五）互联网技术促进金融风险监管方式不断创新

不同于传统金融风险管理方式，互联网金融创造了基于大数据分析的金融信用体系，创新了小微授信模式。大数据金融建立了基于数据分析的风险收益模型，并对客户群进行分类和授信管理，按风险概率高低提供不同等级的风险补偿资金。为应对海量金融数据以实现精准的风险管理，互联网金融公司积极采用大规模并行集群计算框架，提供自身金融平台系统架构的适应大规模用户访问、使用的性能，从而为日益扩张的虚拟金融服务提供支撑。然而，现有大数据系统架构的数据准确性、一致性差、数据质量及可靠性不高等特点严重制约着互联网新型业务模式的持续成长，虚拟货币交易运营商 Mt.Gox 的比特币失窃及因此导致的破产，为互联网风险管理的进一步发展敲响了安全警钟。

二、重点国家和地区金融科技创新发展情况

（一）美国

美国纽约市全球知名的金融中心，其也为金融科技初创企业营造了包括创新文化、创新活力、创业孵化器，以及公司之间的关系网络等在内的良好的创业环境。纽约率先发布关于比特币交易流通的指导文件并将比特币应用于真实生活场景——支付停车费。

纽约的投资人和投资机构同样十分关注金融科技领域的创新创业企业。贝恩资本风险投资管理合伙人 Matt Harris 正在积极寻找借贷、资产管理、交易系统和保险等领域的投资机会，摩根大通也在寻求投资符合摩根大通战略，专注于市场结构、企业软件、技术基础设施和资产管理的初创企业。Value Stream Labs、FinTech Startups 等孵化金融科技独角兽公司的创业场所都位于纽约。

纽约城市合伙基金（Partnership Fund for New York City，PFNYC）主导设立了纽约金融科技创新实验室（FinTech Innovation Lab）、纽约数字健康加速器（New York Digital Health Accelerator）和 NYCSeed 等创业孵化器。纽约金融科技创新实验室资金规模达 1.15 亿美元，旨在凝聚纽约商界领袖的力量，发现并支持纽约市有发展前景的初创企业，促进新企业成长，并为纽约市民参与本市经济活动提供机会。至今，入围纽约金融科技创新实验室项目的 24 家创业企业共募集到 1.76

亿美元的风险投资，其中一家更是以1.75亿美元的高价被收购。

（二）亚洲

亚洲地区是高速发展的新兴金融创新中心，One97、陆金所都是其知名的独角兽公司。印度、新加坡等地正在推进亚洲金融科技的发展，并在全球范围内展现出竞争力，比如，新加坡的知名金融服务集团DBS在全球18个市场拥有280多家分支机构，预计未来五年内将向支持新加坡创业环境发展的创业者投资710万美元，LTP团队则关注印度金融科技创业市场。日本互联网巨头乐天最近启动了1亿美元规模的全球金融科技基金，专注于颠覆性金融科技创业公司的早期和中期跨国投资，其将投资焦点放在美国和欧洲，特别关注伦敦、洛杉矶、纽约和柏林的金融科技公司，最终计划是将投资范围拓展至全球。

2014年6月，由埃森哲与12家行业领先的金融机构联合推出亚太区金融技术创新实验室，包括美银美林集团、中国建设银行（亚洲）、中信银行（国际）、澳大利亚联邦银行、瑞士信贷、高盛、汇丰银行、摩根大通、马来亚银行、摩根士丹利、渣打银行和瑞银集团。该实验室沿袭埃森哲和纽约市合作基金创办的同类项目模式，旨在培育为金融服务业开发新技术的早期创业机构，主要关注亚太市场。至今，入围"埃森哲亚太区金融技术创新实验室"的创业企业已筹集风险投资逾2650万美元。2015年，共有一批创业企业入围埃森哲亚太区金融技术创新实验室项目。其中包括：

以色列BondIT是对投资组合的构建、优化、再平衡和监控提供解决方案的初创企业。BondIT的"软件即服务平台"运用先进的机器学习算法轻松构建收益/风险最佳产品组合，使之与客户的风险状况相匹配，并且可以通过评级、持续时间、收益、国别、债券类型、资历水平等进行管理。该系统能自动监控投资组合、绩效报告和风险水平，提醒用户市场变化和约束偏差，同时支持投资组合管理者利用周期性再平衡优化投资。

悉尼Moroku自主开发出一款移动应用，主要目的之一是将银行业务游戏化，吸引更多人群互动参与，以此普及金融知识、营销推广理财产品。其已开发移动图书馆，结合自身玩家管理、数据分析及整合能力，帮助银行开发数字银行体验系统，并与现有交易系统互联互通，以便银行为客户提供更及时、更合理的解决方案。Moroku正在寻求将产品和服务拓展到亚洲的银行界。

澳大利亚Sparro重点在发展跨境支付平台服务，基于瑞波协议（Ripple

protocol）支持小额、高频的跨境支付，从而降低银行运作成本。其产品可以快速部署，进行云托管，并作为银行面向客户提供的一种支付服务。客户可以在其现有银行业务平台上利用 Sparro 支付网络完成跨境支付，且无须改变其当前工作流程。

Sybenetix 是专注企业行为分析的创业企业，旨在帮助对冲基金、资产管理公司和银行系统性地提高投资业绩，并开展个人、团队和公司层面的管理工作，与来自美国、欧洲和亚洲的许多领先金融机构进行过合作并屡获殊荣。其总部位于伦敦，在纽约设有办事处，并将亚太地区作为扩展战略的一部分。

Uniken 是一家数字安全公司，在印度拥有一个创新中心，已开发出一个基于软件的、按需可扩展数字连接和接入平台“REL-ID”，并已获得专利。这一即插即用平台有助于企业打造自己的私人数字物联网络——REL-ID Dome，其中，数字资产只有授权的用户、应用和设备才可见。对终端用户而言，REL-ID 是一个易于使用的解决方案；而对已在印度与以色列部署了金融机构与业务的企业而言，REL-ID 则是一个易于实施的平台，其目的都是为了保护数字交互，防止来自未经授权来源的入侵。

（三）以色列

掌握技术、沿袭传统、复制经验、支持创新，是以色列被看好成为未来金融科技中心的四大重要因素。经过多年发展，以色列已经构建形成一个强大的金融科技生态体系，其中不乏运作良好的投资基金和致力于金融服务技术创新的初创主体。融资方面，以色列金融科技行业持续迅猛增长，吸引了越来越多的包括来自海外的风险投资基金，比如，Fundbox 两轮融资共计 9000 万美元，Payoneer 融资额几近相同，eToro 也完成融资 4000 万美元。创新主体方面，除了已经上市或被行业巨头收购的成功的金融科技公司之外，以色列金融科技行业还有许多新兴公司，业务广泛涉及支付、交易和投资、贷款及融资、加密货币、客户参与、个人理财计划、反诈骗、银行和保险等多个领域。

以色列在发展金融科技创新中心上积累了丰富的经验。金融科技的特点是更加个性化、更加消费者友好、更移动便捷，旨在帮助无法获得足够金融服务的人们，其中包括实时分析、算法、大数据、风险管理、反诈骗和安全性保护等核心技术，而以色列在这些技术方面拥有大量自主专利，掌握了技术主导权。同时，以色列已经成功的金融科技公司十分注重积累全球金融科技领域的技术和行业发展动态，并通过实用业务赋予企业家和高管敏锐的行业观察力和企业管理、营销能力。这些企业家和高管在大公司获得经验值之后，又相继致力于金融科技相关的二次创业，并致力于初创公司的培育壮大。目前，曾经是初创公司的金融科技企业都已经成为其所在领域的领导者，如反诈骗领域的 Actimize，交易过程优化领域的 FundTech，POS 领域的 Retalix ，预防金融网络犯罪的 Trusteer 以及保险领域的 Sapiens。此外,以色列大力鼓励国际金融机构龙头在以色列设立分支机构，或研发中心或创业加速器，比如，巴克莱银行和花旗银行在以色列都有大型发展中心，金融信息化市场的主力玩家 SUngard、Paypal、Intuit 和 RSA 都在完善其在以色列的研发中心，积极挖掘本地金融科技领域潜在投资机会；鼓励本土创新机构涉足金融科技企业加速器，强化对创新的投入，为以色列金融科技公司投资额增长作出了巨大贡献。其中很多投资行为如下：以色列国民银行加入了投资基金公司 Elevator，Hapoalim 银行则入股微软创投加速器。

第三节　社交领域信息化

一、发展特点

（一）全球社交网络呈现多头并进的竞争态势

2015 年，Facebook、Twitter 等主流社交网络平台用户绝对数依然高居全球社交应用榜首，但 Pinterest、Tumblr、Instagram 等平台用户增速和活跃度大幅增强，大有赶超主流平台架势。Global Web Index（GWI）最新报告显示，自 2014 年到目前为止，社交网络专业化平台 YouTube、Pinterest 和 Instagram 实现了持续增长，其中 Pinterest 增速高达 97%，且平台用户年轻化趋势明显，Tumbler、Vine 和 Instagram 的 37% 到 41% 活跃用户处于 16—24 岁阶段；虽然 Facebook 依然是全球用户（80%）和活跃用户（48%）最多的社交网络平台，但其活跃用户从一季度到二季度只增长了 5%，Twitter 仅为 0.3%[1]。可以预见，当 Facebook、Twitter 逐步覆盖全球 30% 以上的入网人口，其增长空间随之萎缩，如果没有新的商业模式产生，其用户流失速度将进一步加快。

[1]中文互联网数据资讯中心：《GWI：2015年Q3全球网民每天在花1.77小时访问社交网络》，2015.9，http://www.199it.com/archives/387246.html。

（二）可视化交流日益成为网络社交的主流模式

除了文字以外，表情符图片、微视频等已经成为人们日益青睐的超越语言障碍的网络社交表达方式。调查显示，2015 年全球社交网站使用频率最高的 emoji[1] 表情符是“笑哭脸”，仅 Twitter 上使用率就高达 65 亿次，表明现代人内心对无拘无束放声大笑的渴望 [2]。《美国国家科学院学报》研究结果表明，人的面部表情所能传达的情感状态其实相当丰富和复杂，表情符恰恰能更直观地体现这些复杂的情感状态。同时，微视频在线分享也开始普及，越来越多的用户开始乐意用直观、动态的视频获取其他人的关注。据不完全统计，2015 年，Facebook 用户发布视频数比前一年增长 75%，4— 11 月期间 Facebook 视频访问人数从 40 亿人次 / 天增加至 80 亿人次 / 天（超过 3 秒为一次访问），Facebook 开始更倾向于使用视频创建新的社交活动，2015 年对用户推送视频数比前一年增长 360%。Twitter 新上线了 Periscope 服务，帮助用户使用移动智能终端即时分享视频直播内容，短短几个月实现注册用户达 1500 万名。2015 年 7 月，GE 通过 Periscope 开展了为期一周的无人机制造视频直播，用一周时间将喷射发动机、风力涡轮机和机车制造和测试过程展现给受众，广受公司客户好评。Periscope 服务还能直播会议、采访、用户支持、产品演示和特价优惠等其他内容，为企业赢得更多的忠实客户，这一形式将成为更多社交网络平台企业重点拓展的服务方向。

（三）移动社交 App 成为社交服务生态的重要端口

移动社交 App 是社交网络平台商业模式创新的一项重要探索，正在通过增加越来越多的除社交功能外的服务内容深受用户欢迎，并加快用户的社交时间变现以拓展其商业价值。调查显示，Facebook Messenger 成为 2015 年增长最快的移动社交 App[3]，同时，Facebook Messenger、Whatsapp、Snapchat、Viber 等全球四大移动社交 App 应用规模已经超过 Facebook、Twitter、Pinterest、Tumblr 用户总和 [4]。移动社交 App 功能也在逐步健全，12 月期间，Facebook Messenger 与专车应用 Uber 合作，支持用户在 Messenger 内直接下单叫车，同时还在系统内测试了名

[1]编者注：emoji来自日语，最早出现在日本无线通信中，自被美国苹果公司引入其输入法后风靡全球。

[2]中文互联网数据资讯中心：《2015年Twitter使用“笑哭脸”emoji达65亿次 成最热门表情》，2016.1，http://www.199it.com/archives/425351.html。

[3]中文互联网数据资讯中心：《Facebook：2016年1月Messenger应用用户超8亿》，2016.1，http://www.199it.com/archives/427451.html。

[4]中文互联网数据资讯中心：《BI Intelligence：2015年全球聊天应用规模已超社交网络》，2015.12，http://www.199it.com/archives/422791.html。

为 Moneypenny 虚拟语音助手，为人们提供查询和预订服务。这种基于移动社交 App 平台建立的“应用渠道 + 产业生态圈”模式已经显现出比苹果模式更具黏性的竞争力，通过接入移动支付、视频电话、生活消费、媒体传播等服务，利用线上线下互动营销方式帮助各类服务和企业将品牌推广给上亿的社交用户，构建了形成以社交圈为核心的应用生态，其蓝海价值不可估量。

（四）加强社交网络治理成为各国网络空间建设的重点

社交网络的群体性和传播性特征使之自诞生起便迅速向政治领域渗透，成为影响世界政治秩序、推动政治变迁的风险因素，在社交网络传播引发的谣言泛滥、信息安全、恶意骚扰、侵权等诸多问题方面，全球各国存在很大的共性，《TWITTER 上的七大谣言及半真半假的事实》一文就曾指出，即时性和随意性让 Twitter 成了谣言作坊（rumour mill）。因此，各国都十分重视社交网络治理，以避免其谣言的传播造成社会乃至政治秩序的不稳定。西方国家对社交网络的规制，主要以互联网通用法律和法规作为重要依据和现实基础。作为拥有互联网法律最多和最重视互联网管理的国家之一，美国非常重视社交网络内容监控和审查，据“俄罗斯之声”报道，美国中央情报局每日对大约 500 万条推特信息进行人工监控。印度则通过修订《信息技术法》，将网络监控 Facebook 和 Twitter 等社交网络合法化，严厉打击利用社交网络传播谣言、组织网络恐怖行动等，从而维护国家安全和社会秩序。

二、重点国家和地区社交信息化发展情况

（一）美国

美国是社交网络的发源地，世界领先社交网络平台 Facebook、Twitter 等都是美国互联网社交领域的知名企业，其在美国拥有的用户群体也十分庞大。但最新研究表明，Facebook、Twitter 等各类社交网络平台对美国成人用户的吸引力在持续下降，其用户规模增长步伐已大幅放缓。以美国互联网用户最喜欢的社交平台 Facebook 为例，尽管在绝大多数使用互联网的美国人当中，72% 的成年人经常上网使用 Facebook，但此比例较 2014 年仅增长了 1%[1]。70% 的 Facebook 用户每天都会登录主网站，其中 43% 的用户每天使用一次以上，77% 年龄集中在 18—

[1]中文互联网数据资讯中心：《皮尤研究中心：社交网站对美国成人用户吸引力下降》，2015.8，http://www.199it.com/archives/377945.html。

29 岁的女性用户偏爱使用 Facebook，用户极高的活跃度巩固了 Facebook 在美国的龙头地位。第二大巨头 Twitter 这两年发展停滞不前，其市场份额始终维持在 23%，几乎要被迎头赶上的 Instagram、Pinterest 赶超。而 LinkedIn 的数量则从 28% 下滑到 25%。近几年，老牌社交网络平台努力拓展海外市场，Facebook 就向南美、非洲等新兴市场提供免费互联网连接服务，为其在这些市场的扩张奠定基础，Twitter 积极将服务向没有无线互联网的地区深入拓展。

特色化社交网络的增长势头强劲。31% 以上的用户使用过新兴社交网络平台 Pinterest，其采用公告板形式，通过瀑布流形式滚动展示新图片；28% 的用户使用过图片社交程序 Instagram，其采用正方形照片和个性化滤镜效果，与 iOS、Android、Windows Phone 等不同操作系统兼容，支持多类社交网站应用，深受用户青睐。这两个社交平台均实现了显著增长，用户日常使用度分别为 59% 和 27%。提供就业选择服务的社交平台 LinkedIn 的基础用户从 2014 年的 28% 下降至 2015 年的 25%，但日常使用率却从 2014 年的 13% 提升至 2015 年的 22%。此外，轻博客网站 Tumblr 广受年轻人的欢迎，20% 的年龄在 18—29 岁年轻人都曾使用过 Tumblr。

与传统的在线社交网络相比，能够绕过运营商网络发送和接收消息的新兴移动社交应用工具越来越受到美国互联网用户的喜爱，36% 的智能手机用户使用过 WhatsApp、Kik 或者 iMessage 等 App 传递信息，且用户占比较大的 18—29 岁的年轻群体。研究表明，移动社交应用 App 日益复杂和多样化，如何正确运用和监管是当前亟待解决的问题。

（二）东南亚

随着智能手机的普及和移动服务订阅数的增长，东南亚地区的社交网络平台应用呈现高速增长，并朝多样化方向发展。数据显示，2015 年东南亚网民数新增 2.5 亿人，社交网络用户数新增 3 亿人[1]。Facebook 仍然是东南亚各国最受欢迎的社交平台，其东南亚用户数已经超过 2.3 亿人，其中一个月内有 2 亿用户通过移动终端在平台登录。Facebook 东南亚用户群年轻化趋势十分明显，超过 70% 用户年龄在 30 岁以下，根据对 11 月用户的调查，该月超过 6300 万 Facebook 用户年龄在 20 岁以下。

[1]中文互联网数据资讯中心：《We Are Social：2015年东南亚互联网、社交媒体、手机新趋势》，2015.12，http://www.199it.com/archives/412267.html。

东南亚社交网络平台超多样化方向发展明显，LINE、Viber、微信和其他移动社交 App 等平台各自拥有忠实的用户群体。在泰国，LINE 注册用户数与当地 Facebook 月度活跃用户数基本持平，印度尼西亚的 LINE 用户数也高达 7900 万。Viber 在菲律宾十分受欢迎。微信在普通话盛行的东南亚地区也越来越受到欢迎。WhatsApp、Facebook Messenger 在东南亚地区开始普及，Snapchat 更受千禧一代的偏爱。尽管用户量呈下滑趋势，Blackberry Messenger、Kakaotalk 在东南亚依然有一定程度的应用，特别是在印度尼西亚。

第四节　旅游信息化

一、发展特点

（一）旅游在线销售成为世界旅游行业发展主流

2015 年，全球旅游在线销售额持续保持中高速增长，根据 eMarketer 预测，2015 年全球网络旅游销售额将超过 5330 亿美元，年增幅 13.3%[1]，受亚太地区、拉丁美洲和中东、非洲网络旅游销售增长的拉动较大。这一增势将持续发展，预计到 2019 年，全球网络旅游销售额将达到 7620 亿美元。其中，亚太地区网络旅游销售额高达 1391.2 亿美元，年增幅 19.8%。预计到 2018 年将超过北美成为全球最大的网络旅游市场，中国对该地区网络旅游增长的贡献最大。拉丁美洲网络旅游销售增长最快，达 20.3%，但占世界份额较小。作为全球最大的网络旅游销售市场，北美网络旅游市场几近饱和，增长正在放缓。西欧网络旅游市场也持续低位徘徊。

（二）旅游科技公司成为投资热点

旅游科技公司主要指提供旅行相关服务及产品（包括预订服务、搜索及规划平台、按需旅行以及推荐网站）的公司。2015 年，旅游科技公司融资达到了前所未有的高度，截至 12 月 21 日，全球旅游科技公司融资活动高达 348 次、融资总额高达 52 亿美元[2]，比 2014 年分别增长 42%、125%（见图 13-1）。其中，短租平台 Airbnb 以 15 亿美元的 E 轮融资排在首位，其次是中国的途家以及总部位

[1]环球旅讯：《2015年网络旅游销售额年增幅13.3%》，2016.1，http://www.traveldaily.cn/article/98539。
[2]环球旅讯：《2015年—旅游科技公司成为投资者的宠儿》，2016.1，http://www.traveldaily.cn/article/98201。

于南美洲的在线旅游公司 Decolar。种子 / 天使融资阶段在融资活动中占主导地位，占自 2010 年以来完成的所有融资次数的一半以上。早期融资轮（种子 / 天使及 A 轮融资）占旅游科技创业企业融资次数的 71%。GDS 巨头企业 Amadeus 旗下的旅游创业投资基金 Amadeus Ventures 持续关注个性化营销、内容创新展示、端对端旅游体验等领域的旅游科技初创企业，自成立至今已投资 7 家公司，包括个性化旅游推荐公司 Olset、机票和酒店产品价格追踪服务商 Yapta 和短租网站 BookingPal 等，既给予这些初创公司以投资和指导，还将公司传统业务与初创公司业务创新结合等，促进 Amadeus 自身发展。

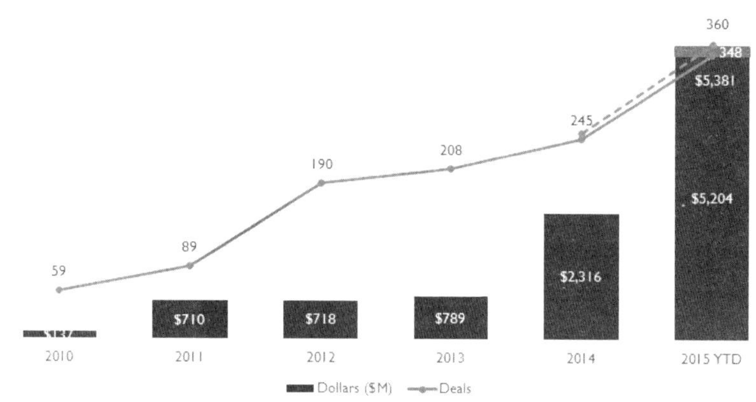

图13–1 旅游科技公司融资增长趋势

资料来源：CBinsights，2015 年 12 月。

（三）新一代信息技术推动旅游场景体验方式不断变革

随着新一代信息技术在旅游当中的深度应用，旅游产品和服务在创新中持续升级，游客的旅游体验方式日益丰富多彩，实现了信息技术从辅助工具到战略手段的逆转，甚至成为当今旅游核心吸引物的一部分。以主题公园为例，虚拟现实技术越来越多地应用于园内的主题创新，多伦多的“加拿大仙境乐园”正在准备将虚拟实境头盔引入“雷霆飞越”过山车，模拟乘坐“喷火龙”飞跃中世纪村庄情景，让玩者在没有旋转功能的过山车上体验飞跃、旋转的刺激感。酒店行业更注重通过信息技术实现人性化的设计，如“智慧 e 房”将电视和网络多媒体完美结合，通过全新的交互式应用，为住客提供丰富的旅游资讯、精彩的娱乐内容和细致周到的客房服务。同时，虚拟科技还推动旅游营销方式持续升级，如通过旅游电视博展会系统，游客可以在家坐享旅游视听盛宴。旅行服务提供商 Thomas Cook 初步试水了虚拟现实旅游营销服务，在实体店内提供 VR 头盔，让前来咨询旅游产品的人身临其境体验所想去的地方，根据销售数据，提供 VR 体验服务后，Thomas Cook 纽约旅行项目营收比之前增加了 190%[1]。

（四）互联网应用持续提升旅游服务竞争力

互联网技术成为旅游产业链各环节紧密联系的纽带，并将旅游服务向购物、出行、金融、航空、会展、差旅等更广泛的行业领域延伸，不断变革旅游关联行业的运营模式并由此衍生出新的旅游业态，促进形成一张覆盖多行业的“泛旅游”网络，有力支撑旅游经济规模化发展。2015 年期间，大量在线旅游企业开展了跨行业供应链整合，一些具有技术优势的互联网公司也将业务延伸至在线旅游服务领域。2015 年底，Uber 获得一项新的数字交互界面软件专利，集成了旅游产品预订、行程规划管理、搜索推荐引擎等功能，预示着 Uber 将进入在线旅游领域，凭借交通出行规划优势发展“最后一公里”旅行服务。此前，Uber 已经开始积极与旅游企业开展合作，比如向希尔顿酒店会员提供乘车请求提醒服务，并与美国航空公司建立战略关系，为用户提供网上值机、航班取消或延误时再预订操作等行程管理服务。

（五）分享模式成为旅游线上线下融合大势所趋

由于旅游六要素本身就具备资源共享和充分利用的特质，因此旅游与分享经济有着天然的契合度。当前，基于移动平台的旅游线上线下融合加速发展，与分享经济形成相互碰撞，由此产生了巨大的经济效应。短租服务提供商 Airbnb 率先创新了旅游分享模式，通过互联网平台汇集闲置房屋资源，促进房屋租赁需求与居住资源的对接共享，既提高了旅游住宿端的资源配置效率，又恰到好处地迎合了大众旅游者对质优价廉、深度体验当地文化的住宿消费需求。不同于传统住宿的整体化、集约化服务，Airbnb 平台实现了服务需求方和资源提供方的碎片化、分散化配置，以及消费者和服务提供者之间的相互转化，促进形成基于平台的旅游住宿服务 O2O 生态体系。目前，这个线上房屋租赁服务企业已经进驻全球 160 个国家 4 万个城市，管理房间数量高达 100 多万间，超过了包括万豪、希尔顿、喜达屋在内的任何一个全球连锁酒店集团。在 2015 年底 Phocuswright 举

[1]花火网：《让虚拟现实技术带你这样旅游领略全球的风光》，2015.8，http://www.huahuo.com/vr/201508/2237.html。

办的2015互联网旅游创新峰会中，新创公司Zizoo赢得青睐，其致力于采用分享模式打造一个能在线预订游艇并能分享评论交流及提供LBS服务的社区，是全球首家能在线进行游艇预订及服务的平台，不仅直接改变了游艇预订模式，而且为租船公司提供SaaS分享平台，两轮融资达85万美元。

二、重点国家和地区智慧旅游发展情况

（一）美国

美国智慧旅游发展始终引领世界潮流，特别是很多在线旅游龙头企业都是美国本土企业，通过信息技术的深入应用和商业模式的融合创新，充分挖掘旅游者潜在需求，推动旅游产业的智慧化发展。各类在线旅游企业的经营模式各有不同：

Priceline是美国在线旅游C2B模式的领先实践者，通过搭建汇集众多酒店、机票、租车、线路等旅游服务资源的信息平台，积极发展面向旅游服务买卖双方的有偿交易服务，目前已形成Booking.com、Agoda.com、Priceline.com、Rentalcars.com、Kayak.com等品牌。Priceline创造性地开发了自我定价系统（Named your own price），允许消费者线上提交意愿价格，由旅游服务商来抉择是否按该出价提供服务，这大大提升了消费者购买主动权地位，促成了众多物美价廉的服务交易。

TripAdvisor是全球最大最受欢迎的、以内容创造和分享为主要模式的旅游社区，商业广告是其主要收入来源。在TripAdvisor.com上，用户可以在线分享旅游图片、评点去过的景点或酒店、开展旅游心得交流，这些自由创建的内容通过酒店受欢迎程度索引、酒店选择工具、房价比价搜索引擎等后台支撑工具加工整理，为其他用户预订旅游服务提供了决策支持。当前，TripAdvisor.com的“Local Picks”评分系统已经进驻全球380万间餐馆，为用户提供真实饱满的用餐体验，成为旅游者“吃遍全球”的利器。用户还能够利用Tripadvisor.com比价系统选择性价比较高的酒店和机票，甚至在景点查询之后能进一步对景点周边的酒店进行查询、比价和预订，享受一站式旅游服务购买体验。

Expedia是美国知名的旅游服务集成商，以票务、酒店、线路、度假等预订服务，以及景点资讯、旅游优惠、目的地指南等旅游信息服务为主要经营业务，以“代理+批发商”模式获取主要产品销售佣金收入。其中，代理模式就是以供应商规定的价格出售产品后按一定比例收取佣金，批发商模式是从供应商以固定的批发

价格采购产品，然后对外销售赚取差价。在 Expedia.com 上进行预定，可以选择不同的支付方式，还能享受“最优价格保证”承诺，即用户在预订后发现其他更为优惠的服务价格，用户有权向 Expedia.com 申请差价退还，往往还能再收到额外赠送的旅游现金券。

（二）韩国

韩国首尔在智慧旅游建设过程中突出以人为本，以增强游客体验为目的，推动信息技术和旅游服务的深度融合，打造了“i Tour Seoul”智慧旅游服务体系，被称为“指尖上的首尔”。其主要做法是：

政府主导建设了韩国旅游门户网站——韩国观光公社（www.visitseoul.net），大力宣传韩国核心旅游资源和旅游节庆活动，为游客全面了解首尔最具代表性的旅游资源和特色提供信息支持；通过姐妹网站提供深度的旅游信息，围绕城市漫游、山地滑雪、SPA 温泉等内容进行深入细致的推介，充分满足游客更高层次的需求。

开发了旅游信息服务掌上移动平台（m.visitseoul.net），实现了移动前端和后端信息的即时沟通和更新，还专门设立了手机租赁服务，为没有手机的游客提供便利；配套开发了以“i Tour Seoul”命名的应用 App，基于地理位置服务技术为旅游者提供其实时位置周边的各类旅游信息，并能提供导航服务，也可在选定景区中查看详细情况，且立即连通电话服务，可进行全面的搜索查询；iPhoto Mosaic应用程序帮助旅行照片处理,可直接分享至 visitseoul.net;游客还可通过“trip planner”制定行程线路、预订酒店、购买票务、预约用车等，即便在没有网络的情况下也能获取图文信息，通过关联电话进行服务查询；iPhoto Mosaic 应用程序则能帮助游客实时处理旅行照片，直接分享至门户网站平台。

构建了智能交通体系，游客可以很方便地了解所在站点的线路、公车停靠点、班车到达离开时间以及下一站点介绍，这些信息还可通过扫描二维码获取。

（三）新加坡

新加坡“智慧国 2015 计划”中明确提出推动信息技术与旅游服务的深度融合，通过新一代信息技术的应用为旅游者提供无缝衔接、个性化、多样化的旅游服务，增强旅游体验，提升新加坡旅游竞争力和创新力，确保新加坡在亚洲旅游中的领先地位。为此，新加坡政府做了一系列努力：在会议旅游领域实践了一站式注册服务，即会议组织者预先采集参会游客的生物特性、行程预订、习惯偏好等个人信息，游客一旦抵达新加坡并通过生物身份识别技术登记注册后，便能直接享受预约租车接送服务，直接入住酒店，直接接送个人会议资料，甚至房间温度、餐食、设施等都能按照个人偏好布置；这一服务将进一步向医疗旅游人群推广。开发了智能数字服务系统，通过线上线下多渠道随时随地为游客发送旅游信息，并根据游客位置、需求、选择取向提供个性化服务，增强游客旅行体验。搭建了“我行有我，新加坡”交互式智能旅游平台，集中展示全国旅游资源，支持游客自行定制包括线路规划、酒店住宿、景点参观、交通出行等在内的行程服务，提供新加坡新闻动态、节庆活动等订阅信息，允许游客在平台上实时分享旅游体验，促进旅游线上线下融合互动。

第十四章　2015年公共服务信息化发展情况

第一节　教育信息化

一、发展特点

（一）“云+端”正在成为教育信息化重要的基础设施

随着云计算技术的日益成熟，建设和应用教育云平台，促进优质教育资源共享，实现教育共享服务，推动教育方式创新，正在成为世界各国教育信息化基础设施部署和建设的重中之重。以美国肯塔基州派克县为例，其与IBM建立合作关系，充分利用过时废弃的1400台计算机资源，基于IBM的数据中心搭建了服务于该学区1万多名学生的教育云服务平台，实现教育服务的云端虚拟化调配，预计未来五年为该县节省超过半数的软、硬件和人员维护支出费用。谷歌、微软等信息服务龙头企业也积极与教育机构展开战略合作，为各类教育机构开展教育活动提供云服务支持，比如，微软公司赞助了埃塞俄比亚教师25万台预装了微软Azure云平台的笔记本电脑，通过Azure云服务帮助教师设计课程表、记录学生信息和教学情况等，大大减少了学校的信息技术支出成本。随着网络基础设施在教育领域的普及，以及信息通信技术设备的迅猛发展，在云计算、共享服务的支持下，越来越多的移动学习终端开始进入课堂，与早期的台式计算机相比，便携式上网本、平板电脑、电子阅读器、智能手机，甚至可穿戴设备等越来越受到青睐。面对这一现象，有一定比例的教育工作者会产生诸如“电子设备会分散学生的注意力”等反对观念，但越来越多的成功案例表明，移动终端对学生学习的支持促进作用更加明显。例如，美国缅因州自2001年起实施了“缅因州学习技术行动”（Maine Learning Technology Initiative，MLTI），其行动之一是推动全州200多所中学为七、八年级的学生和教育工作者提供足够的笔记本电脑；经过十多年为中学生提供的技术投资，成效显著，根据调查结果，全州八年级学生的写作熟练程度增长了12%，笔记本电脑也被广泛用于数学测试和课程材料改进等学习活动当中。基于这些积极实践成果，缅因州进一步将笔记本电脑推广普及范围扩大至9—12年级学生当中。

（二）互联网应用推动教学方式持续创新

互联网技术与教育教学的深度融合，催生了创客教育（Maker Education）、游戏教学、“微”课堂等一系列新型教学方式，各类基于互联网的创新教育实践不断涌现，悄然推动着教学模式的变革。创客教育是创客运动与体验教育、项目教学法、DIY教育等理念结合的产物，通过在校内设立开放的创客空间，以特定的学习任务为导向，以学生为中心，倡导主动提问主动创造，推动学生在分组协作中主动思考、动手创建、精益求精，既实现了知识的传授，又促进了学生主动学习能力的培养和提升，将学生从旧知识的消费者变为新知识的创造者。比如，美国巴尔的摩市建立了电子港科技中心（Digital Harbor Tech Center），允许公立学校的中小学生参加中心课程学习，并开放中心设备支持学生开展创客课题研究，组织各类创客教育培训和研讨会，甚至鼓励社区居民参与中心的创客课程。为促进创客教育的发展，斯坦福大学还专门设立了学术奖学金，每年为十位在不同学科领域研究和实践创客教育的学者提供资金支持。同时，在移动在线、微视频制作和播放软件等技术的支持下，优质教育资源形态呈现出碎片化、微型化、主题化发展态势，PPT式微课程、讲课式微课程、情景剧式微课程层出不穷，改变了原有以教师为中心的灌输式教学模式，促进以学生为中心的自主选择学习模式发展，使教育信息化真正从技术手段发展成为教育新理念新模式。

（三）数字资源建设呈现“内容+工具+服务”的体系化发展态势

数字资源是教育信息化的基础和核心，其建设的重心逐步从数字教育内容本身向数字内容+辅助资源应用的智能工具+用户提供的支持服务体系方向转移。从用户角度考虑，数字内容的收集、获取、传递、应用等都需要智能工具的辅助，并且离不开咨询、评测、共享等一系列支持服务，将内容、工具和服务建设进行统筹建设，增强用户数字资源应用的体验感，是目前各国教育信息化建设的新方向。澳大利亚SCOOTLE基础教育资源库是教育资源服务一体化建设的典型代表，不仅向学生和老师提供统一标准的课程资源，搜集了来自权威网站的教育教学信息，并且开发了高效快捷的搜索工具，应用Timeline、Google Map等可视化软件提高阅读品质，另外还建立了一站式服务机制，支持课堂内外老师与学生、学生与学生之间的交互合作，这些优质的内容和服务（包括工具和支持服务）深受澳大利亚老师和学生的好评。目前，数字资源的体系化建设已经不单单是政府和学校的责任，同时也吸引了内容服务、软件和信息服务等企业参与，其中由国家制定标准和行业规范，建立市场机制，由企业开发和提供资源、平台及服务，而学校是数字资源的主要用户，可以在专业建设、产品研发、课程开发等方面与企业开展合作，促进数字资源多层次、多类型发展，充分满足教与学的需求。

（四）学习空间向多功能、多形态、特色化方向逐步转变

在新一代信息技术的支持下，以教室为主的传统学习空间逐渐转型，虚拟学习空间初步发展，以满足教与学的不同需求。欧洲学校联盟建立了未来教室实验室（The Future Classroom Lab），在物理空间上将互动区、展示区、探究区、创造区、交换区、发展区等六个开放式主题区域和一个会议室进行组合，每个区域都能被快速、灵活地改造成适应小组学习、配对学习或独立学习需求的空间形态，并提供主题分享和互动演讲的场所，这些重塑学习空间的尝试，是为新型学习空间如何支持课堂听讲，以及促进学生自主研究和团队协作学习等方面的研究提供支持。学习空间的虚拟化更是将课堂教学从线下转为线上线下互通，从校内转为校内外结合，从师生关系转为老师、学生和家长之间的互动，其良好的交互性和生动的参与感，增加了学生自主学习的黏性，实现了真正意义上的因材施教。2015年5月，德国推出免费在线学习平台Serlo。该平台提供多类学科领域的学习资料，资料中的文章都含有相关概念的链接和对重点内容的讲解，并配备视频和练习工具，通过图表、动画或视频的方式使问题可视化，帮助学生实现按需学习和自主学习。

（五）全球不同区域教育信息化发展路径各有不同

通过对教育信息化的市场研究发现：在技术和经济实力的支持下，北美地区教育信息化基础设施建设比较完善，整体发展水平位居全球领先地位，特别是对于地广人稀的加拿大来说，远程教育和终身学习已经成为其教育信息化发展的特色和亮点。在欧盟主导制定的信息基础设施一体化建设战略下，欧洲地区各国教

育信息化建设也呈现一体化发展趋向，欧盟提出的教育领域的信息化一揽子发展计划涵盖了各国教育信息化发展的未来图景。亚太地区是教育信息化高速发展的重要实验室，由于受教育人数、在线教育、专业化教育、企业人才教育等方面的需求和市场规模的急剧扩大，其教育信息化在多样化、特色化、个性化等方面的探索和创新始终引领着世界潮流。随着观念的改善和投资的加大，南美地区的教育信息化基础设施建设水准有较大提升，在破除发展瓶颈、推进智慧教育方面紧跟世界发展步伐。在社会稳定中推进教育与信息技术的融合发展成为非洲（撒哈拉以南地区）教育信息化发展的主要思路。

（六）慕课（MOOCs）教育发展有所减缓

前几年高速发展的 MOOCs 开始进入疲软态势，其对传统高等教育的改变远远没有达到之前预期的“颠覆”或“变革”，甚至可以说改变的程度微乎其微。2015 年有关调查显示，MOOCs 的绝大部分用户是已经具备自主学习能力、希望在专业领域进一步深造的大学生及以上人士，而在技能教育、情感教育、幼儿教育、职业教育等特殊领域所能发挥的作用并不显著。在井喷式发展之后，MOOCs 与传统教育学分互认机制在全球范围内却未能广泛建立，MOOCs 课程人数也由之前的几万、几十万锐减至两三千，并且仅有不到5%的人能够自始至终完成学习。如果没有全新的、机制灵活可行的商业模式出现，MOOCs 很难得到进一步发展。

二、重点国家和地区教育信息化发展情况

（一）美国

为推进美国教育数字化发展，美国总统奥巴马提出了“连接学校”（ConnectED）的倡议，其愿景是：确保美国的学生在学校和图书馆能够接入宽带，用上价格实惠的设备和高质量的数字教育内容，并为教育工作者向基于数字技术的教学环境转变提供支持，到 2018 年，使 99% 美国学生所在的教室和图书馆都配备下一代宽带连接。为实现这一倡议，美国公共和私营部门在教育信息化建设上资金投入规模达到前所未有的高度。联邦通信委员会（FCC）通过 E-Rate 项目承诺在五年内为学校和图书馆的宽带连接（特别是 Wi-Fi）投资 50 亿美元，并且每年通过 E-Rate 项目再拨出 15 亿美元支持扩大所有学校和图书馆的高速网络覆盖；到目前为止，其额外投入资金增加至 80 亿美元。各类互联网企业也积极参与这项计划，已免费向学校提供了超过 20 亿美元的先进教育信息技术（见表 14-1）。

表 14-1 美国企业在教育信息化领域投入情况

企业名称	建设内容
Adobe	向教师和学生提供价值超过3亿美元的免费软件，包括用于创新项目的Photoshop和PremiereElements、用于扩展在线学习的Presenter和Captivate、用于学校工作流程改进的EchoSign以及一系列教师培训资源
Apple	提供价值1亿美元的iPad、Macbook和其他产品，以及内容和专业化发展工具，以丰富处境不利的学校的教学资源
AT&T	承诺向Title I项目覆盖地区的5万名初高中学生提供价值超过1亿美元的免费互联网连接，使他们能够在未来三年内通过教学设备访问无线网络
Autodesk	承诺使美国每一所中学都能免费参与其3D设计项目“设计未来”——价值超过2.5亿美元
Coursera	在两年内向每个学区提供免费的在线专业发展课程，包括向教师提供获得Coursera结业证书的机会。该结业证书可以被用于积累继续教育学分
edX	允许所有学生可以免费访问40多家合作高校通过edX提供的在线大学预修课程。这些高校包括加州大学伯克利分校、麻省理工学院和乔治城大学等。该公司还提供了教师专业化发展课程
Esri	使美国K-12学校（从幼儿园到中学）的学生可以免费访问ArcGIS在线组织账户，学生可以使用与美国政府和企业同样的地理信息系统绘图技术，进行绘图和分析数据
Microsoft	除了向学校打折出售Windows系统外，还向数百万学生提供了免费的Office365Pro软件，并向2000所学校提供了专业的IT培训课程，帮助学生取得IT资质证书
O’ReillyMedia	与Safari在线图书合作，制作了价值超过1亿美元的教育内容和工具，免费为美国所有学校提供
Prezi	为所有教育工作者颁发价值超过1亿美元的教育职业许可证
Sprint	在四年内为多达5万名低收入家庭的高中学生提供免费的无线服务——价值约1亿美元
Verizon	宣布一项长期的ConnectED支持计划，承诺投入超过1亿美元资金和实物

2015 年以来，围绕“连接学校”计划，美国推出两项新措施，一是鼓励图书出版商向低收入家庭的学生免费开放电子图书，目前已有多家出版商以合同约定形式同意提供相应支持；二是推动地方政府和学校为学生办理借书证，为低收入家庭学生提供更多的接触数字内容的机会，纽约公共图书馆正在积极参与图书馆电子阅读器程序的设计工作，苹果公司则承诺为低收入学校提供价值 1 亿美元的数字技术支持。美国政府还陆续向 29 个州 114 所贫困学校的学生每人发放一

台 iPad 平板，向学校老师发放一台 iPad 平板和一台 Mac 电脑，还为这些学校教室配备 AppleTV 机顶盒，并派遣专业教育团队，帮助这些学校更好地使用新设备。

基于网络平台的个性化教育在美国也得到发展。谷歌前高管 Ventilla 创办了 K-12 个性化教育机构 Altschool，旨在通过技术平台和微型学校推行个性化教育，充分挖掘每个孩子在阅读、算数、艺术、体育等方面独特天分。Ventilla 带领技术团队自主开发了众多适用于数字学习的应用软件，为 Altschool 提供技术和设备支持。同时，Altschool 老师每周会为每名学生设计个性化课程表以及与学生兴趣紧密相关的学习任务，如果学生对音乐感兴趣，其课程表可能就是认识熟悉各种乐器，任务则是学会弹奏一首曲子等，学生则通过专属自己的 iPad mini 上的项目管理软件 Trello 了解每周学习任务。2015 年 3 月，Altschool 完成了 A 轮 3300 万美元（约合 2 亿元人民币）融资，将开展 Linux 或 Android 校园平台的研发和应用，深入探索个性化教育模式创新。

（二）挪威

挪威在公共教育领域的投入始终位于全球前列，2014 年公共教育支出占 GDP 的百分比达到 7.3%[1]，这些支出的很大部分用在了一系列利用信息技术提升教育水平的战略举措上，如建立教育信息化研究中心、将数字素养（Digital Literacy）列入国家课程、设立教育信息化专项服务项目等等。

挪威教育部设立了教育信息化研究中心（Norwegian Center for ICT in Education），将其作为本国教育部的研究和执行机构，主要职责是研究制定教育信息化的国内及国际合作政策，推进 ICT 在提高教育教学质量和改善学习能力等方面的深度应用。重点工作涵盖两个方面：一是幼稚园—小学—中学教育，以及教师教育（包括学前教师教育），二是研究和评估新技术和数字媒体在教育领域中的应用潜力和推进政策。中心还在推进数字资源建设和分享方面不遗余力，主导实施了知识推广改革行动，集聚各级教育部门和企业力量共同建设使用免费、内容共享的数字教育资源，并提供专门的数字学习资源建设资金，包括面向高中学校的国家数字学习园地（The National Digital Learning Arena，NDLA）、面向中小学的内部网（Skolenettet），以及面向教育部门的国家教育和职业发展网站 Utdanning.no 等。同时，中心在挪威教育部的指导下开展虚拟数学学校教学试点

[1]中国教育信息化网：《挪威教育信息化发展概述》，2015.12，http://www.ict.edu.cn/world/w3/n20151215_30479.shtml。

建设，通过建立集课程、考试、实践和其他个性化内容于一体的虚拟数学学习服务网站，为对数学学习具有浓厚兴趣、数学水平较高的学生开辟一个在线学习空间，积极探索虚拟教学发展路径。

挪威十分强调学生信息技术应用能力的培养，将学生的数字素养作为国家课程基本技能之一，并积极推动学生参与国际信息技术能力测试。挪威九年级学生在国际计算机和信息素养能力测试中的平均得分为537分（捷克共和国553分为参与国家中的最高得分），其中，得分在407分以下的学生百分比为5%，407—492分的百分比为19%，492—576分的百分比为46%，576—661分的百分比为27%，661分以上的百分比为3%，大部分的挪威学生计算机与信息素养的水平处于第二个层级[1]。根据测试结果，挪威为不同阶段的学生制定了不同的信息技术能力标准。同时，挪威为学生提供的学习环境的信息化程度已经达到很高水平，据统计，到目前为止，全国有40%以上的教室安装了互动白板，几乎所有的学生都拥有一台自己的笔记本电脑，其中一些学校试点了平板电脑项目，特别是某几所学校平板电脑使用率甚至达到100%。

挪威在发展大规模在线开放教育方面也采取了一些举措，以促进教学方式的创新。自2013年起，挪威教育部建立了在线教育合作平台BIBSYS，并随之推出了一系列MOOC课程。同时，挪威在数字资源开发上加大投资，全年投资超过6200万元，其中60%资金是用于购买信息技术产品和数字教育内容。2015年初，挪威慕课委员会发布了全球首份以MOOC为主题的政府报告，并在报告中提出一系列建议，包括：持续跟踪教育信息技术的发展，在学习分析技术、知识迁移和环境研究等领域每年投入150万挪威克朗（合计18万欧元）用以支持项目建设；加快促进提升高等教育领域教师的数字素养，在相关数字化项目上资助100万挪威克朗（合计12万欧元）；考虑设立更多推进在线教育基础设施建设的基金；推动MOOC在企业员工技能培训等方面的应用推广，建议支持资金100万挪威克朗（合计12万欧元）。挪威师生自发编写出版了《连接学习者：创建全球型课堂指南》（Connected Learners: A Step-by-Step Guide to Creating a Global Classroom），在课堂中有效利用ICT、与全球性网络相联系、推动以教师为中心的课堂转变为由学生推动的数字化学习环境等诸多方面，提出了适应互联网环境下的教学发展建议。

---

[1]世界教育信息：《挪威教育信息化与教师发展》，2013（22）：20-23。

（三）法国

法国将教育信息化建设重点放在推动学校宽带网络发展、开发数字教育工具以及发展新型数字教育服务等领域。为了创新发展数字化教育，在“未来投资计划”框架下，法国教育部推动实施了多项数字化教育计划，集合了工业部门、研究所、科研与发展部门、社会组织等多个主体，共同推动教学技术发展和信息化环境下的教学方式创新。围绕数字化教育，法国发起多项倡议，其中包括 2011 年旨在发展出版业、合作平台和数字化生产工具的倡议，10 项计划获得资助，其中，6 项计划与教学有关；2012 年旨在针对学生个性化发展与教学资源分配、虚拟环境发展的倡议，15 项计划被采纳；2013 年旨在改善学校基础教学的倡议，10 项计划被选中，促进了多媒体和趣味教学的发展[1]。教育部还同私营出版商合作开发数字学习教材，并向 12 个学区 69 所中学试点推广数字教科书；启动实施“互动课堂计划”，引导针对社区教育、学生和家长的数字化服务系统多样化发展；部署推动“高速网络计划”，推动全国所有中学接入高质量信息网络，保证 9000 所未被接入光纤网络的学校也能够享受到高速网络。根据法国国会议员、艾朗古尔市市长让—米歇尔·富尔古斯（Jean-Michel Fourgous）向法国教育部提交的《数字化学校成功之路》(Getting Digital Schools Right)报告以及相关研究，2015 年 5 月，法国总统奥朗德在全国数字化教育研讨会上确立了“数字化校园”教育战略规划，计划三年内共计投资 10 亿欧元用于完善数字化教育资源与设备，并将 500 所中小学纳入教育数字化系统建设当中。

（四）俄罗斯

由于俄罗斯地理区域辽阔，教育水平的地区差异较大，俄罗斯教育信息化建设将重点放在数字资源和开放教育的建设上，2015 年则把重点放在中小学教材电子化上。自 2015 年初起，俄罗斯教育部持续开展了中小学电子版教材认证工作，并从联邦教材推荐目录中删除了未参加认证的教材；修订了《联邦教材推荐目录制定办法》，明确规定自 2015 年 9 月起，所有入选联邦教材推荐目录的中小学教材均须配套电子版，电子版教材应包含基本的视听内容，具有人机交互功能，能够适配多种操作系统，特别是能在移动设备上使用，必须通过非商业机构、俄罗

[1]中国教育信息化网：《法国发起国民数字化教育创新服务计划》，2015.6，http://www.ict.edu.cn/ebooks/b3/text/n20150930_11044.shtml。

斯科学院和教育科学院的专业认证[1];允许教育机构、教师、学生及家长自行商讨决定采用何种教材（纸质版、电子版或二者兼用）教学。此外，俄罗斯教师培训与职业技能提升研究院还积极开展培训，通过派遣专业人员指导地方教师信息化教学，提升电子教材的使用效率。

2015 年 4 月，俄罗斯教科部组织召开开放教育委员会会议，在网络开放课程可广泛用于高校之间的合作议题上达成共识，明确支持俄罗斯高校信息中心建设，对学生通过网络开放课程获取的知识和技能水平展开评估，为大学生自由选择符合自身需求和特点的教育服务铺平道路。会议还倡导成立了国家开放教育信息平台联盟，首批招募了莫斯科国立大学、圣彼得堡国立大学、俄罗斯高等经济研究大学、莫斯科工程物理学院、莫斯科国立钢铁合金学院、圣彼得堡信息技术、机械与光学大学、乌拉尔国立大学等八所高校成员，并一致承诺 3 年内分别投入 5000 万卢布（约合 602.5 万元人民币）用于俄罗斯网络开放课程的推广和应用，以及高质量的教育服务上[2]。

在远程教育方面，俄罗斯联邦政府俄语委员会和俄罗斯教育与科学部发起了俄语学习的远程教育项目，与该国 9 个地区高校机构合作开发了语言学习远程教育系统，帮助注册用户基于自身俄语基础参加相应级别的俄语培训，并可在每一学习阶段完成后，参加相应水平测试，获取电子版结业证书，其中初级、基础、一级水平的学习服务面向公众免费开放。

第二节　医疗卫生信息化

一、发展特点

（一）新一代信息技术推动医疗救治向健康管理模式转变

互联网新技术为疾病治疗带来了质的飞跃。物联网突破了时空界限，实现了对人体健康特征的持续监测，大数据赋予健康管理即时处理能力，通过对所监测体征进行响应、相应知识推送和预警、后续相应措施的及时实施等对个人健康进行全方位覆盖和个性化干预，从而颠覆传统医疗以“救治”为主模式，为健康管

[1]中国教育信息化网：《俄罗斯完成中小学电子版教材认证工作》，2015.5，http://www.ict.edu.cn/ebooks/b3/text/n20150724_10562.shtml。
[2]中国教育信息化网：《俄罗斯建立国家开放教育信息平台联盟》，2015.5，http://www.ict.edu.cn/world/w3/n20150514_24592.shtml。

理服务方式提供了技术支持和基础平台。

2015 年全球互联网医疗投融资市场持续火热，但投资重点更为聚焦，市场表现更为成熟。随着互联网医疗产业的不断扩大，直接或通过供应商、保险公司和其他利益相关者等服务 50 岁以上消费者的初创公司，正越来越多地吸引着投资。美国医疗市场产生了互联网医疗的资本联姻案例，比如，美国克利夫兰诊所与电信巨头 Cox Communications 公司共同组建战略性合资公司，重点将推动 Cox 宽带服务向医院和医疗保健公司拓展，以及积极发展个性化数字家庭保健服务；GE 风投公司与斯坦福大学医疗保健部开展合作，联手打造全新数字医疗有效性评估机构 Evidation Health，继而与奥克斯纳医疗系统建立合作关系，顺利融入健康活动平台公司综合交易系统中；Meridian Health 联手生物医疗和保健集团 NetScientific 创建了一个专注于数字健康销售的公司 Triventis Health，通过自主研发设备对 NetScientific 的数字健康产品提供数据分析和远程监控支持，推动数字健康产品服务化转型。这预示着互联网医疗产业在融合传统医疗产业的同时，有着无可比拟的发展前景和潜力。

（二）远程医疗的竞合态势日趋激烈

远程医疗正在逐步改变全球医院的传统医疗系统，带来医疗救治模式的创新，但是在专利争夺和监管缺失方面所遭遇的挑战，使得远程医疗的成长道路并非一帆风顺。2015 年，除医疗信息服务企业外，有条件的医院也开始在远程医疗领域布局，比如，托马斯杰斐逊大学医院在投资新建的紧急护理中心中配套了远程视频访问系统，新增了面向远程患者的医疗服务，华盛顿卫生机构 MultiCare 也宣称将为华盛顿患者提供医生远程视频访问服务，克利夫兰诊所也发布远程视频访问应用 MyCare Online，为患者提供 24 小时紧急护理访问服务。互联网医疗巨头 Teladoc、American Well 和 Doctor on Demand 的远程医疗业务实现了迅猛增长，Teladoc 成为全球首家 IPO 的在线问诊公司，上市首日市值超 10 亿美元。但是，此三家公司都深陷专利争夺大战中，Teladoc 甚至因此丢失价值 150 美元的大客户——医疗保健公司 HighMark 的续约。在立法和法律监管方面，美国得克萨斯州全年接收涉及远程医疗的法案超过 200 项，Teladoc 对得克萨斯州医学委员会的反垄断诉讼案还未盖棺定论，美国国家医药局联合会通过了远程医疗的医疗执照许可法案，但使其生效还需要多达七个州投票通过。美国医学协会设立了一系列新的医疗保险 CPT 代号，为远程医疗报销流程建立了标准规范，有望一改远程医疗保险市场的混乱局面。

（三）电子病历系统在全球范围内加快普及

目前，全球主要医疗体系都在致力于电子病历系统建设。根据 Markets and Marketsd 调查报告，全球电子病历市场由 2009 年的 43.55 亿美元扩大至 2015 年的超百亿万美元，年复合成长率约为 14.9%。美国和欧亚地区先进国家已基本实现本国纸质病历向电子病历的顺利转化，并且开始大规模推广电子健康档案（Electronic Health Record），促进医疗信息跨医院、跨区域共享。英国国家医疗保健服务体系（National Health Service）在建成全国性电子病历系统的基础上，发展了医疗影像交换服务 ICRS（Integrated Care Records Service），实现了医患资源从文字到影像的医院间传输共享。美国不仅投入大量资金，在全国医疗保健系统推广应用电子病历，还制定了“治疗参与美国联邦医疗保险（Medicare）的病人、使用已获认证的电子病历系统的医生获得更高的退税率”等多项税收优惠政策，鼓励医生积极使用电子病历。2015 年 7 月，美国国防部与 Cerner（赛纳）、Leidos 和 Accenture（埃森哲）组建的合作联盟签下了电子病历系统合约，在军队卫生系统内部署电子病历综合解决方案。在政府引导下，南美各国医疗机构也积极投资引进电子病历系统，阿根廷、哥伦比亚及墨西哥电子病历市场价值预计在 2017 年将高达 3.26 亿美元，巴西的电子病历系统市场成长更为迅猛，预计年均增速为 15%，到 2018 年将达到 336 万美元的规模。

（四）移动智能终端成为慢性疾病管理的关键入口

越来越多的医疗卫生系统开始积极引入旨在帮助患者进行慢性疾病管理的移动智能设备。2015 年 4 月，美国医疗机构 Partners Health Care 与三星开展合作，共同开发预装了慢性病管理软件的移动设备。LifeMap Solutions 正在与纽约西奈山医院、国立犹太医学中心呼吸中心（NJHRI）合作开发一个嵌入了慢性阻塞性肺病管理软件的智能吸入器，计划通过移动应用程序自动调节慢性病患者的氧气吸入量。远程疾病监控公司 Sentrian 搭建了远程智能平台，采用配置了生物传感器的终端对慢性病患者进行远程监控，通过机器学习技术为每位患者定制警报参数。智能手机心电图公司 AliveCor 开展了自主研发的心脏监测器临床测试试验，结果表明，该监测器在检测心房颤动方面的功能优越，误报率仅为 3%，该公司的智能手机心电图设备也进入了临床应用测试阶段，商用化指日可待。

（五）龙头互联网企业进一步强化对医疗信息化的战略部署

虽然医疗卫生信息化领域涌现出不少初创公司，其商业模式创新前景广阔，但同时也遭遇了苹果、谷歌等强大的竞争对手，这些企业凭借其前沿的技术优势和不可比拟的用户市场，在智慧医疗方面展开了强势竞争。苹果在医疗保健上的进展迅猛，从应用软件、平台支持到智能硬件各个层面入手打造基于苹果应用的医疗保健生态。首先，与 IBM 合作开发企业级应用程序，在年初陆续推出了患者信息管理、护理人员管理、医院技术辅助、家庭护理辅助等一系列医疗保健应用系统；其次，推出了健康数据共享系统 HealthKit 及其关联应用程序 apple health app，并为应用了 HealthKit 的医院开放数据分享平台服务，斯坦福大学就基于 HealthKit 自主研发了面向患者的 iOS 应用 MyHealth，用于帮助患者查看检验结果和医疗费用、个人管理、预约安排，支持患者通过医院 ClickWell 远程医疗服务对斯坦福大学医生进行视频访问；另外，推出了专注于医学研究的开源平台 ResearchKit，与过半的医疗保健系统合作开发针对特定疾病的应用程序；Apple Watch 在医院的实验性应用初步展开，伦敦国王大学医院和安德森癌症中心基于 Apple Watch 开发了乳腺癌管理系统，帮助患者通过 Apple Watch 在需要的时候直接连接医疗服务团队以及进行更好地自我管理。谷歌在可穿戴医疗设备上大力投入，正在研制的可穿戴式医疗传感器可用于对心脏和身体其他健康活动跟踪，同时还联手瑞士制造商诺华共同开发嵌入葡萄糖传感器的智能隐形眼镜，用于帮助糖尿病患者通过测量眼泪中的葡萄糖成分不间断监控自身身体状况。

二、重点国家和地区发展概况

（一）美国

目前，美国推进数字医疗的重点主要在远程医疗、电子病历、移动医疗、精准医疗和医疗信息化监管等几个方面。

美国目前正在分两步推动远程医疗服务发展。第一步，创建农村远程医疗国家实验室，重点是建设虚拟医院平台和医学多媒体数字图书馆，汇集来自病人、医生和医院等多方诊疗数据，以及权威性医学教材，积极开发适用于农村的远程放射学，聚焦农村精神分裂症探索研制远程诊疗服务解决方案。第二步，建立军队远程医疗管理体系，率先在军队内部试点应用远程医疗咨询系统。

为确保电子病历在全国范围内推广普及，美国进一步加强了电子病历标准化建设。2015 年 4 月，美国医疗保险与医疗补助服务中心（CMS）公布了第三版本的使用电子病历要求指南；另外，国家卫生协调局也发布了 2015 年电子病历认证标准，并规定自 2018 年起在美国境内所有医院强制执行该项标准。

美国移动医疗行业呈现出三大发展趋势：一是医生交流类 App 持续受到欢迎，且 App 产品专业化程度日益提升，每个产品在其细分领域不断做专做深；二是面向个人消费者的产品和服务大多已通过美国食品药品监督管理局（FDA）认可，并加深了与专业医疗机构的合作，其销售模式正在从大众市场营销转向由医疗机构推荐；三是投资者十分关注移动医疗项目的盈利情况，能够获得用户或医疗保险公司认可并愿意为此支付的项目普遍受到投资者看好。

结合奥巴马政府大数据发展战略，2015 年初，美国正式启动“精准医疗计划”，预计在 2016 年共投入 2.15 亿美元用于资助精准医疗方面的科学研究和创新发展，包括百万人群规模的医疗研究和数据共享、推进高质量数据库建设、制定医疗信息技术领域的一系列标准和要求，以及肿瘤基因组学研究等，最终能够实现临床医生在面对突发疾病时，能够及时准确地掌握病因和最先进的治疗方案，实施精准治疗的理想状态。北岸大学新近研制了“What’s Going Around”软件工具，能够基于电子健康记录（EHR）数据精准标定流感、百日咳等传染性疾病的地理峰值信息，帮助医疗机构及时发布防治信息、精准配置服务资源。

美国正在深入推进基于大数据技术的医疗卫生体系改革。国家质量保证委员会负责统一采集、建立健康计划用户数据集（HE.DIS）并面向公众开放，为公众评判医疗机构服务质量、90% 以上保险公司分析医疗合约机构服务绩效提供了重要依据。该数据集资料来源广泛，质量评价指标体系明确，使得参与医疗保险的消费者倾向于使用这些数据制定个性化保健计划。

（二）欧洲

欧洲地区一些领先的医疗保健组织正在积极探索大数据技术在医疗保健中的创新应用，旨在通过数据逻辑掌握影响个人身体健康的多重因素，促进提升医疗保健服务功能完善和效率提升，推动医疗保健从被动治疗向主动预防转变。

西班牙加泰罗尼亚（Catalonia）地区 60% 以上的老年人普遍患有慢性疾病，极大地占用了该地区的医疗保健服务资源。加泰罗尼亚医疗保健机构联合当地政府，共同开发了慢性疾病管理系统，并建立了面向患者和医护人员的服务平台，集成了来自 20 多个不同部门数据库中涉及健康方面的数据，能够帮助医护人员全面掌握患者个人身体状况和日常行为，从而针对性地提供改进建议。

目前，丹麦正在大范围推广面向慢性疾病患者的健康管理服务计划。以南部地区为例，针对该区 22% 患有慢性疾病的居民医疗服务需求，区政府联合 IBM 共同实施了一项慢性疾病管理试验计划，以患者为中心，搭建医生、药剂师、健康专家等多方实时沟通的信息交互平台，在共同掌握患者状况的基础上进行远程会诊，协同制定针对患者病情的医疗护理方案。

意大利的博尔扎诺法市针对当地老龄化问题，试行了“健康传感器”方案，鼓励当地居民以家庭为单位参与项目建设，通过家庭环境监测数据的实时传递交互，为居民提供健康信息预警，从而促进其生活质量改善。其操作模式是：政府统一采集家庭上传的实时数据，并根据数据集中度情况划定数据正常标准范围，一旦数据超出标准阈值，系统就自动向居民发出预警信息，并支持家庭成员通过移动终端查看数据详情。方案试行调查结果显示，政府在老人医疗保健服务支出降低了 30% 以上，2/3 以上老人认为生活保障得到增强，80% 以上的家庭认为方案安全可靠并明确表达了支持方案持续推进的意愿。

（三）以色列

近两年，数字医疗在以色列实现爆发式增长。2015 年新成立的数字医疗企业数量比 2013 年翻了一番；IVC 研究中心数据显示，以色列初创公司在 2015 年第一季度实现融资 9.94 亿美元，其中医疗健康和生命科学类企业投资额达到 22%[1]，特别是移动医疗领域的初创企业发展势头极为强劲。

一些初创企业在个性化健康管理领域进行了深度探索。MediSafe 开创了基于云平台的移动用药管理模式，用以帮助用户养成正确的用药习惯；当病人服用某种药物时，该应用就会提醒病人，并要求病人在完成服药时点击确认以记录用药情况，病人是否按时服药信息也能通过网络通知其他家庭成员，确保家人持续跟踪病人的用药情况，减少危急个人生命安全的错误用药行为和因用药不当引起的并发症；除提醒功能外，MediSafe 还监测病人行为、关注和标记他们的服药时间、看医生时间、采集与病情相关的资讯等信息，并通过这些信息的关联分析提醒病人正确服药。智能血糖监测仪 Dario 具有自动记录并报送用户血糖数据功能，通过实时数据传递，为医护人员诊断病情提供了重要依据；同时，它还能定时提

[1]以色列时报：《从软件到医疗保健：以色列创新科技涉足医疗领域》，2015.7，http://cnblogs.timesofisrael.com/。

醒用户检查血糖，自动生成直观的血糖变化曲线图，并结合用户热量和碳水化合物摄入情况，为用户提供合理饮食建议。SleepRate为失眠群体提供了解决方案，其技术关键在于能够通过心率监视器、iPhone传感器和话筒采集数据，通过分析心率变化检测用户睡眠习惯，自动生成包含总睡眠时间、睡眠阶段状况、醒来的次数和时间长度等相关信息的报告及图表，并提出针对性地改善意见，从而确保睡眠不足的人最大限度利用能够入眠的时间。Heramed专注于孕期管理领域，开发了医疗级便携式胎儿健康监测产品Compass，帮助准妈妈通过智能手机实时准确地监测胎儿情况，并可直接关联电子病历，实时报送更新数据，实现移动医疗综合管理。

在人工智能与医疗保健结合的医疗电子领域，以色列初创公司也发掘了一些市场机会。以色列本土智能手机Sesame Enable植入了机器视觉、手势感应和智能语音技术，实现丧失行动功能的患者通过语音和简单指令便可使用手机。uMoove致力于独创的眼球追踪技术在智能手机上实现商用，并为此自主开发了专利算法和移动应用软件uHealth，帮助提升注意力、提高工作效率。专为残疾人研发语音翻译技术的初创企业Voiceitt发布了一款新型应用Talkitt，可将有言语障碍的人的模糊发音转化为能听懂的话语，帮助其实现正常交流。以色列理工学院基于新研发的NaNose气味分析技术，自主开发了可进行气味分析的SniffPhone，配套安装了气味感应器和智能软件，用于自动感知分析用户呼出的气体，并通过与后台搜索数据进行对比，判断用户是否患上严重疾病，从而大幅降低疾病的诊断成本。

除了个人产品外，以色列还设立了世界一流的医疗保健信息化体系。作为经合组织成员国中第一个使用电子医疗档案的国家，以色列进一步研发了先进的电子医疗整合平台，被经合组织称为“设立了完美的国际标准”。同时，以色列积累了20年的电子档案数据，为初创企业的业务拓展和商业模式创新提供了丰富的信息源泉。

第三节　电子政务

近年来，随着信息技术的快速发展，各国电子政务建设和应用不断深化，发展电子政务已成为世界各国政府进一步提高行政效率、节约行政成本、解决社会问题、提升公共服务的重要举措。特别是2012年以来，随着移动通信、社交媒体、云计算、大数据等新技术新应用的快速发展，公众对政府管理与服务模式变革的期望急速提升，新形势对各国电子政务建设提出新的更高要求。各国纷纷采取措施，积极应用新技术新思路推动电子政务发展模式创新，有效支撑政府目标的实现。

一、发展特点

（一）政府网上服务朝协同化、精细化方向迈进

围绕公众和社会需求，发展高效便捷的“一站式”服务是提高政府服务效率、增强服务体验的有效途径，随着各部门政务信息资源互通共享的实现，“一站式”服务成为各国推动政府网上服务升级的重中之重。USA.gov作为美国联邦政府的门户网站，整合了联邦政府所有服务项目，并与联邦政府各部门、各州和区县政府部门的网站都建立了链接。韩国政府电子化公共服务的跨部门协作能力全球领先，特别在为民服务方面，各事项所涉及的部门和流程都基于公共服务平台进行了整合优化，通过部门间的紧密协作为公众提供一站式服务。新加坡的政府网站（http:// www.gov.sg）因“一站式”的政务服务而闻名，像是政府的一本白皮书，将新闻报道和公共服务结合起来，充分整合了政府网上服务资源，集中服务涵盖教育、医疗、交通、学习、文化、安全等诸多方面，并针对不同用户对象设置快速通道，以及多种进入服务栏目的渠道，使用户快速便捷地获取在线服务。

（二）移动终端、社交媒体等成为网上服务新渠道

随着无线通信技术和移动便携设备的迅猛发展，越来越多的国家开始利用移动终端、社交媒体等包容性强的渠道为公众提供信息服务。目前，在美国、英国、德国、挪威、芬兰、瑞典等发达国家和老挝、孟加拉国、南非、印度、巴西、沙特、厄瓜多尔等众多发展中国家，移动技术已经被广泛应用于农业、应急救险、教育、社区服务、医疗卫生等领域，很大程度上提高了政府的工作效率，方便了政府与公众的沟通以及公众参与政府决策，为公民提供了更优质、高效和便捷的服务。如瑞典大力兴建移动纳税系统，全瑞典700万纳税人中已经有9万多完全通过移动电话来办理年度纳税手续。南非政府在国内大力发展移动政务，重点开发了Dokoza项目、Accesshealth项目、BCIT项目和USSD项目和通知系统等，解决了发展中国家所遇到的许多特殊挑战和困难。以Dokoza项目为例，它创新了南

非医疗保健行业的服务，工作者通过该系统快速与患者进行业务和数据交流，同时在行业之间能够收集和传播实时数据和业务信息。目前，该系统在南非已注册了专利，广泛运用于肺结核病和艾滋病的治疗上，并将向更多的疾病领域推广。

（三）推动政府公共信息资源开发再利用成为潮流

随着政府开放数据运动在全球范围内的逐步兴起，越来越多的政府鼓励个人和企业加强对政府数据的再利用创新，积极开发全新实用的应用工具、产品和服务，以期在创新服务手段、推动创新创业、培育经济新增点等方面取得突破。在美国《数字政府战略》框架下，联邦政府积极开放应用程序接口，对各部门公共数据过滤加工，支持开发团体按需获取高质量数据，促进越来越多的创新创业。截至2015年底，美国已发布的API广泛覆盖健康、安全、教育、消费者权益保护等多个领域。除此之外，美国还加强联合印度共同对Data.gov实行开源、提供开源代码，利用已开放的API接口构建了任一城市、组织或者政府都可以创建站点的OGPL平台，有效地推进政府间信息交流与合作。

（四）大数据的深度应用为政府治理开辟了新途径

在各国大力实施大数据战略的背景下，政府成为大数据应用的先行者，在公共服务、社会管理和业务决策等方面积极探索大数据的深度应用。美、英、澳、加、日、韩等多国政府门户网站和联合国门户网站十分重视对用户访问行为数据价值的挖掘，均借助用户行为分析系统对用户访问路径进行动态监测和需求分析，实现政府更加主动、精准的个性化服务。医疗、城市安全等部门数据则广泛应用于业务效率和精准度提升上。如美国警察部门公开了各类犯罪信息，包括时间、地点等详细内容，帮助居民及时把握所在社区的安全状况、做出相应防范措施，方便居民为案件侦破提供有效线索。

（五）政府网站建设日益人性化

目前，各国政府网站建设以用户为核心的服务理念日渐凸显。很多国家的政府网站把对公民的服务和沟通的栏目放到首页的突出位置，也开辟很多种便利有效的沟通渠道（如微博、推特、邮件、电话等），公众进入网站后便能迅速找到所需要的信息和服务。如新加坡的政府网站，为保证公众方便快捷地获得服务，按照用户对象设置政务、市民、企业和外国人等四个频道，针对每个频道的服务对象设置相应的服务栏目，并对这些服务栏目进行归类，栏目设计一目了然。加拿大政府网站建设提出了“以公民为核心，提供有责任心、更好更有效的服务”的宗旨。英国按公众的需求将内容组织起来，而不是按政府机构设置组合，初步实现了按照“生活事件”来组织政府服务的网站目标。这些无不体现出“以人为本”的政府网站建设服务趋势。

二、重点国家和地区发展概况

（一）英国

英国制定实施了政府数字服务战略，其目标是加强以民众为中心的一流公共服务建设，促进管理效率提升和经济发展。其中一项重要内容是推动公共服务网络（PSN）建设，提供面向公共部门的数据传输服务，解决各公共部门各自设计、研发、安装并维护各自专属的网络系统，难以提供统一、高速服务，服务部署成本偏高等问题，促进政府跨部门信息共享。该战略计划到2017年，实现所有非涉密政府公共应用系统100%向PSN平台迁移。据预算，PSN项目每年至少为英国政府节约5亿英镑支出[1]。

英国还积极实施“政府云”计划（G-Cloud Programme），重点是推进政府ICT资源使用方式向基于云计算的定制服务转变，其目标包括：扩大政府经济规模，并且使政府经济具有交叉性；构建一个灵活性强，并支持政府决策的平台系统；推动基于云平台的商业模式创新；促进实现可持续发展；政府采购对国内供应商、新型供应商加大支持力度。在政府云计算试点应用中，政府建立了简化、透明的云服务外包采购平台，集聚技术能力和运营能力强的专业化中小型云服务提供商，供政府部门在线选择和采买。到目前为止，G-Cloud平台60%以上的交易量来自中小企业，在700多个G-Cloud供应商中，超过80%是中小企业。针对多变的软件开发服务，政府还启动了数字采购框架（Digital Procurement Framework），同样也是为了吸引中小企业。在具体实施中，此项目预计每年为英国政府节省32亿英镑的开销。

（二）爱沙尼亚

爱沙尼亚是从苏联独立出来的波罗的海小国，经过几十年的努力，已经发展成为世界知名的信息强国，特别是在电子政务方面发展成果显著：拥有全欧洲最

[1]杭州市信息中心：《迈向“十三五”的电子政务》，2015.7，http://www.hznet.gov.cn/xxzy/201507/t20150723_37673.htm。

高速的互联网，网络普及率高达98%；政府已经基本实现“无纸化”政务运作，实行电子投票；99%使用电子身份证的爱沙尼亚人可接入4000多项公共和私人的数字化服务[1]；通过电子签名签署的合同合法有效，文件签署量已经破亿；18分钟即可完成公司在线注册，网上申请率达98%；电子税务也发展迅速，95%的税单在线填写[2]。在独立之初，爱沙尼亚就将政府信息化作为国家重点发展战略，其中一项十分重要的工作就是开展整体性和系统性电子政务建设，电子身份证和X-Road的实施是电子政务建设的重中之重。

在电子身份认证应用方面，爱沙尼亚将电子身份证合法化，并配套实施了移动身份卡，每个身份卡都配备安全数字证书和数字签名，记录着每个公民的一些基本信息，通过两组持卡者本人的身份辨识和授权密码，便可使持卡者本人在线享受纳税投票、企业注册、金融支付等几乎涵盖所有的公共服务。目前，已有90%以上的爱沙尼亚公民拥有电子身份证。从2015年5月15日起，爱沙尼亚电子身份证面向世界各国居民开放，计划到2020年将电子公民总数扩展至1000万，国际电子公民还将享受本国公民服务以外的其他跨境服务。

X-Road是爱沙尼亚的一项自主创新技术，本质上是数据交换中间件，用于连接国家各类信息服务系统，使分散存储和管理在不同数据库中的信息实现互联，并通过建立共享机制（RIHA）实现公私部门数据的广泛共享。目前，已有超过1200项公共服务、600个数据库接入到X-Road；相关技术出口到多个国家，如芬兰、立陶宛等；爱沙尼亚正努力将X-Road推广到欧盟，实现跨国公共信息服务。

（三）巴西

巴西政府十分重视政府公共网络的建设和管理，围绕服务社会公众目标，加强信息服务网络建设和电子政务全方位深度应用，促进提升政府工作效能和公共服务效率。目前，巴西政府电子政务水平在南美洲地区处于领先地位，突出表现在公用网络建设管理，以及重要领域的电子政务应用。

巴西把提升公务员和社会公众的技术应用技能作为提高电子政务应用水平的重要衡量指标，大力开展公务员信息技能培训，提升其信息技术管理能力。为了使社会公众更好地享受政府公共服务，特别是电脑普及率较低的弱势群体，巴西

---

[1]人民日报：《爱沙尼亚，后来居上的信息强国》，2015.4，http://world.people.com.cn/n/2015/0427/c1002-26907217.html。
[2]全民创投网：《爱沙尼亚如何用一国电子身份撬动全球众筹产业发展》，2015.9，http://www.qmct8.com/article/id-5721.html。

实施“巴西之家计划”，在全国各偏远地区广泛设立上网点，通过远程教育、现场培训和技术咨询等方式对民众加强指导，并在各州设立政府服务中心，帮助普通民众应用信息技术手段缩短办事时间、提供办事效率。

巴西将重点业务系统信息化建设作为提升电子政务应用水平的关键环节，积极推动各部门政府业务信息系统信息化建设，大幅提高了行政效率和公共服务水平。立法和司法机构信息系统是巴西电子政务的亮点，拥有世界首个电子投票系统，能够在 24 小时内完成选举投票统计，联邦审计法院的国家采购网系统与州审计法院实施全国联网，通过应用电子签名、专用视频会议系统开展异地审判等，实现上千个司法程序数字化。

巴西优先考虑改善政府机构的工作效率和服务水平，把公共信息资源统一规划和科学管理放在首位。巴西通信局负责互联网、通信、广播电视等信息通信基础设施建设，对通信行业准入进行资格审查、许可和授权；联邦政府信息处理中心面向政府提供网络接入、云计算、数据存储等服务，推广实施数字认证规范，并监管和审计第三方证书认证机构。巴西政府非常重视业务和服务的整合优化，致力于部门间统一信息系统建设，杜绝重复建设，确保政务信息化深入推进。

巴西电子政务建设采用政府企业为主、市场化公司为辅的方式，并支持项目建设服务外包。目前，联邦审计署、财政部等联邦各部委和州政府的电子政务项目建设，包括基础设施、数据安全保护、应用解决方案等方面均以采购专业化外包服务为主。例如，联邦政府信息处理中心和国家信息技术研究所等市场化运作的企业负责开发了巴西各类银行信息系统，采用了通用的、十分成熟的银行信息系统，避免了每个银行独立开发自身系统的过多投入。

热 点 篇

第十五章　量子通信发展动态

第一节　研究背景

量子通信是通过量子纠缠效应进行信息传递的一种通信方式，建立在海森堡“测不准”原理和量子不可复制原理的基础上，以超强安全性、超大信道容量、超高通信速率、超远距离传输等特点引发了传统通信方式的技术革命。近20年来，量子通信作为量子物理和信息技术的交叉科学，正在成为各国科技领域竞争的热点和焦点。主要发达国家纷纷从战略层面部署了本国量子通信的技术研究和应用推广，实现了量子通信的初步产业化发展。目前，量子通信已经成为通信领域发展的方向，未来10—15年间，量子计算方式将带来传统图灵计算模型的深刻变革，推动量子通信技术持续发展，并与政府、军事、金融等高保密性通信需求领域业务深度融合。

第二节　具体内容

一、发达国家和地区积极部署量子通信战略制高点

量子通信作为新一代信息技术发展的重要战略方向，已经成为以美国、欧盟和日本为代表的国家和地区制定未来通信发展规划的抓手和核心。美国率先将量子通信列入国家战略、国防和安全的研发计划，以及《保持国家竞争力》计划的重点支持课题，美国国防部高级研究预研署先后启动了多项量子通信方面的相关研究计划，重点在量子密码通信（量子密钥）、量子计算等技术上展开探索。在

众多发展规划的引导下，美国洛斯阿拉莫斯国家实验室正致力于一套基于量子密码通信技术架构的量子互联网建设，而谷歌、微软、IBM 等 IT 巨头专注于量子计算技术发展及其向物质科学、生命科学、能源科学等领域延伸，以形成规模应用优势。欧盟在其发布的《量子信息处理和通信：欧洲研究现状、愿景与目标战略报告》中明确提出包括地面、星地、空地一体等量子通信网络在内的中长期发展目标，指出战略发展重点是量子中继和星地量子通信、实现上千公里量级量子密钥分配，计划到 2018 年之前，在国际空间站上的量子通信终端与一个或多个地面站之间建立自由空间量子通信链路，率先探索空间量子密钥全球分发的可行性[1]。日本政府把量子通信确立为国家战略项目，制订了跨度 10 年的中长期定向研究目标，提出到 2020 年实现全国性保密通信网络和高速量子通信网的社会化应用。

二、量子通信相关专利技术不断涌现

量子密码通信技术创新步伐加快，从实验室研究到产品研制的产业化发展链条上的专利技术数量增长迅猛。为了在未来通信领域建立良好的竞争基础，使国家和集团利益最大化，各国和相关企业都积极进行专利权申请，并向多个国家及地区申请专利，使专利权最大范围地有效覆盖，通过掌控尖端技术抢占保密通信的未来市场主导权。美、日、英、法、韩、瑞士等国是专利申请的引领者，且各具特色。美国量子密码通信研究的高端技术人员、专利权人大都分布在不同地区的科研院所或技术企业，既有独立一国的法人实体，也有多国联合的经济实体，体现了强大的合作研究和开发态势，在专利上形成了互利联盟。日本的科研机构和大型企业，如 NEC、东芝（Toshiba）、日本国立信息通信研究院（NICT）、东京大学、玉川大学、日立（Hitachi）、松下（Panasonic）、NTT、三菱、富士通、佳能、JST 等，在量子通信领域的专利申请量上全球领先，特定技术领域专利占有率高，海外专利申请意识较强，且应用技术众多，大多可直接根植于通信产品中，具有很强的实用性和市场推广潜力。

三、量子通信的社会化应用步伐加快

当前，以构建广域乃至全球范围的绝对安全的量子通信网络体系为目标，以

[1] 新华社：《量子通信：绝密的未来通信》，2013.12，http://news.xinhuanet.com/tech/2013-12/20/c_125888787.htm?utm_source=tuicool&utm_medium=referral。

通过光纤实现城域量子通信网络、通过量子中继连接城域网形成城际网、利用自由空间实现远距离量子通信实现广域量子通信网络为发展路径的量子通信技术路线图已经成为国际社会共识。在这路线图的指引下，美国、欧盟、日本、加拿大等西方发达国家，以及韩国、新加坡等新兴主体纷纷设立研究中心和专项基金，集中投向量子通信的理论研究、技术攻关和应用推广，促进光纤量子密码技术从点对点量子密钥分发的初级阶段迈向多节点网络内量子通信安全的深入发展阶段。欧盟“基于量子密码学的全球安全通信网络开发项目”（SECOQC）成功开发了基于商业网络的安全量子通信系统，集成了6个节点、8条点对点量子密钥分配链路等多种量子密码手段，支持每个节点使用多个不同类型量子密钥分发的收发系统并利用可信中继进行联网。欧盟还在量子远程传态、量子密码通信和量子密集编码上取得突破，实现量子远程传输距离从10公里光纤传输延伸至143公里隐形传输，以及空地信息传输，为卫星间以及星地量子通信提供了可能的技术支持。由于企业的参与，美国的量子通信发展更注重产业化应用，其中量子密码通信技术已开始用于军事、国防等国家级保密通信领域，并逐步涉及政府、电信、证券、保险、银行、工商、地税、财政等具有高度保密通信需求的领域和部门。从企业层面看，MAGIO、BBN Technologies Corp. 等知名的美国量子通信研究机构均致力于研制量子密码通信的方法及相关的保密产品，部分成果甚至用于军方通信网络，以前瞻性技术优势引领量子通信的商业化发展。

四、量子通信的跨界合作和协同创新模式成为主流

在量子通信技术领域，各国处在不同发展阶段，研究重心也不尽相同。同时，由于技术的复杂程度，量子通信从理论研究走向产业化应用，研究周期长、投入大、风险高。因此，政、产、学、研的跨界合作和国家间的跨国合作成为当前量子通信领域的主要研究模式。美国推动各科研机构开展量子通信技术联合攻关，实现了城域量子通信演示网的顺利建成，以及量子存储和波动研究的新突破。欧盟继欧洲核子中心和国际空间站后，联合12个欧盟国家启动了又一大规模的国际科技合作项目——“基于量子密码的安全通信”（SECOQC）工程，设立了量子信息物理学研究网，在量子密钥分发、量子密码通信、太空绝密传输量子信息及量子信息存储等领域连续实现重大突破，为下一步量子互联网的全面建设奠定了技术基础。欧空局还与来自欧洲、美洲、澳大利亚和日本等多国科学家团队合作开

展空间量子实验，探索推动国际空间站与地面站之间的远距离量子通信技术发展。

第三节　简要评析

一、量子计算技术的不断进步将助力推动量子通信发展

量子计算是应用量子力学原理、利用量子态的叠加特性开展并行计算的一种新型计算模式，基于高性能量子计算技术的量子计算机研究已经成为智能信息处理科学的重点推进方向。目前，光量子芯片取得重大突破，具备运算速度快、体积微小的特点，初步于应用纳米级机器人的制造、各种电子装置中以及嵌入式技术中，在卫星航天器、核能控制等大型设备、中微子通信、量子通信、虚空间通信等领域，以及未来先进军事高科技武器和新型医疗等高精端科研领域，具有广阔的市场应用前景。谷歌在量子计算机研发上也实现一定进展，据报道，其主导研制的 D-Wave 量子计算机计算速度超出传统计算机的 1 亿倍。随着量子存储、量子计算、量子纠错、量子检测等技术的突破，量子通信系统的性能也将得到显著提高。2015 年 4 月，英日两国科学家合作，成功将量子隐形传态的核心电路集成为一块微型光学芯片，使得复杂的量子光学系统缩小了 1 万倍，为制造超高速量子计算机和超安全量子通信铺平了道路。

二、量子通信将从专用网络向通用网络展开深入应用

目前，推动量子通信从理论试验走上通用领域的实际应用，成为全球量子通信研究的主流趋势。根据量子通信技术路线图，量子通信技术的现实应用分为三个阶段，从通过光纤实现城域量子通信网络，到通过量子中继器实现城际量子通信网络，再到通过卫星中转实现可覆盖全球的广域量子通信网络[1]。最新资料显示，将量子通信系统应用于传统的专用通信网络已经从实验室演示走向实用化，高速率、远距离的量子通信技术开始在发达国家和地区的关乎信息安全和国防安全的战略性领域推广普及，美国航空航天局（NASA）就推进了其总部与喷气推进实验室（JPL）之间直线距离 600 公里、光纤皮长 1000 公里左右的包含 10 个骨干节点的远距离光纤量子通信干线建设，并逐步向星地量子通信拓展。随着量子通信技术在专用网络领域应用的成熟化和广域量子通信网络建设的加快推进，

---

[1]　泰尔网：《量子通信技术应用与发展》，2015.8. http://view.catr.cn/jshqsh/201508/t20150811_2125792.html。

未来 10 年内，量子通信有望在电子政务、电子商务、远程医疗等领域实现大规模通用，为信息社会提供安全服务保障支撑。

三、以量子卫星建设为核心的太空竞赛即将开启

目前，量子信息已经开始应用于星地通信和空间传输领域，提供了一种全新的能够覆盖全球范围的通信解决方案，即基于量子存储技术与量子纠缠交换和纯化技术，做成能够突破光纤和短距离通信限制的量子中继器，促进量子通信距离的无限延伸。中国领衔研制的世界首颗“量子科学实验卫星”将于 2016 年前后发射，率先开展星地量子通信试验，通过建立星地量子信道进行开展广域量子通信网络建设。在未来，拥有量子卫星通信技术的国家将凭借能给高度敏感信息加密技术，在国际网络空间治理领域具备难以并肩的话语权优势。因此，为了抢占量子通信技术制高点，所有具备条件的利益攸关国家都部署了量子通信科技发展战略，以可供卫星承载的量子传输设备建造为核心的量子卫星太空竞赛将在世界范围内全面铺开。

第十六章　虚拟现实发展动态

第一节　研究背景

虚拟现实（Virtual Reality，VR）指利用 VR 设备，通过计算机系统和传感器技术模拟一个 3D 虚拟环境，通过尽可能调动用户的全部感官功能实现全新的人机交互，使用户在虚拟环境中感受真实的、身临其境的体验。增强现实（Augmented Reality，AR）是 VR 的进一步延伸，能够把计算机生成的虚拟信息（物体、图片、视频、声音、系统提示声音等）叠加到真实场景中并与人实现互动。在增强现实中，体验者既能看到真实世界，又能看到虚拟事物。当前，VR 行业仍处于起步阶段，供应链及上下游体系尚未成熟，但是未来市场潜力巨大。随着科技的进步，新一代 CPU、GPU、显示技术、传感技术已经取得了长足进步，为 VR 行业的引爆积蓄了能量；而 VR/AR 带来的视觉提升、互动感和代入感，吸引了硬件、软件、内容制作、应用解决方案等产业链上下游公司和大量风险资本的聚集，为 VR 行业应用创新的爆发提供了机会和条件。综合来看，VR 已迎来了产业发展良机。

第二节　具体内容

一、虚拟现实技术日渐走向成熟

受制于处理器芯片、图像处理技术、显示系统及传感技术，三维立体内容的分辨率和刷新率低，成像延迟现象较为严重，特别是加入动作捕捉进行交互时，延迟导致沉浸感不强，人无法进入虚拟世界，因此 VR 此前并未取得较快发展。

随着芯片技术进步，CPU + GPU 组合开始出现，CPU 包含几个专为串行处理而优化的核心，GPU 则由数以千计更小、更节能专为提供强劲的并行运算性能的核心组，对于运算密度高、并发线程数量多及更加频繁地访问存储器的语音识别、图像识别等领域更加适用。负责计算的 CPU 处理器芯片主频不断提升，负责图形处理及并行运算的 GPU 显卡技术也在 Nvidia GTX 980tiGPU 等新品的带动下，拥有了 6GM 显存和 2816 个 CUDA 核心，大大改善了视域，使得刷新率大幅提升，延迟已经降至 25 毫秒，基本可以达成规避视觉疲劳和眩晕的技术指标。而且，从 1993 年开始，GPU 的性能以每年 2.8 倍的速度增长，这个数字大大超过了 PC 其他子系统的发展速度，预计 GPU 技术进步将进一步加速，VR 虚拟世界真实化将不是梦。除此之外，Amoled 等降低延迟的显示技术，以及视觉、声觉和触觉的快速反馈技术不断出现，在克服眩晕及加强用户和内容之间的交互上体现了巨大的作用，随着摩尔定律发挥作用，技术进步加速将使得 VR 虚拟现实更加真实、易用，目前的 VR 已经基本适用于普通大众，并能使他们取得较好的视觉、声觉和触觉的全方位交互体验，可以说已初步具备放量的基础。

二、龙头企业加快虚拟现实生态布局

VR/AR 技术能够变革性地实现 3D 沉浸式显示体验，同时能使交互方式更贴合现实，因此在社交、医疗、教育、游戏、影视等各行业领域均有广阔的应用前景，并很可能如 iPhone 带来触控方式的变革一样对目前的交互方式产生变革，再加上显示、图像处理、数据处理、体感控制等技术的提升与不断成熟，各大厂商开始关注 VR/AR 技术并开发出相应产品。2015 年，Facebook、Google、苹果、三星、微软等互联网、软件、硬件、内容制作 / 游戏等公司及大量风险投资纷纷加入，使得虚拟现实 VR/AR 成为最热门领域。继 2014 年 4 月 Facebook 斥资 20 亿美元收购 Oculus 引爆市场之后，谷歌、SONY、HTC、三星、LG、微软公司相继发布自己的 AR/VR 设备，意欲抢占市场。Digi-Capital 最新数据显示，2016 年前两个月各企业在虚拟 / 增强现实领域的投资额高达 11 亿美元，显示出比 2015 年全年 6.85 亿美元投资额更强劲的增长力，预计到 2020 年该领域投资额将突破千亿美元，未来 5 年内复合增长率超过 100%[1]。资本市场持续火热反映的是行业广阔的前景，大量产品进入消费级市场，产业迎来高速发展期。

---

[1] 中文互联网数据咨讯中心：《Digi-Capital：2016年AR/VR投资已经达到11亿美元》，2016.3，http://www.199it.com/archives/445766.html。

三、虚拟现实应用场景呈现多元化发展

游戏作为互动要求最强的行业之一，其第一人称设定往往需要用户更多的角色代入，因此游戏产业的 VR 应用需求极为强烈。通过 VR 可以将场景变得更加炫酷、体验更加真实，甚至在声觉、视觉、触觉和嗅觉上均可实现一体化代入，使得第一人称视角产生更强的临场感；VR 场景下，游戏操纵方式更加多样化，从操纵杆、键盘鼠标到体感枪、动作捕捉类装置将使得用户互动更加容易、延迟更低、代入感更强。除此之外，影视、动漫、社交、主题公园、体育有明显的沉浸感和代入感、立体式体验需求。未来 VR 也将在广告、培训、在线教育、在线医疗、在线服务、军事等领域带来近似于面对面交流的切身体验（见表 16–1）。

表 16–1　VR/AR 技术应用领域

应用领域	应用案例
旅游	大英博物馆用Gear VR体验青铜器时代；万豪国际推出的虚拟旅行体验活动——“绝妙的旅行”等
影视	兰亭数字《星球大战》《侏罗纪世纪》等
商业	Sixense、SapientNitro启动虚拟现实购物平台
工业仿真	VR技术在车辆设计中的应用
教育	HeyHa儿童大事件
游戏	索尼与PS4配套使用等
社交	AltspaceVR打造社交平台，利用VR设备将不同的人组织到共同的虚拟环境中，让一群人在虚拟的影院、健身房、会议室里一起看电影、练瑜伽或者开会等
医疗	外科医生在真正动手术之前，通过VR技术的帮助，能在显示器上重复地模拟手术，移动人体内的器官，寻找最佳手术方案并提高熟练度
军事	虚拟作战仿真系统等

资料来源：赛迪智库整理，2015 年 12 月。

第三节　简要评析

一、市场前景广阔

由于 VR/AR 应用领域覆盖范围较广，因此有很大的市场前景。据投资银行 Digi–Capital 近日发布的一份报告显示，至 2020 年，全球 AR 与 VR 市场规模将

达到 1500 亿美元。其中 AR 市场规模为 1200 亿美元，VR 市场规模为 300 亿美元。而据市场研究机构 BI Intelligence 的统计，2020 年仅头戴式 VR 硬件设备市场规模将达到 28 亿美元，未来 5 年复合增长率超过 100%。

二、融合发展趋势明显

一是硬件与软件的融合，企业在布局硬件的同时也在开发软件解决方案。如 Facebook 继收购 VR 设备商 Oculus Rift 后，收购了专注于室内三维重建的软件开发商 Surreal Vision。二是输出设备与输入设备的融合，如索尼公司收购比利时传感器技术公司 Softkinetic System 以提升动作识别体验。三是 VR 与 AR 的融合。目前 VR 设备大多装备相关输入设备以实现虚拟场景中的交互，而部分 AR 设备仅提供增强现实的现实功能。但随着 AR 技术的成熟，特别是 3D 建模算法的提升，AR 设备也开始装备头部、肢体及手势动作识别的输入设备，实现人机交互，业界称其为 MR 技术（AR+VR 技术融合，混合显示技术），目前部分厂商已经发布相应产品及 DEMO，如微软 Hololens、Magic Leap 等。

三、生态链构建成为竞争焦点

iOS 与 Android 因为构建生态系统上抢占了先机而占据智能手机市场 80% 以上的市场份额，对于 VR/AR 设备同样如此。目前，VR/AR 设备标准尚不统一，不同品牌产品纷纷涌现，因此硬件厂商纷纷搭建平台，并开放自己的软件开发包（SDK），意图建立自己的生态系统，在很长一段时期内，硬件 + 内容分发的逻辑将占主流。微软拥有 Windows 10 Store 与 Xbox Store，Facebook 拥有 Oculus Store，同时也能为其 Oculus Rift 提供社交平台，两者均开放了软件开发包在内的一整套开发系统。主题公园和体验店等线下体验模式具备更顽强的生命力和更深刻的体验，也具备重复变现的能力，预计未来将成为 VR 内容分发不可或缺的一环。未来 VR/AR 设备的生态系统之争将会愈演愈烈，已成功建立生态系统的厂商在未来将占据更大优势。

四、游戏、动漫将成为VR内容制作的突破口

率先在 VR 应用上出现强烈需求的是游戏产业，不仅 VR 游戏将迎来大爆发，同时游戏又将反哺 VR 硬件设备。从现有格局来看，PC 端游戏开发商由于图像渲染度高、内容和情节设计复杂，开发流程和 VR 游戏极度类似，其具备向 VR

游戏延伸打造的能力。而新的 VR 游戏开发团队正在崛起，美国已有 70—80 家 VR 内容团队专注内容开发，并且因为 Oculus、微软等厂商提供了良好的生态和开发环境，新的开发团队层出不穷。其次，VR/AR 与动漫产业具有天然的契合度，现有的 VR 内容更多以动漫形象来体现，传统动漫开发和 VR 动漫开发流程和图像渲染极其相似。从产业价值考虑，对于喜欢动漫的用户来说，其在深度体验虚拟世界并为之付费上的意愿很强，具有用户集中度高、付费率高、重复消费率高的特点，使得 VR 动漫具备较强的变现模式，比游戏产业更容易成为 VR/AR 内容的切入点。

第十七章　世界人工智能发展报告

第一节　研究背景

人工智能是指计算机系统拥有人类思考并独立完成复杂任务的能力。自 20 世纪 50 年代人工智能概念产生以来，人工智能一直低速发展，甚至因为硬件体系能力不足、技术发展偏差、算法缺陷等因素，在 80—90 年代期间一度止步不前。近年来，经过长时间的技术积累，人工智能发展出现了从低速向中高速发展的转折，谷歌、微软、苹果、IBM、Facebook 等处在技术前沿的国际龙头企业动作频频，主要发达国家也持续推动人工智能领域相关发展战略，图谋人工智能产业生态体系的未来制高点。总体来看，人工智能在深度学习、自然语言处理、计算机视觉、智能机器人、机器实时翻译等细分领域进展显著，相关应用和产品不断涌现，产业价值迅速提升，根据 Venture Scanner 对全球 855 家人工智能领域公司的跟踪研究，这些公司总估值超过 87 亿美元[1]。未来 5—10 年内，人工智能层级化发展路径逐步清晰，促进各领域商业模式和产业结构深刻变革，但由于技术从研发到产业化的复杂度较高，人工智能在通用领域的商业化应用进展难以预期。

第二节　具体内容

一、人工智能步入技术引爆、应用转化的关键阶段

（一）互联网技术创新遭遇瓶颈，人工智能成为突破的核心

互联网、移动互联网和物联网从本质上讲解决的是人与人、人与物以及物与

[1]　珞珈机器人教育科技：《2015 人工智能产业现状分析》，2015.8，http://mp.weixin.qq.com/s?__biz=MzAxMTI3MTY5NQ==&mid=213344414&idx=2&sn=d7b8a7ba9f42cbe07cbc8c6a8f976989&3rd=MzA3MDU4NTYzMw==&scene=6#rd。

物之间的“连接”问题，并且基于“连接”不断挖掘新的商业模式。但是，随着信息和数据的急速膨胀，数据的有效流动和价值挖掘遭遇技术瓶颈，基于网络的创新应用和服务发展步伐放缓，智能化程度不足导致服务供给无法有效满足生产生活需求。目前，装备制造、电子制造等领域已经开始智能化探索，以智能家居为例，美菱推出可远程控制的智能冰箱 ChiQ，能够应用语音搜索、智能推送等方式进行个性化食谱推荐。可预见的未来时期，智能冰箱还能进一步判断食材新鲜与否，把不新鲜的食材调动到距离冰箱门最近的地方以备尽早食用，并能提示用户需要补充的食材、在生鲜网站自主下单，实现食物的发货、配送、收取全过程的智能化。冰箱的智能功能升级，背后核心即是人工智能技术的突破，意味着人工智能将成为互联网技术持续创新的关键。

（二）人工智能技术深刻改变原有计算模式

人工智能的实质是赋予计算机以人脑的智能计算能力。传统的计算机建立在冯·诺依曼体系结构基础之上，通过存储单元和逻辑门网络组成的数字电路实现以 I/O 信号交流为主要方式的串行运算，每项操作都要以执行指令方向经过数字控制信号发送给中央处理器，再由中央处理器进行运算操作，为进行运算和已经完成运算的数据都存放在存储单元。这种传统计算体系结构远远不适应大体量数据，特别是非结构化数据的分析和计算要求，大大制约了计算能力的智能化升级。研究表明，人脑是由无数个神经元组成的神经网络，每个神经元之间的信息是通过被称为“突触”的神经元输入结构所产生的活性电脉冲方式进行传递，与冯·诺依曼体系架构的数字电路 I/O 信号方式有异曲同工之妙，但是其因为“突触”的体量大、相互间信息传递更加直接有效（不用通过类似中央处理器的中间媒介）而能实现功能更为强大的并行运算。因此，通过算法模型构建类人脑神经网络，采用数字电路模拟人脑并行运算架构，突破串行计算瓶颈，最终能够进行复杂的智能化感知、推理和决策，是人工智能研究的核心。

目前，已有三个代表性的人工智能“大脑计划”进展突出，包括“谷歌大脑”、“IBM 人脑模拟芯片”和“百度大脑”。谷歌以“谷歌大脑”为中枢神经，为无人汽车、工厂机器人、智能家居、智能眼镜等领域研发提供数据支持，2015 年 4 月，申请获得人类性格植入机器人系统专利，使机器人模拟特定人的说话方式和表情成为可能。IBM 发布的 SyNAPSE（Systems of Neuromorphic Adaptive Plastic Scalable Electronics，自适应塑料可伸缩电子神经形态系统）芯片已达到量产要求，拥有

100 万个“神经元”内核、2.56 亿个“突触”内核以及 4096 个“神经突触”内核，能够在低功耗状态下模拟人脑运作、实现智能认知（见表 17–1）。

表 17–1　人脑与计算机的差异

类型	区别	解决方案
信息连续性	神经元之间的信息传递特性似乎是二进制的，但神经元所处的电位差状态，以及一个电脉冲对神经元内电位差状态的增量影响，却貌似以一种“连续”的方式存储在该神经元内部。因此不能断言神经网络是数字系统	任何物理系统内的信息量都是有限的， 神经元也不例外。因此神经元不可能真的拥有无限连续的状态集合，而只能是它的一个有限近似，另 一方面，基于信号的数字电路同样可以以极高精度完成实数运算
异步性	大多数数字电路靠持续性的电压表示信息，而神经元靠瞬时脉冲表示信息，所以某种程度上讲神经网络是一种“异步计算”	只要把时间刻度分得足够细，异步计算也能以同步计算的形式来完成。事实上，现代数字计算机的“时钟频率”已经如此之高，以至于微观看来一个时钟周期内的“持续性电压”在宏观看来也不过就是时长纳秒左右的电脉冲
存储与计算一体	人脑的神经元网络内似乎并不存在专门的“存储单元”，而是遍布整个人脑的1000亿个神经元“同时”充当了计算部件与存储部件。此外，人脑还可动态改变神经元之间的连接方式来实现信息的长期存储	这种特性有助于提升人脑的运行效率，并不改变其本质属性

资料来源：安信证券研究中心，赛迪智库整理，2016 年 1 月。

（三）新一代信息技术创新为人工智能应用创造了条件

当前，人工智能已经到了技术引爆的拐点，深度学习、神经元芯片、大数据、云计算的突破发展推动人工智能迈入井喷式创新阶段。深度学习是机器学习的高级阶段，借鉴人类视觉系统的多层传递、逐级分层、不断抽象原理，通过建立规模化抽象层和多层特征变换，实现机器视觉和语音识别能力的跃升，最终提高分类和预测的准确性。神经元芯片是在硬件层面上模拟人脑结构，在一张芯片上集成存储、计算和通信功能，且相互间通过电脉进行信息直接交互，从而完成上百万个任务并行处理，使得人工智能计算架构实现物理结构的变革。人类社会产生的海量数据为人工智能深度学习提供了丰富的学习材料，支持人工智能实现从非智能到高度智能的转变。云计算通过 IT 资源的虚拟化组合和弹性配置实现了 IT 投资利用率的最大化，单位计算能力的大幅提升和计算成本的显著下降，十分有利于人工智能的商业化应用（见图 17–1）。

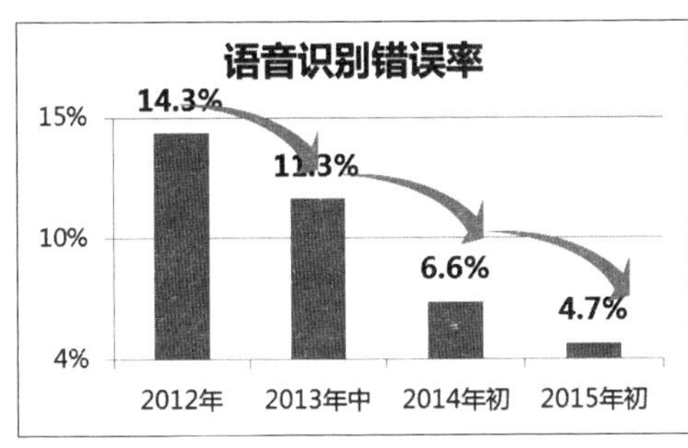

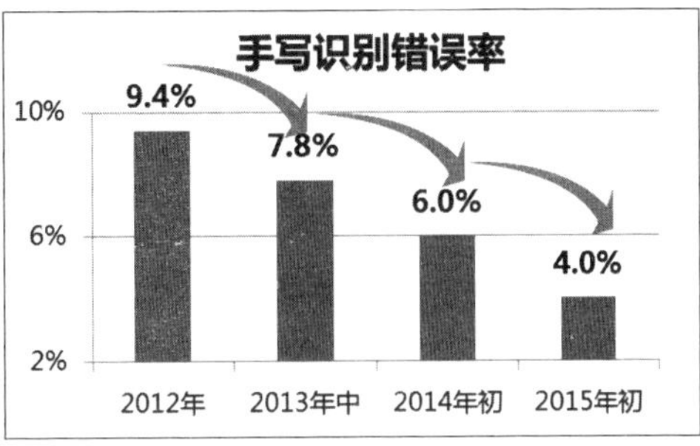

图17-1　深度学习大幅提高语音和手写识别错误率

（四）人工智能在各领域的应用探索全面展开

人工智能产品正从单一功能设备向通用设备渐进式转变，应用场景和实施行为也随之更加复杂，当前的人工智能产品均以人类活动辅助工具的形式展现，表现为通过人工智能计算赋予传统设备机器智能以提高其自动工作能力，如无人机、无人驾驶汽车、扫地机器人、智能家居等。同时，围绕人工智能从感知到处理再到反馈的关键技术，各类技术领先公司面向行业应用需求开放相应的技术服务、提供多种适应于应用场景的人工智能解决方案，并在实际应用中不断升级自身技术能力，实现人工智能的生态共赢。比如，图灵机器人从发布之初便免费开放API端口，基于智能机器人开放平台支持各类行业垂直和社交平台自行开发专业化的"在线管理专家"，并提供精准的语义识别处理技术和自定义知识库，帮助平台企业快速搭建以"语义识别"为基础的人工智能客服系统，替代传统的效率低下、体验较差的以"关键词对应"为技术支持的在线客服系统，从而提升沟通效率，满足平台运营的个性化需求。如今，图灵机器人广泛应用于智能客服、聊天机器人、家用机器人、微信管理平台、智能车载、智能家居、智能手机助手等多个领域，为超过3万名开发者提供低成本、高质量的智能机器人引擎服务，覆盖人群超1亿。

二、人工智能成为抢占未来技术主导权的竞争焦点

（一）主要发达国家积极布局人工智能关键领域

自人工智能诞生至今，发达国家政府高度重视人工智能的发展。美国先后在2013年和2015年提出国家机器人计划和人脑计划，在机器人领域重点发展军用机器人和工业机器人，通过军用机器人布局智能化军事武器，谋划未来战争的竞

争优势，通过工业机器人推进先进制造业发展，旨在建立以新一代信息技术与制造技术深度融合的先进工业体系；在人脑计划中重点布局人脑仿生计算，计划在“人类大脑图谱”研究上投入资金高达30亿美元。欧洲主攻服务和医疗机器人技术；另外，欧盟委员会“未来新兴旗舰技术项目”纳入了人脑工程，并计划分10年投入10亿欧元开展专项研发计划。美欧人脑计划涉及各种交叉学科，主要包括：模拟人脑结构和信息传递系统，研究基于神经学的新型信息技术；通过计算机多层模拟系统，绘制人脑复杂神经网络；探索神经网络存储和处理信息的逻辑，训练机器对环境和外部事物的洞察力。美欧人脑计划的相同之处在于，致力于人脑系统和神经模拟研究，通过信息技术的充分应用促进人工智能从简单搜索向人脑模拟思维的跨越。

（二）技术领先企业加快推动人工智能产业化发展进程

当前，人工智能普遍被视为新一轮科技革命和产业变革的下一个引爆点，受越来越多的高技术企业的投资推动，人工智能产业化进程进一步加快。过去四年间，人工智能领域的投资以年均62%的增长速度递增，仅2015年，超过300家的人工智能技术创业公司获得总计超过20亿美元的投资。谷歌深耕机器学习，不仅战略性收购了深度学习和机器视觉领先企业Andrew Zisserman，还先后聘请美国先进研究项目局（DARPA）原负责人、曾负责Google基础算法和开发平台建设项目的计算机学家Jeff Dean承担深度学习的创新项目研究。苹果每年投入110多亿美元开展人工智能研究，并率先在人工智能产业化应用上取得突破，将DARPA的CALO（Cognitive Assistant that Learns and Organizes）项目成果成功转化为苹果手机Siri语音助理。IBM将自主研发的Watson的人工智能认知技术转化为有偿的开放服务，包括语音识别、机器学习、预测和分析服务、视频和图像识别服务以及非结构化文本数据分析服务等，先后在酒店、医疗、生物、健康、反恐等领域展开商业化应用。美国农业银行信贷证券公司预测，Watson在2015年将为IBM带来26.5亿美元的收入[1]。微软“小冰”与Windows10、社交网络、电子商务、图片服务、聊天服务等多领域的PC端和移动端平台开展合作，推动人工智能的“正反馈”尝试获得成功，实现“小冰”45%的对话能力来自人机交互中的自我完善和自我学习。

[1] 华泰证券研究所、格灵深瞳：《人工智能产业深度研究报告》，2015.11。

三、人工智能产业生态发展模式初步形成

目前,专用领域的定向智能化成为人工智能的主要发展方向,以“底层平台—中层技术—顶层应用”为基本架构的产业生态逐渐成形，每一层级都有相关企业参与其中，基于核心技术打造新型产品和服务。在底层基础资源支持层面，重点是发展超算平台和数据中心，承担的是存储、运算和数据关联分析功能，为实现人工智能的类人脑并行计算提供基础支持。在中层技术支持层面，重点是基于底层数据大量研发应用模型，开发面向特定领域的应用技术，例如语音识别、图像识别、无人驾驶等。在顶层应用层面，利用中层输出的 AI 技术发展智能化的服务和产品，充分满足用户生产和生活需求。以谷歌的无人驾驶汽车为例，为了实现无人驾驶，车辆配置了激光测距系统、车道保持系统、GPS/ 惯性导航系统、车轮角度编码器等，实时采集路况数据生成三维图像，并运用计算机视觉和智能分析技术针对不同路况做出驾驶决策。Nest 智能温控器通过传感器实时监控周边的温度、湿度等环境状况，运用深度学习技术观测和记录用户习惯的舒适温度，再通过与室外实时温度的对比动态调节室内温度和湿度水平。智能硬件已经成为人工智能技术领先公司抢占市场、构建产业生态圈的重要入口（见表 17–2）。

表 17–2　世界主要人工智能基础平台

人工智能基础平台	国家	平台简要介绍	商业模式
IBM Watson	美国	IBM 旗下人工智能平台	利用Watson Analytics提供一系列全面的自助式分析功能，并实现结果可视化，为使用者开展进一步交互提供基础和便利
MetaMind	美国	专注于深度学习的创业公司，MetaMind 联合创始人兼首席技术官理查德·索赫尔（Richard Socher）是新一代的深度学习专家之一	业务主要有两块：自然语言处理和图像分析。MetaMind将以服务形式向诸如消费品、金融服务、医疗的行业企业提供深度学习技术
Numenta	美国	使用深度学习方式进行数据流预测的商业公司，创始人杰夫·霍金斯同时是全球最大掌上电脑制造商Palm创始人，掌上型电脑PalmPilot、智能电话Treo以及许多手持装备的发明人，《人工智能的未来》一书作者	出品了一个叫作GROK的商业产品，是一个ONLINE数据流预测系统

（续表）

人工智能基础平台	国家	平台简要介绍	商业模式
ai-one	美国	按照人类方式去理解数据并提供分析结果的创业公司	主要提供API、SDK和解决方案
Cycorp	印度	1984年创立	是世界上最大和最完整的通用知识和日常常识的人工智能分析系统，其OpenCyc可以用于文本理解、数据集成、游戏AI等方面
Microsoft Adam	美国	微软旗下的人工智能平台	Adam项目目前还处于初级阶段，当用户使用手机拍照时，Adam能够准确地识别照片上的物体，未来将在电子商务、机器人，以及敏感度分析领域得到“重用”
Nara	新加坡	Nara被称为“下一代餐厅推荐引擎”，Nara主要功能是通过人工智能技术帮助用户发现喜欢吃的东西，以及决定吃什么。	该公司发布了平台即服务Naralogics.com，提供按需定制的个性化服务。通过该服务，企业可以使用现有的数据，或网络上的任何资料来源来进行推荐，此外企业也可以更好地了解用户行为和互动情况。例如，凭借该服务，在线发行商和电商网站可以向用户展示更具相关性的内容、产品和建议，而电子邮件营销人员也可以使用该服务实现消息的个性化定制
Reactor	美国	Reactor是一家开发智能语义、知识图谱和个人助理解决方案的软件公司。公司使命是通过设计更好的人与信息之间的交互方式而延展人类的好奇心	公司设计制造可以分析、链接所需要的个人网络信息的智能语义理解系统，其知识图谱、自然语言处理和上下文关联搜索组件可以增强新一代的会话助理和上下文关联服务。Unified Graph是该公司第一款知识图谱系统，使用语义理解和自然语言处理等技术等；PRIME是即将推出的用户对话助理，使用公司的语义理解和上下文关联解决方案来整日为用户分析预测大量信息
Scaled Inference	美国	人工智能领域的Google，有两位主要工程师均在Google任过要职	Scaled Inference将以云计算服务的形式对外提供人工智能技术，第一款API主要用于模式识别，另一款API则帮助开发者根据用户回答问题的数据预测用户行为。而第三款API则是一个围绕River基本功能的排序产品

资料来源：安信证券研究中心，2015年12月。

第三节　简要评析

一、智能机器学习平台开源将形成热潮

当前，微软、谷歌、IBM 等信息技术企业正加大资本投入，积极搭建自主智能机器学习平台并逐步开源，旨在广泛集聚创新力量推动机器学习能力的深度开发。一方面，利用开源这一重要途径吸引更多的全球开发者参与人工智能研发；另一方面，基于开放平台推动建立人工智能生态体系，有利于企业抢占人工智能领域的主导地位。2015 年 11 月，谷歌开源了机器学习平台 Tensor Flow，支持开发者对不同计算机硬件进行深度学习神经网络的模拟训练，从而开发出更多实用的机器学习产品和服务，截至目前，平台集聚项目已超 600 个。Facebook 将对装配有高性能图形处理单元的服务器 Big Sur 进行开源，推动深度学习研究。微软将其分布式机器学习工具包（DMTK）通过 Github 开源。IBM 则开源了旗下机器学习平台 System ML。

二、智能云机器人将成为下一步发展重点

随着互联网、云计算等技术的不断发展，基于人工智能的工业机器人将通过云端网络打破信息孤岛，实现大数据分析处理、云端共享和工作协同。当前的工业机器人主要依赖固定程序执行动作指令，信息孤岛现象较为明显，缺乏数据交互共享和工作协同能力。未来在云制造模式下，多个工业机器人将通过移动互联网技术连接至云端，由人工智能网络系统进行统一的数据分析处理、资源共享和工作协同分配，可根据生产要求实现大规模快速部署和生产线柔性化改造，在降低机器人单体硬件配置需求的同时，进一步提升整体计算能力和工作效率。目前，美国、日本等国均将智能云机器人作为未来研究方向之一，研究方向包括建立开放系统机器人架构、网络互联机器人系统平台、机器人网络平台算法和图像处理系统开发、云机器人网络基础设施等。

三、人工智能将引发商业模式和产业结构深刻变革

人工智能作为当前科技领域最为前沿的基础性技术之一，具有显著的产业溢出效应，对人类自身和企业、产业等都将形成智能化重构的冲击，从而推动多个

领域，特别是传统行业的颠覆性变革。当前，嵌入了人工智能技术的移动终端突破了时空界限，促成了众多以人工智能技术为基础的互联网创新应用。未来，人工智能在国防、医疗、工业、农业、金融、商业、教育、公共安全等领域的应用将日益深入，催生出更多的商业模式和新业态新产品，引发产业结构的深刻变革。

四、人工智能应用安全的重视度将逐步提升

人工智能的创新应用推动了机器人的智能化发展，由此引发的安全问题日益受到跨国企业的重视，系统安全解决方案将成为解决问题的重要着力点。人工智能赋予了机器人更高的自主决策和执行能力，在人机协作过程中会对人身安全造成威胁。目前已有部分跨国企业正在积极开展智能机器人安全领域研究，构建软硬件集成的安全控制系统与整体解决方案，包括采用安全电气解决方案、发展新型安全材料、增加服务机器人安全评估、建立机器人安全中心和促进安全标准的一体化等。12 月 16 日，特斯拉 CEO Elon Musk 宣布投资 10 亿美元，创建人工智能公司 Open AI，用于研究更安全可控的人工智能系统。三菱电机推出的 Melfa SafePlus 安全系统能够对机械臂的四个参照点和各节点力矩进行实时监控，用于控制机械臂的速度和动作，确保其不会超出特定区域。

五、人工智能在通用领域的商业化应用难以预期

由于技术的复杂性，人工智能从专用领域向通用领域的拓展过程还十分漫长，只有当人脑芯片等计算的物理架构有所突破、量子计算能力大幅提升之后，专用智能才具备向跨场景应用的通用智能转变的可能。以计算机视觉为例，目前的计算机图像识别建立在识别模型基础之上的特征抽取技术之上，要做到通用识别，必须对万事万物均建立一一对应的识别模型，而且还要针对不同光线、角度、距离、场景条件下的事物展现相应进行识别模型的体系化构建，使人工智能真正像人类一样观察、思考并能做出决策，这对计算机的计算能力提出了极大的挑战。可以预测，下一阶段计算机科学关注点将是颠覆冯·诺依曼的硬件架构、突破现阶段的计算能力极限和深度学习算法极限，尽管业界已经在人脑芯片、量子计算、仿生计算等方面有了一些探索，但技术成熟度与目标的距离还十分遥远。

第十八章　全球宽带发展报告

第一节　研究背景

2015 年 9 月 25 日“联合国可持续发展峰会”通过了 17 项新的可持续发展目标（MDGs），并首次将信息通信技术（ICT）普及和宽带发展内容列入优质教育、性别平等和基础设施等目标范畴。ICT 在加快人类进步、驱动经济增长、实现可持续发展等方面的重要作用获得联合国成员国一致认可。联合国下属机构宽带数字发展委员会始终致力于在全球推广切实可行的包容性宽带政策和措施，保证人人都能受益于宽带发展。2012 年以来，该委员会每年都发布全球宽带发展年度报告，并于 2015 年 9 月发布了《2015 全球宽带发展报告》。该报告总结了该委员会此前确定的 5 项宽带目标的实施情况，认为“宽带政策普及化”、“使宽带接入可承受”、“家庭宽带接入”和“让更多的人上网”4 项目标均未能在 2015 年如期实现，而“2020 年在宽带使用上实现性别平等”这一目标仍然面临挑战；指出宽带是未来社会经济可持续发展的动力，各会员国必须制定明确的规划并有力实施。随着宽带增长速度的下降，加快推进宽带对另外 57% 人口的覆盖成为宽带委员会未来的工作重点。

第二节　具体内容

一、全球宽带发展现状

（一）宽带增长态势

电信业持续强劲增长。据咨询机构 IDC 估算，2013 年电信业务总额超过 1.67 万亿美元，年均增速 1%—2%，增长动力主要来自中国和新兴市场。IDC 预测全球 IT 和电信支出仅 2015 年将增长至 3.8 万亿美元，增速达 3.8%。研究机构 InfoneticsResearch 测算得出，在智能手机广泛应用的带动下，2014 年全球各地移动数据服务（包括短信和移动宽带）普遍增长，预计 2015 年数据通信市场也将持续健康发展。

尽管如此，不同地区或不同运营主体的电信业务增长情况也不完全相同。以欧洲为例，不同运营主体，包括老牌运营商、手机运营商、有线电视供应商和“自选网络”运营商（altnets，如虚拟网络运营商），在投资和收益方面的差距日益拉大。在一些老牌运营商和手机运营商平均收入下滑至少 4% 的同时，有线电视供应商业务始终保持稳定，“自选网络”运营商业务收入增长达 5%—6%。事实上，受手机终端和移动漫游政策调整影响，欧洲手机业务连续三年持续下滑。相反，受电视收入增长的拉动，有线电视供应商业务持续增长，“自选网络”运营商则因体量较小、商业模式更灵活而能够不断挖掘市场新份额。

移动业务增长也十分迅猛，但发展不均衡。据 ITU 预测，2015 年底，移动蜂窝用户数将达到 71 亿，基本接近全球人口总数，平均每百人中就有 97 个移动蜂窝用户；同时，移动宽带用户数将达 35 亿，占全部移动蜂窝用户数的 48.8%。移动宽带的确是有史以来发展最快的 ICT 业务，短短五年间用户增长高达 10 亿。目前，移动宽带用户数以 4.4∶1 的比例超过固定宽带用户数（2014 年为 3∶1）。智能手机成为移动宽带设备的主流，并在可预见的时期内继续占据主导地位。爱立信预测，接入服务的智能手机用户将在 2016 年超过“普通”手机。几乎所有的主要运营商都在大量投资宽带技术发展，包括 4G、VDSLvectoring、DOCSIS3.0 标准和能够提供更快传输速度的光纤接入等技术。4G 发展迅猛，全球移动运营商协会（GSMA）预计 2015—2020 年间移动运营商在 4G 网络基础设施上的期望投资总额将达 1.7 万亿美元。

回顾过去，2014 年可能是 3G 业务放缓、4G 业务加速的“转折年”（见图 18-1）。全球移动供应商协会（GSA）2015 年 7 月发布的报告指出，已有 422 家供应商在 143 个国家启动了 4G LTE 商业化系统建设，开展 4G LTE 网络商业化部署的供应商数量将在 2015 年底达到 460 个。事实上，亚太地区移动宽带的增长主导了全球市场增长态势，该地区移动宽带用户数占全球用户数的比例从 2014 年的 45% 上升至 2015 年的 50% 以上。按用户数测算，中国移动已成为全球最大的移动运营商（已在 2014 年下半年超过美国 Verizon，成为全球最大的 4G

供应商）。亚太地区的快速增长挤压了世界其他区域移动宽带市场份额。2014—2015 年间，尽管欧洲和美洲移动用户绝对数在上升，但两者全球市场份额都有所下降，欧洲从 16% 下滑至 14%，美洲从 24% 下滑至 22%。手机和可穿戴设备成为不断扩展的计算环境的一部分（包括消费者电子和可连接屏幕），伴随着 5G 发展，运营商在网络功能虚拟化（NFV）、软件定义网络（SDN）和异构网络（Hetnets）等技术上也加强部署，以加快构建形成一个超链接社会。

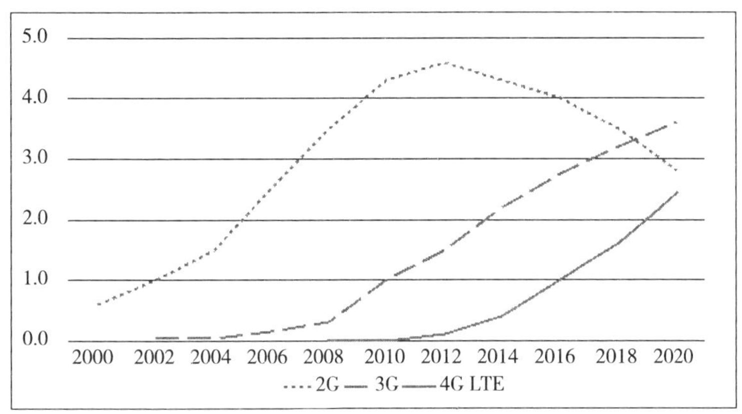

图18-1 2000—2020年全球移动网络接入情况（单位：十亿元）

资料来源：IDC，2015 全球宽带发展报告。

在互联网使用方面，ITU 预测 2015 年将成为一个里程碑，在这一年全球互联网用户数将达到 32 亿，年均增长 7.8%。经过 20 多年的爆发式增长之后，一些分析家认为互联网用户数的增速在放缓，越来越多的市场发展成熟甚至饱和，由于增速放缓，互联网用户在 2020 年很难达到 40 亿。

（二）宽带目标实施进展

作为数字包容推进措施的一部分，宽带委员会在 2011 年举办的宽带领袖峰会上，围绕宽带网络铺设进程监测和全球网络服务可承受力等内容提出了四项目标，继而在 2013 年提出了第五个目标——实现宽带使用的性别平等。本报告主要调研了这五大目标实施进展情况。

目标 1：宽带政策普及化。

——到 2015 年，所有国家都应该设立国家宽带计划。

根据 ITU 跟踪调查结果，2015 年全球已实施了宽带计划和政策的国家达到

148个（见图18-2），但其增速在近几年有所减缓。除此之外，有6个国家的宽带计划正在准备实施当中（古巴、多米尼加、伊拉克、所罗门群岛、圣卢西亚和多哥），还有42个国家未制定任何形式的计划。

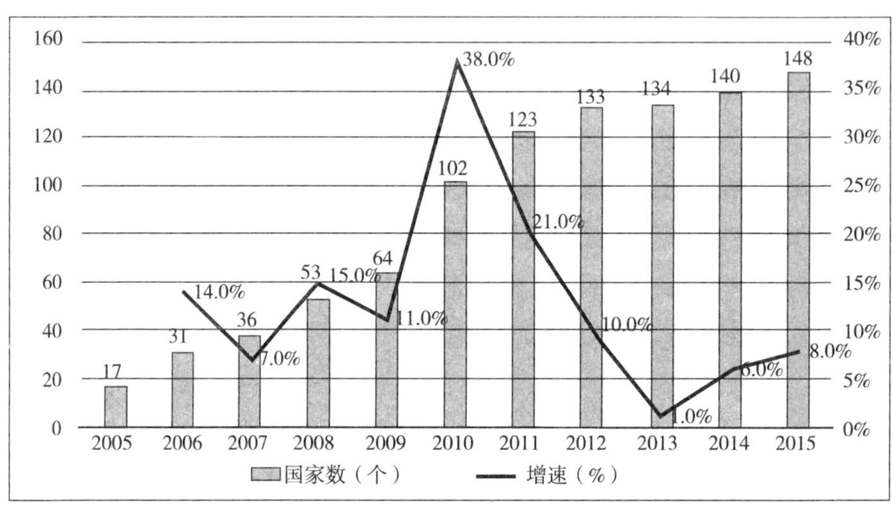

图18-2　2005—2015年全球制定国家宽带计划的国家增长情况

宽带委员会2013年的研究表明，制定和实施了宽带计划的国家，特别是那些政府和行业通力合作、把宽带发展和普及作为本国发展首要任务和义务的国家均实现了良性增长。国家宽带政策必须具有连续性，不同实施阶段发展重点也不同（见表18-1）。有些国家正在修订完善第一代国家宽带计划，如巴西通信部于2014年11月发布了包含新目标和任务的"国家宽带计划2.0"。但宽带计划将于2015年底到期的绝大部分国家（如芬兰、白俄罗斯、比利时、克罗地亚、蒙古、巴拉圭和新加坡），均没有明晰的"后续政策"，包括是否继续执行近期项目，或对政策进行修订，或采集关于发展成就的反馈意见，或引进一项新的计划等。

表18-1　国家宽带计划的不同实施阶段

阶段	发展重点	实例	指数
部署阶段	可用的宽带网络	光纤电缆和无线宽带接入网络建设	电信指数（Telecomindicators）
实施阶段	能有效使用的宽带接入和能力建设	数字认知计划；社区接入项目和计划	绩效指数（Performanceindicators）
融合阶段	宽带与经济社会的融合发展	数字医疗、数字政府、数字教育和电子商务发展战略	发展成果/影响力指数（Outcome/impactmeasures）

目标 2：使宽带接入可承受。

——到 2015 年，发展中国家的入门级宽带服务应可承受。

对发展中国家，特别是不发达国家来说，宽带接入可承受日益成为提高宽带接入水平的关键。“可承受”既指服务价格也指设备成本（包括智能手机、平板或其他可入网设备）。宽带正变得越来越可承受——在过去四年里，固定宽带价格占人均国民总收入（GNI）的比重下降了 41%。到 2014 年，全球多数国家已经达到了宽带委员会设立目标——即基本固定宽带服务价格低于 5%人均月收入。然而，在发展中国家许多地方，宽带价格仍然居高不下，111 个固定宽带基础资费低于 5% 人均 GNI 的国家中，有 44 个发达国家，67 个发展中国家（2013 年为 57 个，2012 年为 48 个）。各国宽带接入承受能力的差异性也始终存在，基础较为薄弱的国家宽带资费相对较高，如最不发达国家的宽带资费水平要远远高于能够接入海底光缆通信的沿海国家。

目标 3：家庭宽带接入。

——到 2015 年，发展中国家 40%的家庭应实现互联网接入。

全球来看，到 2015 年底，将有 46.4% 的家庭实现互联网接入，比 2014 年增长 2.4%。发达国家家庭互联网接入已接近饱和，高达 81.3% 或五分之四的家庭实现互联网接入。发展中国家实现互联网接入的家庭从 2014 年的 31.2% 提高到 2015 年的 34.1%，但仍未达到宽带委员会设定的 40% 目标。家庭互联网接入的全球平均数值掩盖了地区间的巨大差异。全球仍有 43 个国家家庭互联网接入不足 10%，不发达国家的家庭互联网接入仅有 6.7%，而非洲地区的家庭连接率仅为九分之一。亚洲家庭互联网接入的绝对数位居全球榜首，几乎是欧洲和美洲地区的总和。

目标 4：让更多的人上网。

——到 2015 年，全球互联网用户普及率应达到 60%，发展中国家的用户普及率达到 50%，不发达国家达到 15%。

截至 2015 年底，全球上网人数从 2014 年的 29 亿（占世界总人口的 40.6%）增加至 32 亿，占世界总人口的 43.4%。按照目前增长速度测算，互联网用户普及率达到 60% 的全球目标至少要到 2021 年才能实现。发展中国家的互联网用户普及率将达 35.3%（2011 年为 24%），不发达国家普及率仍在 10% 以下，发展中国家实现用户普及率达 50% 的目标也不可能在 2020 年之前实现。全球至少有一半（约 57%），即 40 多亿人口未能实现定期上网或方便地使用互联网。20 个互联网用户数最少的国家中有 19 个为不发达国家。

目标 5：到 2020 年，在宽带使用上实现性别平等。

在宽带使用上实现性别平等至关重要，通过为妇女和女孩提供平等上网的机会，为她们学习 ICT 技术、获取薪酬较好的工作、收集各类信息，以及解决日常生活中面临的不平等问题、享受与男性同胞平等机会提供了有效帮助。性别平等在联合国 MDGs 中也有所涉及。在低收入和中等收入国家中，拥有一部移动手机的女性比男性少 21%。在发展中国家，女性网络用户比男性少将近 25%，在非洲撒哈拉以南的一些地区这个差距高达 50%。这些差距抑制了妇女和女孩使用 ICT 的潜在能力，在一些地方，这种不平等在年纪很小的男孩和女孩之间就形成了。宽带使用的性别区分数据还未广泛应用，ITU 基于互联网使用数据估计，截至 2013 年女性网络用户的数量达到 13 亿，而同期男性网络用户为 15 亿；这种性别差距在发展中国家更为显著，在发展中国家女性网络用户比男性少 16%，而在发达国家，这一差距仅为 2%。

二、全球宽带发展面临的挑战与未来趋势

（一）宽带供需挑战

从互联网需求方面来看，由于未来互联网用户将更多的是未受良好教育、少有城市背景、使用非主要语种的群体，世界性的在线通用语言将成为互联网普及的主要挑战。当前，只有约 5% 的语种能够在互联网上呈现。根据网络技术调查网站 W3Techs 对 1000 万个最受欢迎网页的调查，发现 55.2% 的内容使用英语，4.0%—5.8% 的内容使用的是俄语、德语、日语、西班牙语和法语。由于部分业务依赖于用户创造内容，维基百科在使用多语言服务方面近几年一直表现良好。即便如此，主流的互联网服务在使用语种范围上的拓展，始终与互联网用户增长不相适应。消除网络语言障碍将是激发另外 40 亿人的互联网服务和内容接入需求的一项关键因素。

从互联网供给方面来看，推动现有网络从城市周边向农村或偏远地区拓展，以及促进网络升级以适应入网数量增长带来的更多网络流量需求，将是未来互联网扩张的主要挑战。挑战的根源在于如果运营商向人口稀疏或偏远地区延伸部署网络，互联网服务的边际成本将显著增加，不利于商业盈利目标的实现。世界银

行呼吁私有部门要肩负起提供互联网基础设施和服务的首要责任，但也提出，“在私有部门无法提供可负担的接入服务时，公共投资或政府政策也应当适时调整”。事实上，采用新的方式方法、推动商业模式创新等宽带建设的需求极为迫切，以实现宽带能普遍覆盖占人口比例达到 57% 的未连接人群。

（二）未来趋势——迈向物联网

一些分析师认为，物联网（IoT）时代正在到来，物联网将呈现爆发式增长。咨询机构德勤预测，2015 年无线物联网设备的交付数量将达 10 亿，比 2014 年增长 60%；到 2015 年底已安装的联网设备数将达 28 亿。爱立信预测，到 2020 年，入网设备数将达 260 亿，其中 150 亿设备将是手机、平板电脑、手提电脑和 PC 机（不包括简单的传感器和传感芯片）。目前，平均每一个能上网的人就拥有 5 台联网设备。ITU 预测，到 2020 年联网设备数将达 250 亿，届时，联网设备数与上网人口数将达到 6 : 1，这将彻底改变我们对于互联网和互联社会的认识。问题在于，物联网的发展将引发联网设备接入和使用方面的新数字鸿沟。

据爱立信称，移动手机是目前增幅最大的联网设备。尽管如此，受汽车、工业机器和能源计量等一些领域新的应用拉动，机器通信（M2M）将有望强势增长。一些分析师认为物联网即无线传感网络，与此看法不同的是，IDC 认为“工业物联网”短期内主要是固定网络环境，固定网络将承载工业物联网 90% 的通信业务。

一般而言，LTE 和智能手机应用环境中，网络服务请求发起频率和重复度更高，物联网技术将朝更适应这类网络请求的方向持续发展。移动运营商将不得不重新调整网络架构、拓扑结构和网络功能，以有效响应 4G 和物联网业务需求，从而在为用户带来舒适的上网体验，同时创造更多的利润空间。对于大规模、高效率、高速度的宽带网络投资应当予以明确的政策支持，充分利用物联网技术促进宽带发展。

三、宽带驱动可持续发展

宽带的真正力量体现于能够改善发展中国家在人权、社会包容性和消除贫困方面的发展成果。实现数字包容对可持续发展至关重要。信息通信技术，特别是宽带发展，对于促进经济增长、提高生产力和增强竞争力、加强知识储备具有催化剂作用。发展中世界，特别是不发达国家，能够受益于信息通信技术更强大的集成和应用。宽带在城市和农村地区的传输已经成为许多国家主要政治和监管目标。联合国称全球宽带基础设施的可用性是推动一国经济发展必不可少的先决条件。联合国 2015 年后发展议程将社会包容、经济发展和环境保护定义为可持续发展的三大支柱，而信息通信技术对于三者的实现均有促进作用。

一旦与相关的技能、能力和机遇相结合，信息通信技术将成为让数十亿人拥有知识和信息的驱动力。从提供教育通道或健康信息，到通过电子支付使人们保留有价值的储蓄、安然渡过经济危机的冲击，信息通信技术能帮助人们在获得更多信息的情况下做出抉择。手机日益成为强大的便携式在线访问工具，为学习和教育提供了新途径，使人们获得更多信息以做出更好的决策，从而改善他们的生存能力和生活水平。越来越多的项目案例证明，对于无法享受高质量学校教育的人们来说，移动技术为其获得更多的受教育机会提供了出色的媒介工具。在发展中国家，智能手机可以作为电子书或电子阅读器，用于文化教育、计算能力培训、互动辅导，以及“教育游戏”，从而激发年轻学生们最有价值的资产——好奇心。但手机在教学上的应用也遭遇了一些阻力，包括一些墨守成规的老师认为手机使学校变得智慧的同时也成为让学生分心的根源。在健康方面，智能手机或连接了监视器和传感器的健康追踪器能够收集与健康指标相关的多项数据（包括心率、血压、血糖、体温、睡眠习惯、眼压甚至脑电波）。在金融方面，手机促进了金融的包容性。随着智能设备的快速增长，金融服务需求将会显著增加，人们通过智能设备广泛参与金融体系，将有助于减少收入不平等，促进就业，以及更好地管理风险和消除金融危机的冲击。

最新的卫星技术在帮助宽带向农村和偏远地区（即使在发达国家）延伸方面发挥着关键作用。卫星具有大规模覆盖辽阔区域的优势，使许多用户通过一次登录直接连接宽带和主干网络，比起点对点转接网络，其瞬时连接速度更快，并且地面上只需要一个调制解调器和一根天线，还有助于克服山区等连接困难区域地形崎岖的问题。考虑到成本，卫星宽带是农村、偏远和人口密度较小地区的较为实际的选择。

当前，物联网的一些创新应用令人振奋。物联网不再只是一个单独的、连接一些设备的网络，而是一组不同技术的融合，从而为发达经济体和发展中经济体的居民服务。物联网传感网络被用于监控交通状况，告知城市管理者如何提高管理能力，为居民提供交通路线选择。在制造工厂、矿山和油田，传感器能够帮助提高产量、降低成本和提高安全性。除了运营商能够生产数据，更为广泛的信息通信行业（包括 Google、Twitter、Facebook、WhatsApp、Netflix、Amazon 和其他服务运营商）也正在采集大量的行为数据。“联合国全球脉搏”——联合国正在实施一项应用大数据促进可持续发展和人道主义的行动，已经通过采集印尼的 Twitter 数据成功预测了食品价格危机。

第三节　简要评析

一、使宽带服务真正普及

当前，电信普遍接入和普遍服务（UAS）正在成为各国政策和监管目标的组成部分。根据 ITU 统计数据（截至 2013 年中期），有近 20 个政府将互联网接入或宽带接入纳入本国的法律、人权或公民权范畴。2013 年，ITU 对大量不同权力主体采取的普遍服务措施进行了研究，包括：基于市场的改革，以立法的形式明确强制性普遍服务义务，交叉补贴，接入差额收费，购买力平价和普遍服务基金。统计表明，被调查的 69 个普遍服务基金中，38% 极为活跃（正在进行中或已完成的基金申请超过 15 个），14% 活跃度一般（拥有 6—15 个项目），22% 活跃度较低（已执行或已支付项目少于 5 个），约四分之一（26% 左右）的基金发展停滞。其中，仅有 4 个基金资助了女性用户的互联网接入活动。

与其他国家相比，东欧、拉丁美洲和加勒比沿海地区以及其他发展中地区更容易受到金融资本约束和其他社会经济条件的不利影响，因此更容易受益于 UAS 政策的推动；然而，这些地区并没有全部都采用 UAS 政策。一项以“面向不发达国家的技术银行”命名的提议正在审议当中，旨在加快推动现代信息通信基础设施的发展，以及促进互联网接入向农村和偏远地区延伸，包括以公私合营（PPP）的形式实现信息通信基础设施的建设和维护等内容。这将帮助不发达国家努力实现更普遍、更可承受的互联网接入的 2020 年目标。

大量的最佳实践案例为 UAS 的成功实施提供了依据。包括：一是在政策和监管方面，政府必须与利益相关者共同制定 UAS 政策，确保其实施目标既宏伟远大但也能基本达成，过于强制性的普遍服务法定义务并非最佳途径。二是在计划方面，要进行全面的差距分析，明确 UAS 实施重点。包括资金在内的 UAS 战略和实施策略，应当在可行性、融合性、协调性和适度可查等方面与本地发展需求相适应。UAS 政策的长期可持续性至关重要。三是在资金方面，资金储备应当与UAS战略定位和实施环境相匹配，支出规模要能实现最好结果，支出全过程要保证公平、透明。四是在实施方面，公共部门与私营部门的合作必不可少（如PPP）。UAS项目必须在供需两个方面均能灵活调节，并在一定程度上对实施进展进行集中控制监督。

二、使宽带接入最大化

使宽带接入最大化的政策可被宽泛地划分为供给侧措施和需求侧措施两大类，但也有一些政策措施对于供需两端均能起到拉动作用。在2015年的一项近期研究中，咨询机构Analysys Mason对宽带推广促进政策开展了综合分析，主要从对未来市场发展的影响力和新兴市场经济条件下的实施难度两个方面，通过矩阵分析法对各类供给和需求政策进行排名（见图18-3）。结果显示，“确立普遍服务和网络覆盖义务”，以及“授权虚拟运营商以固定价格‘批发’销售下一代网络流量”等“快赢”政策影响力大，实施难度小，而对低收入居民提供补贴和社会保险以拉动需求增长的相关政策实施难度较大。

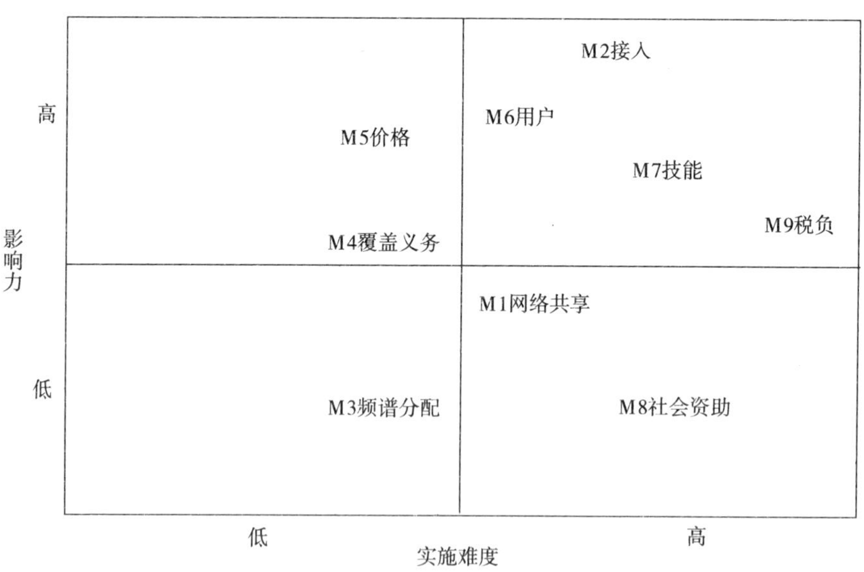

图18-3 政策影响力——实施难度综合排名图

M1 移动网络共享

M2 无电信基础设施接入

M3 频谱分配

M4 网络覆盖义务

M5 以固定价格“批发”销售下一代网络量

M6 促进数字经济发展的大型活动 & 支持高价值的数字内容创造

M7 确保每人拥有在线服务的机会、技能和知识 & 设置数字服务使用信息的公共接入点

M8 对低收入居民提供补助或社会保险

M9 减低对电信 /ICT 设备和服务的税收

随着宽带日益成为可持续发展基础设施，建议围绕以下关键领域制定宽带发展相关政策。

一是审查和更新信息通信技术监管框架及频谱管理办法。政府和监管者应当细致审查和分析本国市场失灵情况，并提出能够应对这些情况的有效监管措施。同时，政府应当通过建立适当规则和引入公平竞争工具等措施，平衡数字生态系统中各类参与竞争的力量，促进数字价值链上所有主体的投资规模最大化。优化频谱分配和管理政策是政府宽带政策一揽子计划的重要组成部分。ITU 将于 2015 年 11 月举办世界无线电通信大会（WRC-15），修订无线电监管办法，围绕射频频谱和卫星轨道的管理和使用建立国际公约，确保所有服务能满足日益增长的需求，并为充分利用最先进、最高效和价格可承受的技术，开拓一条能协调各方利益、可持续的途径。

二是充分运用普遍服务义务。政策制定者应当修订普遍服务许可义务，与电信企业携手共同推动服务向偏远地区延伸。政府必须确保普遍服务基金尽可能得到有效利用，使收集到的资金真正用于为偏远和服务低下的社区提供接入服务。基金也应努力提高管理能力，保证其项目行之有效。

三是推进基础设施共享，开放多种公共基础设施接入途径。应当采取措施，确保新的基础设施接入以公平、合理和价值相当的形式开放，包括价格因素（如“批发”销售基础设施接入流量）和非价格因素（如产品规格和服务协议）。

四是使宽带价格更实惠。监管者和政策制定者应当对本国居民的相关购买力开展全面深入的调查分析，并面向特殊地区或特殊社会经济团体需求（如中小学生、大学生、特殊社区或抚恤金领取者），和运营商共同制定有针对性的措施。

五是降低电信 /ICT 设备和服务的税收、增值税（VAT）和进口关税。此条可作为使宽带价格更实惠的措施之一。大量证据表明，退税和奖励津贴（对运营

商和消费者）的政策引进对宽带的部署具有积极的作用。但是根据研究，减税政策在新兴国家并不是普遍适用，特别是在拉丁美洲地区极少推行。

六是促进宽带基础设施投资。电信运营商、宽带提供商应当与互联网内容服务商构建机制灵活的商业模式，以加快对宽带的投资（包括因特网交换中心、内容分发网络、数据中心、回路光纤及其他基础设施），使得包括终端用户在内的所有权益者获益。互联网公司和互联网内容服务商需要多方探讨网络互联，以及与其他运营商和宽带接入提供商的收入分配等问题，以促进宽带基础设施的投资，为宽带生态系统输送能量。从国家层面看，这可能意味着授权给新的市场进入者，发放新牌照，简化程序，鼓励国家投资促进机构（IPA）和监管部门之间开展更加密切的合作，以及与现有的或新的运营商共同推进投资，从而实现国家目标。

七是加强培训，多措并举扩大互联网接入需求。公众使用宽带服务的意识和能力的提升对于促进互联网接入十分关键。应当在教育和需求两个方面并行投资，包括公众上网意识活动、专门培训项目、本土语言内容发展、数字政府服务和其他关键服务（如健康、教育和能源领域）。在教育系统、教学计划和政策，以及老师的培养和培训中应当把数字技能培训放在优先地位。在性别鸿沟间架设桥梁，为妇女和女孩尽可能提供使用网络技术的技能和机会也是有必要的。

八是加大对本土语言内容建设的投资。技术公司、手机制造商、服务提供商、运营商和网络服务提供商要建立合作伙伴关系，共同作出长期承诺，保证各自设备兼容不同语言和字体。要大力发展不同语言脚本在移动设备上的输入和字体支持技术。便携式设备在进入市场前应预装尽可能多的相关语言。服务提供商必须支持语言的多样性，语言社区也应当积极参与众包翻译活动以确保不落伍，从而使得有意义的内容能有多种语言版本的呈现。

九是对ICT发展持续跟踪监测。国家政策制定必须建立在充分掌握衡量本国ICT发展情况的可靠数据和指标基础之上。统计指标也是一国评估宽带政策影响力、跟踪宽带目标实施进展（包括宽带委员会设定的目标）等的必要依据。每个国家应当加强数据采集，监测宽带基础设施建设和接入情况、价格变化和可承受程度，以及个人、企业和公共机构（包括政府、学校和医院）的宽带使用情况。数据采集时需要遵循国际通行的标准和定义。

第十九章　欧洲数字化单一市场战略

第一节　研究背景

2014 年，当时的欧盟委员会主席候选人容克（Jean-Claude Juncker）在其关于未来施政方针的演说中提出了几个施政的优先事项，其中第二个优先事项就是建立一个数字化单一市场。2014 年 7 月 15 日，在欧盟委员会主席的选举中，容克成功当选，欧洲数字化单一市场战略也被正式提上日程。2015 年 5 月 6 日，欧盟委员会在深度讨论的基础上，公布了数字化单一市场战略的详细规划。该规划提出了发展欧洲数字化单一市场的三大支柱，并列出了实现数字化单一市场的路线图。欧盟委员会估计，如果能打破各成员国之间的数字经济壁垒，真正形成欧洲数字化单一市场，将为欧盟带来 4150 亿欧元的经济增长。

第二节　具体内容

一、确保商品、人员、服务和资本的自由流动

全球经济正在加速向数字化方向转变，这种转变对政府监管提出了具有挑战性的议题。各成员国之间的规则的壁垒、基础设施的不足、物流成本的限制等诸多原因制约了欧洲企业在线业务的发展，削弱了消费者在网络交易中的选择权，对欧洲在数字经济时代的竞争力造成了不利影响。而数字化单一市场可以为商品、人员、服务和资本在欧盟各成员国之间自由流动创造最有利的条件。企业以更优的价格形成更好的服务，创造新的就业岗位，让消费者获得更多的选择，进而激发欧洲数字经济的潜力，让欧洲在全球数字经济领域的竞争中占据优势。

二、确定数字化单一市场的主要发展方向

1. 向欧洲所有消费者和企业提供更优质的在线产品和服务

欧盟委员会认为，打破在线活动的国境壁垒，消除线上和线下的关键性差别是实现第一大支柱的保障。实现第一大支柱的具体行动主要体现在法律规则和物流体系的更新上，主要分为四个方面：

首先是建立一套统一的跨境电子商务规则，让消费者和企业对在线交易产生信心。目前，欧洲还没有统一的跨境电子商务政策和法律，各国的消费者保护规则和合同法都不统一，这种不统一使消费者难以从在线交易中获得最实惠的价格，也为企业的跨境在线贸易造成了阻碍。一套能够适用于在线购物和跨境电子商务的简化的、现代化的规则可以提升消费者对跨境电子商务的信心，并鼓励更多的企业通过网络跨境销售。

其次是建立成本合理、服务质量高的跨境物流体系。2015 年 6 月，欧盟委员会将发布一项邮政和物流行业的自律运动报告，期望能提高物流服务的质量、产品追溯之类的互操作性，实现更快捷的物流服务。随后，欧委会还将对行业采取的自律行动进行评估，并视情况发布补充性的措施，以加强对跨境物流市场的监管，确保跨境物流处于良好的运作状态。

再次是防止不公平的地域性壁垒。地域性壁垒造成产品和服务的价格因国界而出现差异，造成消费者无法获得最具有竞争力的价格，对消费者的选择造成了限制，引起消费者的不满，也导致了欧洲内部市场的分裂。欧盟委员会计划通过立法结束不合理的地域性壁垒，还将对电子商务领域应用竞争法的竞争行业进行调查评估。

最后是更便捷地获取数字内容，建立一个更欧洲化、现代化的版权框架。欧盟委员会计划在欧洲建立统一的版权制度，允许数字内容的跨境传播和消费。未来将提出具体的解决方案，消费者将能获得最大化的内容服务，内容创作者也可以获得更多的机会，同时对媒体的融资和创新的内容也将得到有效保护。

2. 创造适于数字网络和服务健康发展的良好环境

数字网络和服务的健康发展需要良好的基础设施和内容服务支撑，主要有三个方面：

第一，在基础设施方面建立目标一致的电信规则，统一欧洲的无线电频谱政

策，并建立一个新的覆盖整个欧洲的监管机构。

第二，在内容方面对现有的以《欧盟视听媒体服务指令》（第 2010/13/EU 号）为基础的媒体框架进行重新审视，并进行适当调整，使之适应变化。

第三，对监管环境进行改革，适应平台和中介机构，关注一些在线平台和中介机构在市场竞争中可能存在的不当行为，并加大对互联网非法内容的打击力度。

3. 最大限度地实现欧洲数字经济的增长潜力

欧盟委员会认为要充分挖掘欧洲数字经济的潜力需要让欧盟的产业在利用通信技术、自动化技术等方面保持领先。未来欧盟将从三个方面着手：

第一是构建数字化的经济。欧盟委员会将提出《数据自由流动倡议》和《欧洲云计算倡议》，解除数字在欧洲范围内自由流动和利用存在的障碍，为大数据、云计算和物联网的发展提供更大规模的市场保障。

第二是提高欧洲数字经济的竞争力。主要是通过标准化来提高网络、硬件设备、数据存储之间的互操作性，让供应链或产业部门之间保持良好的链接。欧盟委员会将对《欧洲互操作性框架》进行审视、改进和扩展，还将就数字化单一市场的关键技术和领域推出集成的标准化计划。

第三是建立具有包容性的数字化社会。通过数字化技能和专业知识培训让企业和民众能够受益于电子化的服务，通过协调各成员国之间电子政务的共享和协同优化服务。

此外，欧盟委员会为实现以上内容规划了 16 项具体行动，并列出了进度安排。

三、加强投资和管理保障

将数字化单一市场战略付诸实施需要有保障的投资来源和有效的管理。欧盟将通过欧洲投资银行、欧洲投资基金支持股权融资，以及与各成员国合作等多种渠道为战略的落地实施提供投资保障。

欧盟委员会将与欧洲议会和理事会深化合作，与利益相关者和各成员国保持对话，建立专门的咨询和支持团队，定期发布战略的进展状况，保证战略的决策得到有效的执行。

第三节　简要评析

一、巩固欧盟的网络主权

欧盟在数字经济领域与美国的竞争处于相对弱势地位，欧洲当局者认为，美国互联网巨头掌控的在线平台对欧盟的竞争力造成了不利影响。在数字化单一市场战略的第二大支柱“创造适于数字网络和服务健康发展的良好环境”部分，欧盟委员会对一些在线平台使用市场能力的方式超出特定领域竞争法的使用范围，滥用其在特定市场领域的支配性地位明确表达了担忧。欧盟数字经济和社会委员古泽·奥廷格表示:“对欧洲战略的调整就是为了巩固欧洲的网络权威和网络主权，只有它们才能帮助我们获得全球竞争力。”在战略发布的当天，欧盟委员会就宣布将对欧盟境内的电子商务平台发起反垄断调查，首当其冲的就是谷歌、亚马逊等美国在线平台。

二、强调网络中介机构在打击互联网非法内容行动中的责任和作用

数字化单一市场战略认可互联网中介机构在无源方式运作的条件下，不为其所传输、托管、存储的内容承担责任。但同时也认为，当非法内容被识别出来以后，中介机构处理非法内容的行动缓慢而且复杂，因此可能要求中介机构承担更大的责任，并提出了对中介服务商进行综合评价的计划。此举引起了部分美国评论人员的担忧，认为这一举措可能制约互联网的开放自由，不利于互联网的长期发展。美国民主与科技中心联合了一些非政府组织共同敦促欧盟委员会谨慎对待此计划，但是欧盟委员会没有对美国有关机构的呼吁做出回应。

三、消费者和中小企业有望成为最大受益者

目前在欧盟境内只有7%的中小企业进行跨境在线销售，欧盟委员会迫切希望能提升中小企业跨境在线销售的比例，并认为这是欧洲在数字经济领域保持活力和国际竞争力的重要因素。通过数字化单一市场战略，消除壁垒、保护市场竞争、降低数字经济的门槛，中小企业将能以更低的成本从事跨境在线业务，从而获得一个超过5亿消费者的统一市场，进而得到更大的成长空间。对于消费者而言，在获得产品和服务时，将具有更大的选择权、价格透明度和权益保护。

四、数字化单一市场为非欧盟企业降低市场门槛

欧盟委员会希望保持欧盟市场的开放性，同时进一步开放数字化领域。数字化单一市场战略的实施、非欧盟企业进入欧盟的门槛将明显降低，能够让欧盟成为对全球企业更具吸引力的市场。整个欧盟作为一个统一规则区域，企业不再需要面对欧盟各成员国各自独立的法律制度，可以实现在欧盟区域内一处落地、辐射全欧盟。在降低跨境物流成本、统一频谱规则等方面的努力也将让非欧盟企业受益。此外，数字化单一市场战略在电子政务方面的措施还将降低企业与政府沟通的成本和负担，市场进入更加便利。

第二十章 全球网络安全指数和网络健康状况报告

第一节 研究背景

全球网络安全指数（GCI）是国际电信联盟（ITU）和 ABI Research 公司合作开展的一项研究，旨在对各国网络安全的发展状况进行衡量，推动各国将网络安全置于国家议程的首要位置。GCI 研究者认为，随着技术的不断进步，网络面临的威胁也在不断变化，但是很多国家都还没有将网络安全作为战略关注的核心来考虑，各国和业界在网络安全方面做的工作还很分散，不成系统。通过对各国网络安全的发展状况进行衡量、比较，发现存在的问题和薄弱环节，并给出各国网络安全发展水平的排名，可以提高各国对网络安全的重视程度，鼓励各国有针对性地强化网络安全能力，并最终促成一种全球性的网络安全文化，促进全球网络健康发展。

第二节 具体内容

一、全球网络安全指数（GCI）概况

GCI 研究者认为网络安全应该纵横贯穿于所有领域、产业和部门，需要政治、经济和社会力量的全面投入。为此 GCI 确定了一个多层次的复合指标体系，五个一级指标。这五个一级指标是建设一个国家网络安全文化不可或缺的组成部分，是测量一个国家网络安全能力的关键。每个一级指标下设数个二级指标，每个二级指标的分值都是 2 分，基于多标准分析法（MAC）进行评分和加权，最终得出一国的网络安全能力评分。

1. 法律措施

法律措施包括刑事立法、监管和合规两个二级指标。

刑事立法是指是否有相关的法律对计算机、系统和数据的非授权（无权）接入、干扰、截获等行为进行管辖。刑事立法的衡量有三个等级:无、部分或全面。在现有的法律条文中加入了有关上述内容的措辞视为部分立法，有专门的法典对上述内容进行约束视为全面立法。监管和合规是指是否有法律对数据保护、资料外泄通知以及认证 / 标准化进行管辖。监管和合规的衡量同样分为无、部分或全面三个等级。在现有的法律条文中加入有关上述内容的措辞视为部分立法，有专门的法典对上述内容进行约束视为全面立法。

2. 技术措施

GCI 研究者认为，技术措施的衡量应以政府是否支持或创建了技术机构来处理网络安全事件为依据。技术措施包括三个二级指标，分别是 CERT/CIRT/CSIRT（计算机事件响应组 / 计算机应急响应组 / 计算机安全事件响应组）、标准、认证。

CERT/CIRT/CSIRT 是指是否建立了国家性的 CERT/CIRT/CSIRT 组织来发现、处理网络安全威胁。标准是指政府是否批准或支持了实施 ISO、ITU 等机构制定的国际公认的公共机构及关键基础设施的网络安全标准。认证是指政府是否批准或支持根据国际公认的安全标准来开展技术人员的认证和鉴定工作。

3. 组织措施

组织措施主要通过是否建立以及建立了多少个负责网络安全的机构和战略来衡量，包括政策、治理路线图、负责机构和国家基准四个二级指标。

政策是指应该将保护网络安全的政策置于最高优先级的位置，必须由国家层面出台保护信息基础设施的安全战略和国家规划。治理路线图是根据国家网络安全战略和规划制定的网络安全保障的治理途径。负责机构是衡量是否存在负责实施国家网络安全战略 / 政策的机构,机构的形式可以包括常设委员会、官方工作组、咨询理事会或跨部门中心。国家基准是衡量是否存在官方认可的国家性或部门性设立基准的活动或衡量网络安全发展程度的参考基线。

4. 能力建设

能力建设主要基于是否存以及有多少研发、教育和培训项目以及认证专业人员和公共部门机构等进行衡量，包括标准制定、人力开发、专业认证、机构认证四个二级指标。

标准制定是衡量技术成熟度的重要依据，可以采用国际认可的通用标准也可以官方支持研发标准。人力开发主要是衡量各国对网络安全的公众宣传情况，宣传活动可能包括在学校开设网络安全课程、举办网络安全宣传日专题活动等各种形式。专业认证主要根据国际认可证书项目标准开展的公共部门专业认证的数量进行衡量。机构认证主要根据国际标准通过认证的公共机构数量来衡量。

5. 合作

合作是维护网络安全的重要途径之一，可以通过合作伙伴的数量、合作框架和信息共享网络等内容来衡量，包括国内合作、机构内合作、公私伙伴关系和国际合作四个二级指标。

国内合作是经官方认可的全国性或部门性合作伙伴关系。机构内合作是指由政府认可的在公共部门内部共享安全资产的全国性或部门性项目（如在不同部门和机构之间开展合作或交换信息、专业知识、技术和 / 或资源等）。公私伙伴关系是指在公共部门和私部门之间开展的网络安全合作项目。国际合作是指经官方认可的参与国际网络安全合作平台的活动，例如联合国、ITU 等。

二、分析结果

1. 国家排名

美国是全球网络安全指数最高的国家，得分为 0.824 分。得分最高的五个国家分别是美国、加拿大、澳大利亚、马来西亚和阿曼，中国得分为 0.441 分，与比利时、保加利亚、立陶宛、尼日利亚和苏丹并列第 14 位。各国网络安全指数的排名与各国经济和科技发展水平并不存在显著的相关性，很多经济和科技发展水平并不突出的国家在全球网络安全指数排名中进入了前列。

2. 指标排名

从五个一级指标的维度来分析，法律措施是全球网络安全发展最好的领域，而能力建设和合作是相对最弱的领域。合作的得分最低表明在网络安全发展中，国与国之间、机构与机构之间的沟通和协作存在不足。

3. 区域排名

报告中网络安全指数的区域排名没有按照传统的几大洲来分区，而是分为欧洲、美洲、亚太、非洲、阿拉伯和独联体 6 个区域。从区域角度来看，全球网络安全指数最高的是欧洲，领先优势比较明显，亚太、独联体、阿拉伯国家和美洲比较接近，最弱的是非洲。

4. 交叉排名

将区域和指标交叉起来看，指数最高的是欧洲的法律，独联体国家的法律指标得分也较高，表明欧洲和独联体国家具有比较完善的网络安全法律体系和执法体系。指数最低的是非洲的能力建设，只有 0.11 分。此外非洲的技术措施和独联体国家的能力建设得分也较低。

三、GCI将成为国际电联的年度性工作并不断演进

2015 年 4 月是《全球网络安全指数》第一次发布，其影响已经开始显现，并得到国际电联的认可。根据国际电联釜山全权代表会议的决议，未来这项工作将每年开展一次。国际电联希望各成员国和网络安全的业界利益攸关方能积极参与后续的研究，对目前的指数模型进行提升，对收集到的数据进行更深入的分析。

第三节 简要评析

一、客观描述现状，不做分析判断

《全球网络安全指数》通过 5 个一级指标、17 个二级指标建立了各国网络安全发展状况的描述框架，但是指数只对各国在这 17 个具体指标的现状进行客观描述，没有根据现状进行进一步的分析和判断。在报告的第三部分“良好实践”中，对各国的实践进行描述时采用的完全是客观阐述，没有任何分析性、判断性的语言。报告还对国际电联 193 个成员国的网络安全状况分别进行了概括性描述，这些描述也只列出了各国在这 17 个二级指标上的客观表现。这与报告的定位有关，在报告开篇的介绍中，研究者明确表示“GCI 并不着眼于判定一个具体措施是否有效或是否能成功，相反，该指数只是简单地确定各国是否存在实施和促进网络安全的架构。”

但是 GCI 研究者也希望国际电联成员国和 GCI 的利益攸关方等合作伙伴能在未来提供更多的资源和建议，并共同对指数的指标进行演化，通过更细化的指标与国际电联现有的其他指数进行比较，对 GCI 指数调查收集到的信息进行进一步的分析。

二、指标体系精练、全面，体系化和导向性强

目前的 GCI 指标体系非常精练，仅 17 个二级指标，且每个指标所衡量的内容都很明确，非常易于操作。根据指标体系设计出来的调查问卷内容也很简练，使调查问卷能获得较高的回复率，为指数报告的发布提供了有力的数据保障。与此同时，这个指标体系又涵盖了从法律、组织、技术、能力到合作的方方面面，比较全面地囊括了网络安全的主要内容，可以指导各国将网络安全工作纳入一个完整的框架体系，防止因短板效应造成网络安全威胁。

三、致力于提高各国对网络安全的重视程度，促成网络安全文化

全球网络安全指数的调查对象覆盖了国际电联 193 个成员国，而且针对的是政府在网络安全领域的努力，如此大范围的网络安全调查是前所未有的，这是一项真正的全球性的网络安全状况调查。报告对每个国家的网络安全工作状况都进行了专门的描述，各国可以从报告中找到自身存在的薄弱环节，开展有针对性的工作，进而缩小各国在网络安全领域的差距。同时 GCI 将合作作为一个一级指标进行衡量，引导各国加强网络安全领域的内外、公私和国际合作的意图显著。通过指数指标体系的引导和排名的激励，网络安全受到重视的程度、网络安全工作的体系化程度都得到了提升。

四、重视标准化，强调国际通行网络安全标准的应用

在 17 个二级指标中有 7 个与网络安全标准有关，法律措施中的“监管和合规”，技术措施中的“标准”和“认证”，组织措施中的“国家基准”以及能力建设中的“标准制定”、“专业认证”和“机构认证”都强调了标准化问题。除了“监管和合规”外，其他 6 个与标准相关的二级指标可以通过被评估的国家是否制定了本国标准或采用国际通行网络安全标准来衡量，积极引导各国采用国际网络安全标准来加强网络安全建设。

第二十一章　工业4.0发展动态

第一节　研究背景

新一轮的工业革命正在席卷全球。德国将其视为继机械化、电气化和自动化之后，工业化的第四个阶段。在这股浪潮中，德国力推工业 4.0 战略的实施，强调将传统工业生产与互联网、信息和通信技术相结合，改变生产制造与服务模式，并通过推动智能生产和智能工厂发展的重要手段，以保持其在制造行业的领先地位。德国工业 4.0 在全球产生了重大影响，重新引领了全球制造业的潮流。

第二节　具体内容

一、德国政府成为“工业4.0平台”建设的主导力量

“工业 4.0 平台”自被推出以来，得到了进一步的发展，并在 2015 年交由德国经济与能源部、教育和研究部共同接管，启动了升级版平台的建设。升级版平台在主题和结构上有所调整。主题上主要涵盖参考架构及标准和规范、技术研发、数据安全、人才培养、法律框架及其他需求，分别由六大工作组负责；组织架构涉及指导委员会、战略委员会、行业联盟和国际标准化组织。目前，升级版平台已初具规模，成为世界上大型的工业网络，涉及 7000 家企业、100 多家机构和 250 多名人员。此外，平台在研究与创新、参考架构及标准和规范、网络系统安全性三大方面取得了一定的成果。

自德国政府接管“工业 4.0 平台”以来，平台积极推动德国中小企业投身于工业 4.0 的实践应用，推出了“工业 4.0 平台地图”。该地图展示了已有的 202 个

工业 4.0 应用实例及试验点。其中，工业 4.0 应用实例涉及多个领域，如产品设计、生产、物流、服务等，而试验点则主要是研发、测试工业 4.0 应用，以此帮助企业以较低的成本尝试满足工业 4.0 要求的改造，实现互联生产。在德国“工业 4.0 平台地图”上，北部城市不来梅附近工厂的工人已可应用智能眼镜完成组装工作；中西部黑森州的海绵垫生产商已实现个性化定制，工厂可直接依据来自客户手机应用的设计需求进行生产。

二、标准化和参考架构是工业4.0实施的基础

标准化在工业 4.0 战略实施中扮演着十分重要的角色，它是智能制造技术创新的驱动力，是互联互通的前提条件，是抢占产业竞争制高点的重要手段。目前，德国正加快推进工业 4.0 标准化工作，致力成为工业 4.0 标准的制定者和推广者。如在《工业 4.0 实施战略》中，德国进一步界定了标准制定的范围，聚焦于网络通信、信息数据、价值链和企业分层等标准；深入研究标准化问题，与中国共同签署了《中德智能制造 / 工业 4.0 标准化工作组组成方案》，并发布了第二版《工业 4.0 标准化路线图》。

除了标准化，框架的制定也是工业 4.0 战略实施的前提。2015 年，德国电气电子行业协会（ZWEI）在德国汉诺威消费电子、信息及通信博览会（CeBIT）上发布了工业 4.0 参考架构（RAMI4.0），该参考架构是一个三维的层级模型，从功能、价值链视角和工业系统视角对工业 4.0 所涉及的关键部分进行了详细描述，是企业未来发展产品和业务模式的基础。模型中集成了一些工业标准，包括在价值流层面执行国际电工学会的 IEC6 2890 标准以及在企业纵向集成层面实行 IEC 62264、IEC 61512 标准。基于此，德国工业 4.0 专家组还进一步提出了描述信息物理系统 CPS 详细特性的“工业 4.0 单元组件”。

三、智能工厂是工业4.0战略实施的核心载体

智能工厂的理念由德国提出，其构建是推进制造过程数字化、网络化和智能化的关键措施，是实现新型生产制造模式的重要载体。智能工厂通过信息物理系统实现人、产品和机器的互联互通，旨在加快响应速度、提高效率和减少成本，并满足日益增长的个性化需求。作为“工业 4.0”的倡导者和先行者，西门子积极布局智能工厂：深度应用信息物理系统 CPS、构建数字化的生产流程、无缝融

合现实与虚拟生产。此外，西门子还专门设立了数字工厂事业部。目前，西门子已打造出德国智能工厂的典范——安贝格工厂。安贝格工厂实现了生产流程数字化，在生产过程中利用编码让机器与产品进行通信；通过预先设置控制程序实现一条流水线上不同元件的自动装配，满足个性化定制生产；同步运行真实工厂与虚拟工厂，将虚拟工厂中的生产仿真与真实工厂中的生产互联融合；通过扫描仪实时采集每道工序及产品的详细信息，并加载到中央系统；充分利用工业软件，如采用 Simatic IT 制造执行系统，允许在一分钟之内更改产品和工序。基于信息物理系统 CPS，安贝格工厂将虚拟网络世界与现实物理世界进行融合，使得各生产环节被紧密地连接起来。这样，整个生产价值链中数据可以实时保存并自由流通，使得生产路径得到进一步优化，大大提高了生产效率。目前，安贝格工厂的自动化运作程度已经达到较高的程度，其员工的工作任务主要是操作计算机及监控生产流程。与此同时，智能化使得工厂具有更高的灵活性和经济高效性，安贝格工厂的产能就较数字化前提高了 8 倍，且工厂可做到 24 小时内为客户供货。此外，元件与工序的实时监测与数据分析，使得安贝格工厂几乎成了次品率最低的工厂，其产品合格率高达 99.9988%。

德国发力智能工厂，除了安贝格工厂，智能工厂的应用案例还包括德国第一批研究和示范平台之一——莱姆戈模型工厂。其与弗劳恩霍夫基地的设备进行数据连接所形成的多基地平台能开展智能联网、生产优化和能源管理等研究工作，并已对故障诊断、优化及即插即用型生产等应用场景进行了试验和演示。

第三节　简要评析

一、推动各领域关键技术的发展突破

工业 4.0 是第四波工业浪潮，是技术进步驱动的转型。各学科领域的技术进步及融合，将支持、牵引“工业 4.0”的发展。如大数据技术的爆发将助推智能工厂走向现实。基于大数据的分析模式的大量应用，能够加速产品创新、支撑产品故障诊断与预测、改进生产流程、优化能源消耗、提高产品质量和设备服务，从而降低成本、提高效率。此外，由于产业互联网接入的设备数量极为庞大，且设备接入较为复杂、管理难度较高，因此，工业网络安全技术将成为工业 4.0 发展的关键。除此之外，知识工作自动化在工业 4.0 中也将起到核心的作用。具体

来说，工业 4.0 利用物联网、大数据和云计算等技术，通过借助横向集成、纵向集成、端到端集成模式打破企业部门间或不同企业之间的知识边界，促进知识的显性化、集成化，加速知识创造的过程。反过来，知识创造则可以加速企业异质化资源的形成，并成为企业竞争力的核心资源。

二、加快制造业传统价值链的变革重构

工业 4.0 时代，传统的工业价值创造体系将发生改变，从而导致大量创新商业模式的产生。在这样的背景下，企业可通过新的价值创造方式，来获取新的竞争优势。德国工业 4.0 的三大集成反映了商业模式的不同形态：纵向集成发生在企业边界内，端到端集成面向产品全生命周期，横向集成则涉及多条价值链。其中，德国工业 4.0 积极规范制造业标准，以标准化推动企业内部纵向集成实现集中化管理，从而大大提升效率。端到端集成主要面向研发、生产、服务等多个环节，其为产业链的主导者提供了获得竞争优势的路径。通过提升产品研发、销售环节的控制力以及将其他环节交予合作伙伴，产业链的主导企业可实现面向客户的交付，从而达到降低交易成本、改善产品竞争力的目的。而通过横向集成，传统意义上的工厂将不复存在，新型的数字化工厂将呈现更小规模、高度网络化以及智能化的形态，这将真正促进服务互联网的产生，实现大规模个性化生产。

三、注重企业创新生态系统的建设

工业 4.0 不仅仅是解决技术发展的问题，还积极推动创新生态的构建。在实现“工业 4.0”的过程中,大企业的参与较为容易,而中小企业的转变则面临着资金、标准、管理及生产能力等方面的困难。为了解决这一问题，德国采取双重战略，在发挥大企业龙头作用的同时，特别注重促进中小企业将新一代智能制造技术深度应用于研发、生产、服务等各方面，并成为先进制造技术的供应者，实现工业系统的整体跃迁。在这一过程中，德国政府予以支持与有效引导，政策性银行对创新型企业提供资金资助。与此同时，德国政府还注重多元主体的参与，通过集聚高校、研究所、大型企业、中小企业等主体来培育有竞争力的产业集群和可持续发展的创新生态体系。

第二十二章　工业互联网发展动态

第一节　研究背景

在德国政府和公司力推工业 4.0 概念的同时，美国公司也在全球推销他们新制造的理念。其中,美国通用电气公司（GE）就在世界各地大力推广一个新名词：工业互联网。通用电气公司认为，将人、数据和机器连接起来的开放、全球化的网络——工业互联网——的实现，意味着一场新的互联网革命即将到来。工业互联网也成为 GE 未来十年最重要的一个新战略。

第二节　具体内容

一、推出大数据与分析平台

为了研发一个能够适应大数据时代的工业互联网，GE 准备与 AWS 共同开发“Predictivity”平台。这是一个基于 Hadoop 的软件平台，能够管理云中运行的由大型工业机器所产生的数据，适用于航空、医疗、能源、交通运输及制造业等行业。通过 GE Predictivity 的服务，航空公司、电力公司将能够在云中管理、运营诸如喷气发动机和燃气轮机等机器，从而减少故障、停机时间，提高生产率，让工业运营从被动的应对模式转向预测模式。

二、提升软件、分析及云计算技术能力

GE 通过合作开发的方式来提升软件、分析及云能力。这些合作伙伴包括：帮助各行各业的公司充分利用业务运营中产生的工业大数据，与埃森哲建立全球

战略联盟，共同开发技术和分析应用。与亚马逊建立战略合作关系，使亚马逊网络服务为 GE 工业互联网平台提供云服务。扩展与 Pivotal 的技术合作，联合开发工业互联网解决方案。选定 AT&T 公司，为 GE 的工业互联网提供安全高效的无线传输服务；与思科公司合作，以提高机器到机器的数据传输以及数据分析的能力；与英特尔公司合作，以提高机器软件更新速度。

三、针对行业特点推出工业互联网产品

目前 GE 公司已经推出 24 种工业互联网产品，涵盖了铁路机车效率分析、提升风电机组电力输出、医院管理系统、电力公司配电系统优化、石油天然气平台监测管理、医疗云影像技术等一系列降低运营成本、提升管理效率的软件产品。

第三节　简要评析

一、亟待构建大数据标准和生态系统

目前一些公司所起用的工业设备互联和数据分析，都还只是停留在单个企业内部使用阶段。如果要实现不同公司的设备互联，必然需要实现工业设备互联的统一标准。而这并不是 GE 一家公司所能推动的，需要充分发挥政府的角色。例如，智能交通除了有智能汽车之外，交通真正要做到智能化，必须跟现在交通基础设施管理的体系能够融合起来。

二、亟须工业大数据的强有力的分析工具

大数据是工业互联网的命脉。各类工业机械设备中的大量传感器将会产生海量的数据，会让我们很快就进入波字节（一千亿亿亿字节）时代。这就要求有能够处理工业大数据的新的软件和分析方法。在这方面取得进展并非易事。

三、重视工业互联网的系统与数据安全问题

工业系统的数据不仅仅是数量巨大，同时还涉及制造企业的作业流程甚至商业机密，是企业最重要、最复杂的大数据。因此，工业系统以及数据的安全将会成为工业互联网时代工厂能否持续经营的关键问题。如何以高度安全的方式管理和分析这些数据，是工业互联网成为现实过程中最大的挑战。

第二十三章　共享经济发展动态

第一节　研究背景

作为互联网时代的租赁经济模式，共享经济是指机构或者个人将闲置资源的使用权有偿让渡给他人，让渡者通过闲置资源获取回报，而分享者则利用闲置资源创造价值，其本质是使用权的暂时性转移。

共享经济的概念是由美国得克萨斯州立大学社会学教授马科斯·费尔逊（Marcus Felson）和伊利诺伊大学社会学教授琼·斯潘思（Joe L.Spaeth）于 1978 年联合提出的，但共享经济现象却是在最近几年开始流行起来的。这是由于在移动互联网发展之前，个体之间进行这种直接的商品和服务交易的成本过高，而互联网的大数据分析以及智能移动终端的普及使资源的需求方和供给方能够快速进行匹配。同时，互联网支付手段和评价体系的快速发展，能够使交易双方快速地建立起了解、信任和合约的关系，进一步推动了共享经济的发展。

第二节　具体内容

一、产能和供给过剩是共享经济发展的前提

产能和供给过剩等社会经济背景是共享经济迅速崛起和发展的前提。市场经济下产能扩张与收缩交替演化的周期性使得发达国家很多行业都面临着产能过剩的问题，包括中国在内的发展中国家也日益从一个所谓的短缺经济逐渐转换成为一个供给过剩的经济形态。以全球汽车行业为例，根据 OICA（全球性的汽车制造商组织）提供的相关数据显示，2015 年全年，全球轻型车新车销量为

89101663 辆，较之 2014 年的 87341781 辆，同比增长 2.0%。2014 年较 2013 年增幅为 3.5%，到 2015 年有所放缓。通过对比全球客车的年产量和在用车数量，平均约 50% 的使用率表明汽车产业的产能已大大超越了实际使用需求。

二、新技术的普及和应用为共享经济提供了技术前提

云计算、物联网、移动互联网和大数据在各领域的广泛普及和大范围应用，为共享经济的发展提供了重要的技术前提。互联网、移动互联网的发展可以实时、精准地把让渡者和共享者的信息匹配起来；物联网可以实现人与物的链接，为共享经济打造一个连接中枢，为共享经济提供一个新的消费和应用场景；移动互联网也使得用户养成了乐于分享的习惯，使得信息能够充分的流动。

大数据和云计算的发展为共享经济的出现和发展提供了铺垫和支撑。近年来，全球数据存储量呈现爆炸式增长，美国互联网数据中心指出，互联网上的数据每年将增长 50%，目前世界上 90% 的数据是最近才产生的。通过以大数据和云计算技术为支撑的信息技术通过对海量数据进行挖掘和应用，可以为社会创造无可估量的价值。

大数据对于各细分行业的产值也产生了较大的影响。根据麦肯锡对美国各行业由于大数据贡献而实现的生产增长率统计来看，电脑等电子产品和信息技术行业的增长率对于大数据应用的价值反馈是敏感于其他行业的；同时，金融、保险和政府也能够从针对社会大数据的挖掘中获益，可见大数据技术的进步对于推动互联网行业的价值创造具有非常重要的支持作用。

三、从“所有权”到“使用权”的消费观转变

在互联网思维深刻影响下，人们对于自己财物，尤其是房子、车子所有权的想法出现了改变，从将其视为身份的象征变为更愿意将自己的工作和生活分解，并将闲置物品分享，充分发挥其价值。普华永道在美国的一份关于共享替代拥有的调查显示，美国成年人中有 81% 认为使用共享的方式替代拥有是更为经济的做法，而 53% 的人觉得共享是一种新型的所有权形式。具体到对共享经济的看法，86% 的人认为共享经济可以降低生活成本，83% 的人认为其可以显著提高效率，使生活更便捷。同时，人们普遍认为共享经济可以为他们带来社交性和趣味性，有助于环境保护等多方面生活质量的提升。

四、全球共享经济集中在五大领域

1. 交通运输领域

主要包括交通运输服务和车辆租赁。在交通运输服务提供公司中，Uber 可能是最常被提及的分享经济平台的案例。消费者可以通过此类打车应用预先查找附近车辆、选择车辆类型及司机，而司机也可选择自己的乘客。除了 Uber 以外，Lyft、Blablacar、Hail、Sidecar 以及我国的滴滴打车等，都占据着重要的市场份额。国际车辆租赁市场比较著名的汽车分享平台有 Car2Go、Zipcar、DriveNow、Relayrides、Getaroud 等。

2. 商品领域

主要包括二手商品、租赁商品和定制商品。eBay、Craigslist、Kijiji、TreadHip、Yerdle 等均提供了二手商品分享平台，可让全球民众网上拍卖商品及购物；Rent The Runway 号称是服装租赁界的亚马逊；Etsy、TheGrommet、Quirky、Shapeways 等平台则以手工艺成品等定制、创意创新商品买卖为主要特色。

3. 服务提供领域

主要包括专业服务和个人服务。专业人士可以在 Elance、oDesk、Bidwilly、Freelancer、CrowdSpring 等自由职业交易平台上承接企业的外包服务项目，实现 SOHO 办公、网上赚钱。TaskRabbit、AngiesList、Instacart、Popexpert 等是利用任务发布和认领的形式打造的劳务分享平台。无论是找人组装家具、打扫房间、去超市买东西，还是打杂、送货、功课辅导，人们都能在这些平台上发布任务并定价，平台通过技能和价格匹配，帮助出价人完成任务。

4. 场所共享领域

包括办公场所和住宿。LiquidSpace、ShareDesk、DesksNearMe、Breather、Pivotdesk 等平台可以帮助用户把办公室里多余的空间租出去，或者找到可以共享的办公室，用户可以在线上完成找房、支付等一系列操作。而住宿共享中的 Airbnb 已经是广为人知的旅行房屋租赁平台。除此之外，OneFineStay、Vrbo、HomeAway、Couchsurfing 等平台也提供各种类型的短期房屋租赁服务。

5. 金融服务领域

包括借贷和众筹。LendingClub、Kiva、Prosper、Zopa、GreenNote 等在线借贷平台吸引了不少有闲置资金和有借款需求的用户；Circleup、Kickstarter、

Indiegogo、Gofundme、CrowdFunder 等平台则是通过众筹的模式帮助中小企业募资，服务用户梦想、助力创业。

第三节　简要评析

一、共享经济的发展基于“需求”和“供给”形成的动态产业环

共享经济产业链是一个动态的生态圈，每个参与者既可以是处在生态圈外围的供给者，也可以随时转化成为处于生态圈核心的需求者，也就是说每一个机构或个体都有可能是产品和服务的供给者或需求方，这种方式赋予了共享经济无限外延的能力。与传统经济最大的差别就是，共享经济可以通过第三方平台，以成本最低廉、沟通最快捷、实现最便利的方式实现让渡者和需求者之间的交流。

二、共享经济模式更侧重个体化、定制化

对于共享经济中的消费者来说，共享经济模式下的信息流通不是从供给方到需求方的一次性过程，而是一个伴随着信息流在供给和需求两端间循环流动共享的，资源充分利用的闭环。更为重要的是，共享经济模式下的价值和信息流动是以社交方式进行的，在社交概念下点对点交易所带来的个体化和定制化优于传统电商模式，能够真正符合消费者的需求。

三、共享经济呈垂直细分化发展趋势

不同个体具有较大的差别，如处于不同社会阶层或者具有不同社会角色的人，所拥有的愿意共享的闲置物品和需求都具有巨大的差别。从具有不同特质的消费人群切入，针对每个垂直细分人群挖掘市场机会，最终形成深度垂直的细分市场，提供众多有价值的市场机会。

四、以高价值高闲置率为特征的资源品类能够创造更多共享价值

现阶段提供的共享资源种类主要是价值较高且闲置时间较长的品类，比如房产、车产、存款、电器，以及我们自己所拥有的时间、技能。但未来随着共享理念的深入，共享资源种类的增加，可共享的资源一定会是逐渐丰富而精细，并且更能满足消费者个性化的需求；但精细化、丰富化的同时，占据共享经济市场最主要的品类仍是以高价值高闲置率的资源为主。

五、诚信安全等软肋成为共享经济发展瓶颈

如何保证诚信和安全、保证交易者的权益是共享经济的软肋。共享经济内部存在着较为严重的保障缺失，包括医保、养老保险金计划、代缴税款，很多服务提供者都是零工从业者，他们很多都是在没有任何安全保障的情况下工作的，而这些原本贡献于低成本因素的经营优势是否会形成今后利润增长的制约也是考验共享企业长远发展的关键点。

六、法律监管的滞后性制约共享经济发展

共享经济面临的最大挑战之一就是监管的法律，目前的监管架构是面向专业、规模化的企业，并没有考虑消费者在他们的业余时间成为供应商，或是使用公共资产来提供这些服务。而目前的法律要么要求这些新服务显著减缓其发展速度，要么完全不允许这些新兴业态的存在，因此共享经济将在滞后的法律框架下曲折发展很长一段时间。

第二十四章　3D打印发展动态

第一节　研究背景

3D 打印，又称增材制造，是传统制造业走向智能化时代的重要标志之一。3D 打印的出现革新了人们对制造的认识。在传统制造中，原型制造和个性化制造业虽然可以实现，但是有很多局限性。3D 打印的出现减少了从设计到出厂的时间，降低产品研发成本，使创新变得更加容易；同时，3D 打印还可以以远高于手工制造的效率来生产个性化产品。3D 打印最早应用于设计领域，后来逐渐应用于医疗、航空航天、个人消费等众多领域。各国均看好 3D 打印的未来，美国《时代》周刊将 3D 打印列为“美国十大增长最快的工业”，并将其作为支柱产业列入“重振美国制造业”战略计划。我国也推出了《国家增材制造产业发展推进计划（2015—2016 年）》，旨在从专用材料、制造工艺技术水平、装备及核心部件、产业标准体系和应用示范五方面来推进 3D 打印的发展。

第二节　具体内容

一、3D打印技术发展现状仍处于持续优化的过程

3D 打印是快速成型技术的一种，将粉末状塑料或金属等可黏合材料或光敏材料作为原料，以数字模型为基础，通过逐层打印并黏合（或固化）的方式来构造物体的技术。3D 打印产业链分为材料、设备、应用三个环节，整个产业生态系统增长速度快，但发展水平不一。

（一）3D 打印材料发展水平参差不齐

3D 打印材料除了需要具备良好的可塑性外，还必须满足粉末粒径细小、粒

度分布较窄、球形度高、流动性好和松装密度高等要求，其形态直接影响3D打印产品的质量。材料开发难度大成本高，是构建3D打印生态圈的掣肘。3D打印材料分为工程塑料、金属粉末及陶瓷材料等。工程塑料是目前3D打印使用的重要材料，主要应用于FDM设备。工程塑料研究致力于高性能低成本。目前，工程塑料的研究方向在于基于各类低成本材料进行改性，提高材料的综合性，使其满足3D打印工艺要求，并满足最终产品的特殊性能要求，如耐高温或高强度等，工程塑料方面的研发进展将降低FDM设备的使用成本。金属粉末开发技术壁垒高，且其制造成本较高，因此金属粉末作为3D打印材料广泛应用的前提是成本下降。3D打印用的陶瓷粉末是一种混合物，由陶瓷粉末和黏结剂粉末所组成，混合物的配比决定了陶瓷零部件的性能。目前，陶瓷直接快速成形工艺仍处于研究阶段。

（二）三维扫描技术对3D打印无瓶颈性制约

利用三维扫描仪可将实体转为三维模型图输入到计算机。三维扫描仪利用激光三角测距法、脉冲法或者相位式激光测距法可以测得某一点的三维坐标，创建物体表面点云数据，并基于点云进行插值，来模拟物体的表面状态，因此越密集的点云，所得到的模型越精确。如果扫描仪能够获得物体表面的颜色等属性，则在构建模型的时候，可以通过材质贴图粘贴的方式重建物体表面状态。目前，由于数字建模手段多样，三维扫描仪技术对3D打印并无瓶颈制约。但是三维扫描仪在扫描精度、扫描速度、扫描对象的尺寸大小限制、扫描对象材质限制如透明物体，扫描对象表面色彩获取与设备成本等方面的不断改善，将使得3D打印过程更加高效。

（三）3D打印应用方向及成本由材料成型原理决定

3D打印机的功能与技术原理各不相同。打印设备技术主要基于常规热源、激光热源、电子束、黏结、层压和光固化等不同的材料成型方式，分为熔融沉积式（FDM）、选择性热烧结（SHS）、直接金属激光烧结（DMLS）、选择性激光烧结（SLS）、选择性激光熔化成型（SLM）、电子束熔化成型（EBM）、3DP、分层实体制造（LOM）、立体平版印刷（SLA）和数字光处理（DLP）等技术，不同原理的技术所制成产品具有不同的性能，其应用也受到相应限制。其中，熔融沉积式成型（FDM）多以热塑为原料，设备所需技术水平较低，具有较大优势；选择性激光烧结成型（SLS）可使用的材料范围相对广泛，打印性能堪比传统制造工艺；选择性激光熔化成型（SLM）可为金属零件制造提供新解决方案，减少金属零件制造工艺；立体平版印刷（SLA）与数字光处理（DLP）成型自动化程度高、制作原型表面质量好、尺寸精度高（可达到 ±0.1mm）;3DP 成型则可制作彩色原型。

二、各国3D打印发展动态

（一）美国

打印技术方面：硅谷一家创新公司开发出一种全新的“连续液界面生产工艺”，通过操纵光和氧气将液体媒介中的物体融合在一起，构造出物体的 3D 模型，不仅能让 3D 打印速度提高 25 到 100 倍，而且能制造出其他方法无法获得的结构；普渡大学科研人员利用喷墨打印技术制造出液体合金设备，能打印用于一切弹性材料和纤维上的柔性可伸展导体；密歇根理工大学研发出一种小型设备，通过在“生物墨水”中添加石墨烯，打印出人工神经组织；麻省理工学院研制出一种称为“多种制造系统”的新型 3D 打印机，能一次使用 10 种不同材料，打印分辨率达 40 微米级，该校还通过 3D 打印技术造出精美绝伦且用途广泛的玻璃。

打印产品方面：FDA 首次批准美国 Aprecia 制药公司利用 3D 打印技术生产癫痫病药物（SPRITAM），向个性化定制药物迈出了重要一步；通用电气公司利用 3D 打印机制造出一台长 30 厘米、高 20 厘米的可点火运行小型喷气发动机，在通油测试时每分钟转速可达 33000 转；海伦·德沃斯儿童医院首次将两种常见的成像技术（CT 和 3D 经食道超声心动图）成功地结合在一起，打印出更精确的 3D 心脏模型；一名机械工程专业的学生用 3D 打印技术成功设计和制造出世界上第一把能自动装填的 3D 打印左轮手枪。

光电子制造技术方面：美国科学家利用迄今最纤薄（仅为三个原子厚）的钨基半导体作为发光“增益材料”，制造出一种新型纳米激光器；伊利诺伊大学香槟分校通过结合 3D 全息光刻和 2D 光刻技术，制造出一种适用于大规模集成电路的高性能 3D 微电池（只有指尖大小）；斯坦福大学首次通过拉伸二硫化钼的晶体点阵，“扯”出能隙可以变化的半导体，为制造高性能传感器和太阳能电池等奠定了基础；IBM 研制出首个制程为 7 纳米的测试芯片，厚度仅为头发丝的万分之一，计算能力为当前最强芯片的 4 倍，突破了半导体行业的瓶颈。

此外，美国科学家还研制出全球首款全彩色柔性薄膜反射显示屏，其通过外部施加的电压来改变自身的颜色，不需要光源，相反它会反射周围的环境光为其所用；波音公司于 2012 年提出的一项用于飞机的激光动力推进系统专利于 2015 年 7 月获批，该技术能在放射性燃料上点燃高能激光，或能用来推动火箭、导弹和航天器等。

（二）欧盟

1. 德国

由于德国 3D 打印联盟对 3D 打印技术的大力推广，其在 3D 打印领域处于全球领先的地位。Fraunhofer 增材制造联盟是德国较为著名的 3D 打印联盟之一，该联盟不仅为初入 3D 打印行业的企业提供合适的解决方案，还配备了数千万欧元的资金用于基础研究。2015 年德国加强了“工业 4.0”战略的实施力度，开发了新一代机器人，并成功利用 3D 打印技术成功实现人造血管的制造。德国弗朗霍夫研究所成功地解决了人造血管的关键技术，利用喷墨打印与立体光刻相结合的方法打印了只有 20 微米厚的多孔、多分叉的人造血管，这一技术突破有望广泛应用在治愈皮肤创伤、人工皮肤再造和人造器官等医学领域。

2. 法国

先进制造技术是法国 2015 年提出“未来工业”战略中的核心内容，其中便包括以 3D 打印为代表的智能制造技术。近年来,法国 3D 打印技术取得重大突破。法国欧莱雅集团宣布与芝加哥生物打印初创公司 Organovo 共同研发会呼吸的 3D 打印活体皮肤，可用于测试产品毒素和效用。法国泰雷兹·阿莱尼亚航天公司在建的两颗远程通信卫星采用欧洲最大的 3D 打印航天器零部件，该遥测和指挥天线支撑结构为铝合金制件，尺寸约 45 厘米 ×40 厘米 ×21 厘米，采用“粉末床增材制造”工艺和欧洲最大的激光束熔融设备制成。另外，由法、意合研的“便携式机载 3D 打印机（POP3D）”于 2015 年 12 月 6 日随运载飞船送至国际空间站，这也是第一台来自欧洲的 3D 太空打印机。

3. 英国

近年来，英国在 3D 打印应用方面取得了积极进展。英国无人机 Sulsa 翼展 1.5 米，采用螺旋桨驱动，其四个主要部分由 3D 打印机制作完成，Sulsa 在 HMS Mersey 号舰上试飞成功；罗·罗公司发动机专家团队采用 3D 打印零部件制造的最新超强动力的空客发动机——Trent XWB-97 成功完成了第一次飞行试验；

Medisieve公司开发出一种3D打印的磁性血液过滤器，该过滤器可以在4个小时内消除90%的受疟疾感染细胞，被誉为“革命性疟疾治疗装置”。爱丁堡赫瑞瓦特大学在3D干细胞打印领域获得新突破，这一成果或有助医生给出针对患者自身特点单独定制药物的给药方案，同时也会导致对医学动物测试需求的减少。

（三）俄罗斯

俄罗斯在3D打印领域的一些技术上处于国际领先地位，但目前俄罗斯联邦政府并未推出任何关于3D打印方面的国家战略，也没有将3D打印列入国家关键发展技术名单。但是，一些重工业发展较好的地区正在积极推动3D打印产业的发展，致力于将3D打印应用到传统工业中。

俄罗斯联邦政府支持的3D打印中心建设项目主要有两个，一个是俄罗斯教育和科学部支持的技术中心，另一个是俄罗斯国家工业和科技集团（ROSTEC）战略投资基金支持的3D打印工厂。同时，俄罗斯政府还计划在其他大学内建立类似的技术中心，大多数技术中心位于莫斯科，包括莫斯科物理技术学院、莫斯科国立科技大学和莫斯科工程物理学院等大学校内，其余的将选择放在喀山、圣彼得堡、弗拉基米尔等城市。ROSTEC基金计划通过子公司Shvabe光学仪器控股集团支持建设一个3D打印工厂，该工厂位于克拉斯诺戈尔斯克，主要涉及利用3D打印制造数码相机零部件、摄像机镜头、医用光学仪器等。除了联邦政府支持的项目外，俄罗斯地方政府也在积极支持3D产业的发展。譬如，沃罗涅日地方政府计划在Maslovsky技术园区设立一个增材制造生产中心，旨在推动工业领域3D打印应用的发展，提高俄罗斯3D打印产业的国际竞争力。叶卡捷琳堡地区将建立一个激光和增材制造工程中心，目前项目已经进入第二阶段，该工程中心的目标是到2017年获得上百个专利、培养600名增材制造领域的大学生、推出50多个增材制造项目、营业额达460万欧元。

俄罗斯在激光领域的许多研究机构与德国的机构齐名，在全球处于领先地位，著名的光纤激光器供应商IPG Photonics公司就是来源于俄罗斯。因此，尽管3D打印领域的研究机构数量不多，但由于激光和3D打印机之间的特殊联系使得俄罗斯企业在这一领域占据了全球战略性地位。在一些技术领域，如粉末床熔融技术、直接金属激光烧结技术（DMLS）和选择性激光熔化成型技术（SLM）等，俄罗斯处于世界领先的地位。在原材料方面，俄罗斯激光与信息技术研究所以及基础研究基金会实现了石膏粉末和砂岩粉末混合物的研发；国家科学和技术大学开展了适用于 Z Corporation 公司机器的砂岩粉末替代品的研发；罗蒙诺索夫莫斯科国立大学实现了使用基于碱金属材料的 3D 打印；还有研究人员开始分析激光和粉末质量对产品的影响，以寻求自主生产。此外，俄罗斯的研究机构还在研究 3D 打印领域的尖端应用，如通过选择性激光烧结技术（SLS）使用金属纳米粒子打印燃料电池和氢蓄电池（俄罗斯科学院）；医疗领域的应用，如通过激光近形技术（LENS）打印基于钛和镍的多孔材料输送药物（列别捷夫物理研究所）、通过选择性激光烧结技术（SLS）打印蛋白植入物（激光与信息技术研究所）、与巴西和拉脱维亚合作实现了器官打印等。

（四）印度

印度 3D 打印产业仍处于起步阶段，市场规模小且发展缓慢，3D 打印设备数量仅占亚洲 3D 打印设备保有量的 3%。尽管如此，印度 3D 打印方面的需求正在日益增加，并且预计随着 3D 打印系统变得更快和更容易使用、性价比更高，印度 3D 打印市场将得到可观的增长。目前，以 Imaginariuma、Marcopolo Products 和 3DPD/Total Prototyping 为代表的一些印度企业在 3D 打印方面已有突出表现，并且印度的国家研究机构已经启动了 3D 打印方面的项目，譬如国家设计学院、印度理工学院、国家时尚技术研究所等。此外，在公共机构方面，印度增材制造联盟也在积极推动技术创新，通过组织会议等方式提高产业意识。印度 3D 打印应用主要集中在医疗、首饰和汽车领域，3D 打印技术主要被当成是实现设计和完善产品的工具。

第三节　简要评析

一、3D打印行业增长速度可观

3D 打印行业总体收入近几年复合增长率超 30%，行业发展迅速。市场研究公司 CONTEXT 发布了一份全球 3D 打印市场的分析报告。该报告显示，2015 年前三季度全球 3D 打印机的出货量与去年同比增长了 35%，达到 173962 台，为 3D 打印市场 19 年来的最高增长速度。3D 打印收入主要分为产品收入和服务收入，行业发展初期，服务收入占比略高，但随着行业的进一步发展，两者收入均实现了稳定同步的增长，各占半壁江山。

二、3D打印应用行业分布广泛

3D 打印在加工应用领域发展相对成熟，广泛分布于各行各业。3D 打印下游产业最主要的是消费商品和电子类、车辆类以及医疗 / 口腔医学教学、飞行器等。

3D 打印在汽车行业正由小批量原型制造向功能性部件制造转变，应用价值逐渐提升。汽车制造商是增材制造技术的最早使用者之一，过去几十年汽车制造商多将 3D 打印技术应用于小批量原型制造。但最近几年，各大领先的汽车制造商开始加大 3D 打印技术的使用步伐，向更高价值的应用转变，3D 打印在汽车行业的应用正从用于最终检查和设计验证的相对简单的概念模型，演进到用于测试车辆、发动机和平台的功能性部件，提高汽车的整体制造工业。预计到 2019 年，3D 打印汽车行业收入将超 10 亿美元。此外，汽车行业是 3D 打印的原型零部件的主要生产者，每年汽车行业将生产超过 10 万件原型零部件和添加制造的模具。目前汽车行业在 3D 打印材料中投入约 9900 万美元，预计到 2019 年，3D 打印材料在汽车行业所创造的总收入将达到 3.76 亿美元。据相关推测，到 2019 年，销往汽车行业的 3D 打印机的总收入将达到 5.86 亿美元。

3D 打印应用于医疗领域，提供个性化服务。目前医疗行业 3D 打印技术的应用主要包括医疗模型、诊疗器械、康复辅具、假肢等无须留在体内的医疗器械，骨骼、软骨、关节、牙齿等个性化永久植入物和 3D 生物打印出来的具有生理功能的组织结构三大类。市场研究公司 SmarTech 发布的关于医疗行业的 3D 打印报告显示，截至 2015 年初，用于医疗的 3D 打印材料销量已达到 5000 万美元，受定制化的医疗植入物和 3D 打印器官模型强烈市场需求，预计到 2020 年，3D 打印材料销售收入将增加近 7 倍，达到 3.45 亿美元。此外，亚太地区用于医疗领域的 3D 打印机销售收入将达 9500 万美元，用于医疗应用的 3D 打印机出货量将翻一倍达到 2200 台。

3D 打印技术，特别是金属直接快速成形工艺是航空航天领域的应用热点，在航空航天制造领域具有独特优势。这是由于 3D 打印能够方便地加工高熔点、高硬度的高温合金、钛合金等难加工材料，生产出的零部件满足航空航天装备严格甚至苛刻的要求；3D 打印加工过程的材料利用率高，能够大幅度节省原材料，显著降低制造成本；3D 打印工艺制造速度快，生产周期相对较短，能够满足对航空航天产品的快速响应要求；3D 打印快速凝固特征可提高金属零件的机械性能和耐腐蚀性，可在不损失塑性的情况下使零件的强度得到较大提高。但目前，3D 打印航空航天领域制造占比较低，应用潜力巨大。目前各大航空航天领域制造商纷纷涉足 3D 打印领域，进行飞行器和发动机的零部件增材制造，但总体占比仍较低。技术咨询公司 ICF 国际航空业务的副总裁表示，总的航空零部件市场大约 1500 亿美元，而增材制造目前在航空航天领域的占比仅约为 0.002%。技术的进步将进一步推动航空航天增材制造利用，行业观察家 SAXENA 预计在未来十年内 3D 打印的零部件在航空航天零部件市场将达到 20 亿美元。

三、3D打印发展潜力巨大

3D 打印发展潜力巨大，预计 2018 年 3D 打印收入将达百亿美元。目前，3D 打印仍处于行业发展初期，距离颠覆传统制造业仍有距离。现阶段的 3D 打印技术，特别是应用于消费级 3D 打印机上的技术，仍处于初级阶段；工业级 3D 打印离颠覆传统制造业也有很远的距离。

从短期来看，3D 打印还不足以改变现有的制造模式，其意义在于通过降低生产成本以及降低创新风险对原有制作模式进行升级。从大规模制造角度来说，3D 打印的改变主要体现在对设计环节的升级，让创新变得更加容易。大规模制造目前仍是世界经济发展的支柱，其基础是规模经济。因此大规模生产是一个集中的流程，生产主要集中在工厂，产品设计主要集中在专业公司。大规模制造的优势是标准化生产，生产效率高，但是其规模性、复杂性、生产环节的刚性使得创新具有一定的风险性，很多大型制造企业在创新方面都比较谨慎。以前的原型成型是一个周期较长、成本高昂的过程，对于制造商来说是有风险和成本的，而 3D 打印原型制造将慢慢取代原有的原型制造。同时，3D 打印可降低成型成本且降低新产品推向市场的风险，现在 3D 打印机可以制作复杂的和不常见的形状，使得设计师能够更容易实现梦想。从手工生产角度来说，3D 打印是一个很好的替代。手工生产满足个性化需求，但主要存在的问题是生产效率低。3D 打印也满足个性化需求，但其生产效率要高出手工制造很多倍。

从长期来看，3D 打印将与互联网结合，推动生产模式的变革。基于互联网技术的云制造成为最有可能的突破点。云制造支持制造业在广泛的网络资源环境下，为产品提供高附加值、低成本和全球化制造的服务，能够推动制造由集中走向分散。云制造环境下，制造商可以根据项目的特别需求，构建一个临时的集合，那时，规模经济不再决定商业模式，因为每部分的生产成本相同。云制造是未来工业的商业模式，也将实现大规模制造和手工制造两条平行生产模式的融合，而3D 打印技术将是未来商业模式——云制造——的重要推动者。

政 策 篇

第二十五章　2015年世界信息化政策环境分析

第一节　基础设施

在现代信息社会的运行中，信息基础设施几乎是一切信息交换、经济社会生活的基本依托，是知识型经济、网络化社会、数字化生活、服务型政府最起码的物理支撑。一个高质量、高速度、高服务的信息基础设施可以提高信息交流效率，降低科技创新成本，释放信息化社会发育和创新型社会的成长。世界银行认为信息基础设施的作用可以与公路、铁路、电力曾经对经济和社会所起到的作用相提并论，这些重要的基础设施改变了居民、公司、政府的行为方式，创造了新的经济活动形态[1]。因此，各国纷纷采取有效政策和措施推进信息基础设施的建设。

一是为信息基础设施的建设和普及提供良好的政策环境。为顺利完成"欧盟数字化战略"，欧盟鼓励成员国建立超高速宽带网络。包括：鼓励各成员国技术创新，并采取技术中立原则，允许在不同的技术平台上建设下一代超高速宽带网络；允许成员国在有利于公平竞争，并且能够极大改善现有网络的条件下，使用公共资金建设超高速宽带网络；鼓励并保护私人投资。为了约束欧洲地区部署超高速宽带成本，欧洲委员会（EC）出台了一系列约束性措施，包括：加大基础设施共享程度，尽量与已有公共设施运营并愿意投资的运营商合作；统筹建设，与土建工程的建设实现协调发展；减少许可证发放手续，提高许可证发放效率；对已有高速网络基础设施进行大规模整修，以保证其工作状态。欧盟委员会的沃尔夫——迪特里希·格鲁斯曼（Wolf-Dietrich Grussman）表示，新规则能够增加

[1]　世界银行集团，信息基础设施发展项目，http://www.worldbank.org/projects/P048715/id-information-infrastructure-development-project?lang=en。

超高速宽带的部署（20%—30%），并为提供商节约400亿—600亿欧元的成本，对扩大超高速宽带的覆盖范围至农村地区大有帮助。

二是在推动信息基础设施建设和发展的基础上，推动宽带业务和内容的飞速发展。近日，欧盟委员会委托市场研究机构HIS进行了欧盟宽带接入情况调查，报告称在覆盖可用性方面，欧洲的下一代宽带和LTE覆盖取得巨大进展。调查显示，截至2015年初，欧盟固定宽带覆盖平均水平高达97%，而在31个欧洲国家中，19个国家的固定宽带覆盖水平处于或高于欧盟平均水平，27个国家的固定宽带覆盖了至少90%的家庭[1]。现阶段，日本积极推动以光纤接入为核心的宽带网络和服务，为客户提供充足带宽资源，并推动宽带业务和内容快速发展。日本允许用户自行选择不同的ISP，鼓励电信运营商挖掘网络和业务资源，提供多接入方式组合、差异化服务，以提高自身的服务提供能力。目前，日本电信公司（NTT）致力于IPv6新型业务的研究，主要面向家庭网络和企业应用，提供企业应用、CUG（Closed User Group）、可管理的IP业务、家电应用等。

第二节　信息技术及应用

近年来，全球信息技术创新热度不减，以大数据、云计算、移动互联网、物联网等为标志的新一代信息技术革命持续发酵、扩散，推动颠覆性产业变革和国际格局的重塑。在信息技术的推进中，对技术的应用是关键。各国为推动信息技术及应用的快速发展，采取了一系列的政策和措施。

一是物联网技术和SD-WAN技术助力智能城市发展。随着物联网技术的飞速发展，能够将城市基础设施和传感器连接起来，随时反映出城市的运行状态，助推智能城市的发展。英国鼓励物联网的发展，如英国白金汉郡的米尔顿凯恩斯镇与跨国公司英国电信（BT）签署一项合同，将针对物联网建立一个全新的公共网络，目前正在建立15个网络站，可以接收从洗衣机到停车场中全部的传感器信号。Gartner发布物联网终端发展报告称，到2015年底，物联网终端设备超过了60亿，同比增长30%，及至2020年，全球物联网设备的数量可能将达到208亿。物联网在城市中的部署对网络有着诸多要求，比如需要有一个可靠且价

[1] 欧盟，欧盟宽带接入的调查报告，2015-02-09，http://ec.europa.eu/newsroom/dae/document.cfm?action=display&doc_id=8703。

格低廉的网络，能够精准地收集全部传感器产生的所有数据，并保证所有数据即时上传。要解决这些问题，广域网简化技术就变得非常重要，SD-WAN（软件定义广域网）技术应运而生。美国成立了开放网络基金会 ONF，主要致力于推动 SDN（Software Defined Network）架构、技术的规范和发展工作。这是一项新的网络变革技术，用软件重新定义网络能力，使网络从静态走向动态，批量收集数据。全覆盖的虚拟网络可以将数百万计的物联网终端和智慧城市应用程序都托管于云端，进而辐射基础设施服务、平台服务和软件服务，为智慧城市提供全方位的支持。

二是通过互联网平台解决纠纷促进跨境电子商务发展。欧盟委员会的数据显示，约 60% 的欧洲电子商务商家因为担心跨境法律纠纷，没有在欧盟其他国家开展业务。为了鼓励电子商务零售商做更多的跨境贸易，帮助消费者解决购物纠纷，欧洲委员会搭建了一个互联网平台，并免除了消费者的高昂法律费用。通过欧洲委员会发布的新平台，消费者与电子商务商家在与本国内或其他欧盟国家经营的公司发生网上交易纠纷时可以在线投诉。比起到法院起诉，该平台为解决消费者和商家之间的纠纷提供了一个快捷、便宜的途径，并且法律裁判可以在 90 天内审查和解决这些投诉。欧盟司法委员会委员维拉·朱若娃（Vera Jourova）评论道："2015 年有三分之一的消费者在网上购物时遇到纠纷，但几乎四分之一的人没有进行投诉。主要原因是这些消费者认为投诉的过程耗时太长，或者认为他们的投诉不大可能得到解决。而这个新发布的在线平台对消费者和商家来说，都将是省钱省时的。"

三是大数据技术加快社会管理信息化建设。大数据能够通过改进政府机构和整个政府的决策，提高政府工作效率，为民众更好地服务。政府机构可以将大数据作为应对信息分析挑战的信息技术解决方案，利用大数据聚集多渠道海量数据，通过挖掘和分析，以快速获得关键、准确的深刻见解，从而改善政府的各项关键政策和工作。医疗方面，美国卫生部门通过大数据技术，对建立的电子健康档案进行分析、挖掘，以高效地对慢性病如糖尿病病患提供健康服务，并应对越来越庞大的医疗需求，以在减少医疗成本的同时不断提高医疗质量和效率。交通方面，美国交通部正研究如何利用大数据技术对数据进行挖掘，对交通信息进行预判，以使驾驶更安全，交通堵塞更少，减缓全球气候变暖，节约时间和金钱。

四是高速网络推动教育进入数字时代。美国总统奥巴马推出致力于改造美国教育的"连接学校"倡议（ConnectED），美国公共和私营部门承诺为该计划投资超过 100 亿的资金和实物。该倡议的目的是为了确保美国的学生在学校和图书馆能够接入宽带，用上价格实惠的设备和高质量的数字教育内容，并为教育工作者向基于数字技术的教学环境转变提供支持。联邦通信委员会通过 E-rate 项目提供对学校升级高速和无线宽带基础连接所需的基础设施投资，推动 ConnectED 计划获得了显著的进展。仅 2014 年、2015 年两年，联邦通信委员会便拨款 20 亿美元，其中，四分之三在 2015 年内被分配给学校，大幅度地扩大了学校和图书馆周围的 Wi-Fi 网络覆盖范围和深度。美国教育部（DOE）发行了新的数字资源，以及关于采用和实施数字资源的指导说明，并与卓越教育联盟（Alliance for Excellent Education）合作举办了 12 场地区性的峰会，总计吸引超过 1900 名教育领域的领导人参加。峰会致力于发展和实施数字教育资源开发等行动计划，使美国 44 个州内的相关学区通过技术的应用实现个性化学习。

第三节　网络与信息安全

2015 年的网络安全隐患层出不穷，网络犯罪波及范围、严重程度呈扩大趋势，黑客组织规模及技术手段日益精进。网络犯罪变得更加专业化、规模化、组织化，以 ISIS 为代表的恐怖组织也加入了网络攻防战。各国随之加大了网络安全建设力度，将网络安全上升到国家安全高度。

一是成立网络安全组织，出台相关法令。2015 年 3 月，英国国防科学与技术实验室建立了新的实验计划，该计划致力于在英国关键技术设施中寻找漏洞，并对这些漏洞进行评估，以完善网络攻击应对体系。4 月，法国政府通过法令，要求包括银行、电信运营商及连锁零售企业在内的对国家安全具有战略意义的企业向法国国家信息系统安全局报告所遭遇的入侵事件。5 月，美国商务部工业与安全局公布《瓦森纳协定》的修改草案，修改后的协定要求美国企业或个人向境外厂商报告漏洞情况之前要预先申请政府许可，否则将被视为非法。10 月，美国国会参议院通过《网络安全信息共享法案》，该法案允许政府和公司共享黑客攻击信息。12 月，欧盟通过《网络信息安全指令》，要求互联网企业上报严重入侵事件，该指令将提高能源、交通、金融等关键基础设施行业供应商的安全标准。

二是制定未来网络安全发展计划。2015 年 4 月，欧盟委员会推出 2015—2020 年安全计划，以应对恐怖袭击、有组织犯罪和网络犯罪三大主要威胁，其主要任务和手段是阻止极端主义、阻断犯罪分子的资金来源、加强与情报部门的对话和国家间的情报交流、强化网络犯罪监控以及提高欧洲刑警组织的行动能力等。5月，日本政府举行会议制定新的《网络安全战略》，提出“主动遏制恶意行为的自律性”、“政府和民间加强合作”等举措，并在物联网、能源、机械等领域重点采取网络安全措施。

三是加强人才招募和培养，扩充网络部队规模。2015年5月，英国政府通信总部发布首次招聘计划，招募计算机网络人才，用以侦测和预防针对国家关键基础设施和政务系统的重大网络攻击，打击网络犯罪。同月，美国联邦人事管理局批准了美国国土安全部在2016年6月底前招募1000名网络安全专家的计划。7月，英国政府通信总部认证了6个网络安全硕士学位，使英国可以设置相关硕士学位的大学达到12所。

四是借助企业力量，保护关键数据。2015年2月，欧洲网络犯罪中心宣布与安全公司AnubisNetworks达成谅解备忘录，就专业技术、统计资料及其他战略信息展开交流，共同对抗网络犯罪所带来的全球威胁。同月，欧洲网络犯罪中心开展与微软、赛门铁克等企业的合作，联手关闭感染了欧洲成千上万台计算机的Ramnit僵尸病毒服务器。此次合作打击行动是政府组织和私营企业之间进行国际合作、对抗网络犯罪的成功典范。11月，英国政府公布新版《调查权法草案》，草案要求互联网公司和手机制造商拦截和收集通过其网络传播的个人数据，并永久保存。在安全机构向其调查国家安全相关事项时，有责任和义务提供这些数据。

第四节　信息资源开放共享

信息资源开放共享就是政府向社会公布自有且非涉密的数据和信息，包括政府投资数据、农业数据、金融数据、能源数据、教育数据、交通数据、医疗数据、天气数据、GPS数据等。开放政府数据，不仅可以提高政府透明度，提升政府治理能力和效率，还可以促进社会创新，带动经济增长。从世界各国数据开放的情况来看，信息资源开放共享主要呈现出四大特征：联合行动，逐步开放；主动承诺，迅速推广；统一门户，单一入口；围绕民生，关注需求。

一是联合行动，逐步开放。自从英国、美国等八个国家联合签署《开放数据声明》，成立开放政府合作伙伴后，越来越多的国家和地区纷纷加入该组织。该组织成员不仅包括美国、英国、法国、奥地利、西班牙等发达国家，也包括印度、巴西、阿根廷、加纳、肯尼亚等发展中国家，还包括国际组织欧盟、经合组织、联合国、世界银行等组织。截至 2015 年底，开放政府合作伙伴组织成员已超过 69 个，并不断增加中。

二是主动承诺，迅速推广。通过数据资源的开放共享，一国政府可以更好地了解其政府开支情况、土地交易和管理情况以及自然资源使用情况。因此，美国、英国、法国等国政府纷纷做出共享信息资源的承诺，并发布相应的行动计划，主动做出开放数据的各项承诺。

2015 年 10 月，美国政府在开放政府合作伙伴组织全球峰会上发布了《开放政府合作伙伴——美国第三次开放政府国家行动方案》，方案中美国政府承诺将进一步向公众开放数据资源，制定开放数据指南以方便公众获取、查找、使用数据资源。英国政府发布了《八国集团开放数据宪章 英国行动计划》，在计划中承诺将要发布高价值数据集、通过分享经验和工具来支持国内外开放数据创新者和为政府数据建立一个国家级的信息基础设施。

三是统一门户，单一入口。各国数据门户网站普遍采用建立统一的政府开放数据门户来集中开放可加工的数据集，而且网站域名中都普遍带有“数据”和“政府”字样，如 data.gov（英语），datos.gob（西班牙语）等。通过开放数据门户网站，公众可以获得大量的可机读数据集、应用程序等资源，有些数据门户网站还设置了供开发人员参与和公众反馈的专栏。截至 2015 年 11 月中旬，新加坡实现了全国范围内的整合，并在其数据开放门户网站上开放了来自 70 个部门的 11974 个数据集和 100 多个应用程序。截至 2015 年 2 月，美国的数据门户网站 data.gov 上开放了来自 175 个部门的 88137 个数据集和 349 个应用程序（其中包括 140 个移动应用），到 2015 年 11 月 12 日，美国数据门户网站上的数据集已迅速增长至 18.9 万个。截至 2015 年 11 月 12 日，在英国的数据开放门户网站 data.gov.uk 上，共开放 24936 个数据集，包括开放政府许可证数据集 15063 个，非开放政府许可证数据集 5824 个，非公开数据集 4049 个，应用程序 384 个。印度通过全国统一的数据开放门户网站实现数据开放（data.gov.in），共开放了 18415 个资源，3761 个目录，98 个部门参与，达到了 472 万次的阅读量，186 万次的下载量，可视化应用达 641 个。

四是围绕民生，关注需求。数据开放运动可以提高政府数据免费试用率，从而带动创业、创新，生产出提高民众生活质量的工具和产品，更好地满足公众的需求。公众的需求大多与国家的社会体制和经济发展状况相关，因此，各国所开放的数据中，围绕民生需求的数据占比最大。如：截至 2015 年，美国数据开放门户网站中所开放的门类包括了地方政府、农业、制造业、商业、教育、公共安全、科研、能源、金融、医疗、消费者、气候、生态系统、海洋等十四大类。新加坡 2015 年 11 月最新版的数据开放门户网站，不仅通过可视化图表来展示数据，将数据集分类为发展、经济、教育、环境、金融、医疗、社会、技术、交通等九大类，还可以让公众便捷地查询公交的实时位置，以方便公民的日常出行。

第二十六章　2015年世界信息化重点政策解析

第一节　国际电联：2016—2019 年的战略规划

国际电联全权代表大会发布了“国际电联 2016—2019 年战略规划”，规划中明确了国际电联的使命：通过推动资费的大幅降低，促进电信 / 信息通信技术网络和服务的普遍接入，为社会、经济和环境实现可持续发展服务。规划还提出在 2016—2019 年期间，国际电联将通过实现以下四项总体目标完成其使命。

一是大力提高电信与信息通信技术（ICT）的普及率。鉴于电信与 ICT 在社会、经济和环境可持续性发展中发挥着越来越重要的推动作用，国际电联将努力提高电信与 ICT 的普及率。普及率的提高会对社会经济的发展产生诸多积极影响。国际电联及其成员将努力与电信与 ICT 环境中所有利益有关方协同合作，来实现这一总体目标。该总体目标还分为三个定量指标，分别为：到 2020 年，全球互联网接入的家庭普及率达到 55%，全球 60% 的人口使用互联网，全球电信与 ICT 的价格可承受性提高至 40%。

二是缩小地区间数字化差距，弥合数字“鸿沟”。以“努力确保全球所有人受益于电信与 ICT”为目标，国际电联将努力缩小全球各地区间的数字化差距，向全民提供宽带网络与应用，使人人用上宽带网络。这一工作的重点是提高全球电信与 ICT 的包容性，主要针对的群体是所有国家和地区包括妇女与儿童、不同收入水平的人们、原住民、老人和残疾人等边缘和弱势群体在内的所有人，要提高电信和 ICT 在这些人中的接入率和使用率。该总体目标还分为五个定量指标，分别为：到 2020 年，发展中国家互联网接入的家庭普及率达到 50%，最不发达国家（LDC）的家庭互联网接入普及率达到 15%；发展中国家 60% 的人口使用互联网，LDC 20%的人口使用互联网；在电信与ICT价格可承受性方面，发达国家与发展中国家之间的差距下降40%，发展中国家的宽带服务成本不超过人们月平均收入的5%；宽带网络业务在全球农村的人口覆盖率达到90%；实现互联网用户的性别平等，在各国形成确保残疾人获取电信与ICT服务的有利环境。

三是密切合作应对挑战，提高电信与ICT的可持续性。电信与ICT高速发展为社会和经济带来了一系列挑战，为了应对这些挑战，使电信与ICT服务的使用更加的安全、更加的具有可持续性，国际电联认为要强调与所有组织以及实体密切合作，推广电信与ICT的有益使用，并最大限度地减少网络安全威胁以及电子废弃物对环境的负面影响。该总体目标分为三个定量指标，分别为：到2020年，网络安全就绪水平提高40%；过剩的电子废弃物总量减少50%；电信与ICT部门每个设备的温室气体排放减少30%。

四是加强合作创新，为电信和ICT发展营造良好环境。过去，电信与ICT市场监管机构的职能主要是对网络以及服务的使用进行管理、确保市场的公平竞争、保护消费者的利益、推动网络以及服务普遍接入；随着电信与ICT的高速发展，电子内容、网络安全、数据保护、隐私以及环境问题已经进入到电信与ICT市场监管机构的管理范畴，为电信与ICT市场相关利益方带来了很多新的突出的市场监管问题。针对这一问题，国际电联认为应该加强与其他实体和组织的接触和合作，强化电信与ICT生态系统创新并为其发展营造一个良好的环境，使得新兴技术的进步以及战略伙伴关系成为2015年以后发展议程的主要驱动力。该总体目标还分为两个定性指标，分别为:到2020年，建立有利于创新的电信与ICT环境；建立电信与ICT环境中各个利益攸关方有效的合作伙伴关系。

第二节　美国：美国创新战略

2015年10月底，白宫发布了2015年版《美国创新战略》(New Strategy for American Innovation)，该战略由国家经济委员会和国家科学与技术政策办公室合编。战略指出，美国长期以来都是创新者的国度，经济增长和国际竞争力均依赖于创新能力，为了保持这一地位，美国需实行新的创新战略。新的创新战略包括三大创新要素——创新基石、私营部门和创新者，这一战略的创新目标在于提升就业、拉动经济，从而实现优先领域突破和建设创新型政府。2015年版《美国创新战略》中强调将美国打造成创新型政府和创新者国家，计划加大对于基础研究、STEM（科学、技术、工程、数学）教育的投入力度，并建设以宽带、无线技术为代表的世界一流数字基础设施；为了扫清国家创新的障碍，政府还拓宽了人才引进机制，并推出了创新型企业税收优惠等政策，并施行措施向公众开放包括联邦政府数据等一系列的政府信息资源；为了鼓励美国普通民众积极投入到创新活动中，美国联邦政府将进行种子投资，以使私营部门能够创造更多的产业和工作机会，确保所有美国人从创新经济中受益。

在本创新战略中，美国政府确定了九大优先发展领域：

一是先进制造。奥巴马政府提出一个一揽子计划以重振美国制造业，包括为了恢复美国在高精尖制造业创新中的领先地位而推出国家制造业创新网络，加大对供应链创新的投入，支持技术密集型制造企业扩大规模等等。

二是精密医疗。借助精密医学的帮助，临床医生可以更好地了解病人的身体状况，包括健康程度和疾病细节，更好地评估病情，提出更科学有效的治疗方法，还可以预测该治疗方法的效果。2016 年，美国计划向精密医疗投资 2.15 亿美元，以推动基因组学、大型数据集分析和健康信息技术的发展。

三是大脑计划。随着社会和经济负担的加大，神经疾病的发病率居高不下，为了解决这些问题，开发新的治疗方法是关键。为了协助科学家通过基因对大脑进行全方位的认知，帮助医生更好地诊断和治疗神经类疾病，美国政府在 2016 年预算 3 亿美元支持大脑计划。

四是先进汽车。据统计，超过 90% 的交通事故是由于人为错误造成的，机器智能决策反应速度和精度远远高于人类，将其引入汽车系统中，可以大幅度提升交通的安全性，每年可以挽救成千上万人的生命。为了将车对车通信和尖端自主驾驶技术投入商用，加速先进汽车技术的开发和部署应用，需要在物联网、云计算和大数据等方面实现突破式发展。2016 年，美国将大幅度增加对先进汽车的财政投资，支持先进汽车技术研究和安全标准研究，以提升全自动汽车的性能和安全。

五是智慧城市。智慧城市通过运用 ICT 技术手段感知，分析城市运行各系统的关键信息，以实现城市智慧式管理和运行。目前，越来越多的数据科学家、技术人员、城市管理者和企业参与到“智慧城市”建设方面的研究。美国政府 2016 年将投入 3000 多万美元财政预算用于“智慧城市”相关研究并在城市中部署先进的信息基础设施。

六是清洁能源和节能技术。在过去的六年里，美国来自风能和太阳能等清洁能源的电量增加了20多倍。为了鼓励投资向气候变化解决方案倾斜，联邦政府决定通过开发并完善清洁能源技术，在保证美国能源安全的前提下，继续保持新能源生产量增加的势头，并加大节能技术的投入，以提高能源利用率。

七是教育技术。经美国国防部高级研究计划局统计，在过去五年间，经受过数字化训练的海军学生比98%的通过传统训练的海军学生表现要更为优秀。美国2016年将投资5千万美元建立教育高级研究计划局（ARPA-ED），以在教育领域实现新技术突破，为了保证计划的顺利进行，美国政府还准备在2018年之前为99%的学生接通高速宽带网络。

八是太空探索。美国政府认为太空技术的研发至关重要，因此，美国国家航空航天局（NASA）除了计划在2017年之前重点投资发展商业载人太空运输技术外，还投资了包括如何保护宇航员免受太空辐射、先进推进系统、生命维持系统等多项研究。2016年，美国财政预算共投资约20亿美元给NASA，分别用于商业航天计划和太空技术任务理事会。

九是计算机新领域。高性能计算（HPC）能够大幅度改善公共服务，推动经济发展，提升社区环境和安全，促进科学发现。2015年，奥巴马政府为了鼓励前沿计算技术的研发和部署，制定了国家战略性计算机计划（NSCI），向HPC研究进行投资，以应对技术发展所面临的挑战。

第三节　美国：国家制造创新网络计划战略计划

2016年2月，美国商务部部长、总统行政办公室、国家科学与技术委员会、先进制造国家项目办公室联合向国会提交了《国家制造创新网络年度报告和战略计划》。《计划》综合了国家制造创新网络各个利益相关方的反馈与建议，表达了国防部、能源部等计划参与部门和波音、洛马、GE等工业领袖对该计划未来至少三年该如何发展美国制造业的共识。《计划》还提出了实现这些目标的方法手段，并设计了评价该计划效果的标准。

《国家制造创新网络计划年度报告》中描述了《计划》的历史和现状，以及各个制造创新机构的详细情况。报告中涉及的七家机构都是2015年9月之前组建的，包括位于俄亥俄州杨斯顿的国家增材制造创新机构，关注增材制造和 3D 打印技术；位于伊利诺伊州芝加哥的数字制造与设计创新机构，关注数字设计与制造的集成；位于北卡罗来纳州罗利的下一代电力电子制造创新机构，关注基于宽能带隙半导体的电子器件；位于密歇根州底特律的美国轻质材料制造创新机构，关注轻金属制造技术；位于田纳西州诺克斯维尔的先进复合材料制造创新机构，关注先进纤维增强聚合物复合材料；位于纽约州罗彻斯特的美国集成光子制造创新机构，关注集成光子电路制造；位于加利福尼亚州圣何塞的柔性混合电子制造创新机构，关注半导体与柔性电子器件的制造和集成。

《国家制造创新网络计划战略计划》列出了美国在今后一段时期制造创新网络计划的战略目标，涵盖了四个大的方面，包括提升竞争力、促进技术转化、加速制造劳动力、确保稳定和可持续的基础结构。具体如下：

一是提升美国制造的竞争力。重夺前沿制造技术和高端制造产业的全球领导地位是国家制造创新网络计划的重要目标，因此大力发展技术和产业生态系统，抢占基础材料、工艺、软件和元器件制造的先进地位是本战略计划的重中之重。为了保持美国在这些项目上的国际领导地位，《计划》提出要支持美国本土制造业发展，扩大美国本土制造产品的生产能力，并大力培育美国在先进制造中的技术、研究和创新能力。

二是提高创新技术在本土制造企业中的转化能力。美国政府认为，技术转化与技术开发是一个连续的过程，即技术只有形成商业化应用或进入规模化生产，才能完成一次创新过程。因此，比起单独的技术创新，美国更注重创新链条的发展。在该《计划》中，着重强调了对创新环境的支持，主要包括向美国制造商提供经验证的制造能力和资本密集型基础设施；促进在制造商中间的解决先进制造挑战的最佳实践的经验交流与共享；促进支持美国先进制造的标准与服务的发展。

三是加速先进制造劳动力的发展。人才是“美国制造”发展的关键，通过完善制造课程体系，搭建职业路径系统，使美国高等和中等教育更加务实，更加适应未来全球先进制造业的竞争环境。为将创新技术落地，需要大力培养科学、技术、工程和数学相关工作的未来工人；支持、扩展和交流相关的中等和高等教育途径，包括资格鉴定与认证；支持州立、地方教育和培训的课程体系与先进制造技能组合要求的协调；大力培养先进知识工人，包括研究人员和工程师；充分研究“美国制造”发展方向，确认下一代工人所需的能力。

四是支持制造创新机构构建稳定、可持续发展的商业模式。制造创新机构是各级政府、工业界、学术界共同搭建的资源和服务共享平台、孵化器，不能一味依赖政府投资，而是要吸引中小企业和初创企业的参与，充分保护和利用知识产权以吸引工业界资金，以保持稳定的、可持续发展的商业模式。

第四节　德国：数字议程（2014—2017）

德国联邦政府认为数字化创新驱动经济社会发展，并发布了《数字议程（2014—2017）》，以顺应经济社会未来发展的必然趋势，并为德国建设成为未来数字强国部署战略方向。该议程是德国《高技术战略2020》的十大项目之一，是继“工业4.0”之后德国确保未来发展和竞争力的又一重要举措。与“工业4.0”主要关注将信息技术与工业技术深度融合，以全面提高制造企业的生产率不同，“数字议程”主要目标是通过大力发展智能制造与服务、大数据和云计算技术，从而将德国打造为世界数字强国。

一、发布“数字议程”，打造世界数字强国

德国提出“数字议程”的主要目的，是希望在短期内通过挖掘数字化创新潜力促进经济增长和就业，为“工业4.0”体系建设提供长久动力。一个覆盖全国、高效开放的宽带网络能够在很大程度上推动数字技术的应用，为构建平等的生活环境、实现数字化广泛参与提供良好的基础。安全性和完整性在数字世界中是十分重要的，只有保障了这一点，才能挖掘数字化转型所带来的经济和社会潜力。因此，德国把建设成全球数字化最安全的国家作为重要目标之一。同时，该议程还以推进德国数字化社会建设为目标，以期在未来数字化竞争中保障德国持久的竞争力，将德国打造成欧洲乃至全球的数字强国。

二、大力发展数字化经济，打造欧洲数字经济龙头

德国为抢夺欧洲乃至世界数字经济龙头地位，多措并举发展数字化经济。一是推进新兴技术市场化速度。设立专项计划以推进云计算、大数据、3D打印、自动化控制和微电子等技术的市场化应用，并创新服务以对接新的商业模式；强化数字服务的安全性和保密性，开发针对大数据的安全应用以保证数字安全；为

新兴技术的研发和应用制定规范与标准，使其能够快速平滑地与传统产业进行对接。二是推动重要领域数字化。制定“智能互联”战略，在教育、能源、医疗、交通和管理等基础领域中借助 ICT 以获得更快的增长和更高的效率。具体包括推广“智能家居”应用、支持医疗企业信息化建设、以信息技术推动社会经济的可持续发展、支持创意经济和媒体经济的数字化转型、以信息技术推动电动汽车发展。三是扶持初创数字化企业发展。“数字议程”指出，为扶持初创企业发展，需要制定并推出配套的创新创业扶持政策，并设立数字经济咨询小组，为创业者和初创企业提供全方位的创业创新支持和服务。主要包括：帮助创业者加强与国际创业机构的联系，为其提供最新的信息和咨询服务；改善创业者的融资条件，采取措施鼓励具有国际竞争力的风险资本和投资人对德国创业者进行投资；指导创业者的发展方向，提高创业者和产业的匹配度。

三、构建数字化生活，开拓数字创新市场

“数字议程”指出，全体民众的共同积极参与，可以快速提升数字消费，构建未来数字化社会，从而打造培育数字创新的需求市场。联邦政府将施行数字化民主，扩大与各社会团体间的对话，通过多样化的讨论方式，倾听不同持不同意见人士的观点，改善公民数字化参与环境，以了解公众真正的担忧和期望。同时，政府还许诺通过营造现代化的媒体环境，加强各年龄段民众对数字媒体的掌握能力，从而使“数字议程”更加贴近生活，惠及全德国甚至全球民众。

四、开展数字化研发，为数字创新提供动力

科技、教育和研究是数字化技术应用的核心领域，也是未来数字化持续发展的推动器和保障。一是推动科技界的数字化转型。其主要目的是提高数字信息的获取性和实用性，主要包括完善科技基础设施，从硬件角度为科技信息的互联互通打下基础；出台新科技数字化战略，搭建虚拟研究网络，推进研究数据库、文件资料的互联互通。二是提升民众数字化素质。主要包括完善教育体系，让民众更好地适应数字化的工作生活环境，提高对媒体信息的掌握能力，包括：在公民的终身学习中增加数字媒体的教学内容，强化职业教育并增加数字化教育培训工具的使用。出台全面的“开放存取战略”，充分利用科技、研究和教育的潜力，在保障知识产权的条件下提高版权保护内容的使用效率。三是以研究推动数字化转型。推动数字世界工作模式研究，让技术与社会协同发展，包括开展提高工作

能力、创新工作流程和提升工作健康防护理念等方面的研究。在网络和数字化中的伦理、法律、经济和参与性等领域，鼓励公共研究机构开展跨学科研究，同时支持有关数字化发展机遇和风险的科学性分析研究。

五、打造数字化基础，营造数字创新环境

为保障数字化建设顺利进行，“数字议程”提出了在2018年之前建成覆盖全国且下载速度达到50M/s的高速宽带网络的目标。为达到该目标，需要加强数字化基础设施建设，拓宽投资渠道，谋求与民间资本等多方面的合作，并推出“网络扩建特别资助”融资项目以弥补农村地区网络建设资金缺口。为向所有公民提供数字化的公共管理服务，“数字议程”提出要全力推进公共管理服务的数字化转型，支持基于“伽利略导航系统”的公共管理服务应用的开发和创新。系统和信息安全是数字化的核心问题，因此“数字议程”提出，需要在网络上为企业和公民营造一个安全的环境，以保护经济和社会的信息安全，具体措施包括强化联邦信息技术安全局的工作，研发并推广便捷的安全技术，提高信息基础设施的安全可靠性以及增强用户的网络安全意识等。“数字议程”还提出要加强与德国外部的开放合作，包括与欧洲和国际的合作。如在欧盟和国际组织中推广“数字议程”，与重点国家开展双边或多边的政府间磋商，参与国际电信联盟有关决策的制定，以及参与国际互联网的治理。

第五节　英国：数字经济战略

2015年初，英国发布了《英国2015—2018年数字经济战略》，该战略由英国技术战略委员会“创新英国”主导，主要倡导以数字化创新为手段驱动经济社会发展，并在战略层面上为把英国建设成为数字强国指出了方向。为了保障战略顺利进行，英国政府计划每年安排1500万英镑的专项资金，用于支持各项创新型的商业计划项目；同时，由于Digital Catapult Centre（数字弹射中心）、Open Data Institute（开放式数据研究所）以及Tech City UK（英国科技城）对英国2015—2018年数字经济战略的实现具有重要的助力作用，英国政府还将安排1500万英镑的专项资金用于资助其进行研究。战略指出，英国接下来的首要目标是发展数字经济，并分别阐述了英国发展数字经济的五大目标，具体如下：

一、鼓励/扶持所有的数字化创新者

英国政府承诺帮助各个处于初创阶段的数字化创新者，具体措施包括帮助他们建立企业，阐明并拓展自己的想法，并帮助他们与行业内部和政府等潜在客户“牵线搭桥”。英国政府还将帮助全英国范围内所有数字化创新者研发并部署各项数字化解决方案，向他们提供去相关行业学习的机会，以交流经验，获得更好的发展。

二、建设以用户需求为中心的数字化社会

英国政府将大力扶持那些专注于用户需求的数字化创新方式，尤其是将可信度、接入性和便利性这三大方面贯穿于整个设计流程中的创新，以确保相关的解决方案能很好地解决相关市场问题。同时，英国政府也督促各个企业在进行数字化创新的过程中能够始终以用户需求为中心。

三、为个人创新者提供一切可能的帮助

除了聚焦于企业，英国政府还对所有的个人创新者提供帮助，包括专业的技术指导、业务发展指导以及提供各类相关的商务资源，以帮助他们能够专注地进行创新。

同时，英国政府还通过多项措施来提高个人创新者的数字化创新能力，主要包括以下三个方面：一是向他们提供可以管理各项交易与事务的 ICT 工具；二是向他们提供可以安全、平滑迁移数据的 ICT 工具；三是向他们提供可以连接物理世界 / 现实世界与虚拟世界的 ICT 工具。

四、促进信息基础设施、平台以及生态系统的建设

为在各行业发展数字经济，鼓励针对数字经济的投资，并对刚进入市场的创新者给予引导和帮助，英国政府将鼓励并支持信息基础设施的互联互通以及各个相关软件平台的互联互通，逐步发展数字化的生态系统，并帮助它们发展壮大。

五、确保数字经济创新发展的可持续性

英国政府提出，在数字经济战略的框架之内，除了要确保各项技术创新的应用转化效率之外，还要保证其对数字经济发展贡献的可持续性。这需要评估相关创新的社会影响、商业环境、法律环境以及政府规制环境。这就意味着需要在英

国政府 Information Economy Strategy——“信息经济战略”的框架范围内，与其他的相关组织 / 机构开展合作，将各项技术能力与技能、贸易、基础设施以及投资联系起来，置于政府的信息经济战略大环境之下。

第六节　日本：机器人新战略

日本是机器人大国，目前，日本保持着工业机器人产量、安装数量世界第一的地位，日本在机器人生产、应用、主要零部件供给、研究等各方面在全世界也保持着遥遥领先的优势。近年来，发达国家（欧美）以及中国等新兴国家，纷纷将机器人视为经济增长的推动力，纷纷发布了机器人发展相关战略和计划，美国政府公布了《国家机器人计划（National Robotics Initiative）》，欧洲委员会与企业和研究机构共同成立了“欧盟 SPARC”，中国发布了“智能制造 2025”战略。

为了掌控新机器人应用的主导权，日本于 2015 年初公布了《机器人新战略》。战略提出，为了保持日本在机器人方面的世界领先地位，需要大力创新机器人技术、推广机器人应用，将日本建设成为世界机器人创新基地。为此，在《机器人新战略》中，日本政府提出以下几点方向：

一是实现机器人的“易用性”，即机器人能够使人们很方便地使用，并且可以根据各领域的实际需求，灵活改变功能。目前，机器人主要应用在以汽车、电子制造产业等为代表的大企业中，是嵌入大规模的生产线中的工业机器人。未来的机器人，将更多地应用于食品、化妆品和医药品行业，以及更广泛的制造领域和服务领域，这要求机器人能够适应各种各样的应用环境。为此，未来的机器人应该具有小型化、应用广泛且性价比高等特征。

二是实现“机器人无障碍社会”。人类借助机器人的协助，可以将自己从繁杂的工作中释放出来，更好地享受生活；随着信息通信手段得以进一步充实，人们的生活质量也会得到大幅提升；对城市管理者而言，大规模的使用安保机器人，可以保障区域安全，提升区域内民众的满意指数，还能够解决区域安保人员数量不足等问题，在很大程度上提升区域的安全性；日本面临着老龄化严重等问题，针对医疗护理的需求日益凸显，机器人可以实现多种高级医疗手段，并向民众提供负担较轻但质量较高的护理服务。随着机器人在社会各场景中的深入应用，机器人将越来越深入地参与到民众的生活中，包括维修、娱乐和保险等行业。

三是随着机器人越来越融入人类社会，一些社会制度也需要适时调整。随着机器人越来越融入人类社会，其应用越来越广泛，其机器人的进化也日新月异，但是相对人类来说，机器人仍然存在着较大的局限性。而目前，社会制度均为人类设计，并不适应深度融合的机器人。因此，只有营造人类与机器人协同生活的社会才能将机器人的能力最大限度地发挥出来，而这就需要对现有社会制度进行适当调整。

《机器人新战略》提出，为实现机器人革命，需要分别实现三个核心子战略，包括：提升机器人产业培育能力，加速机器人应用普及和引领世界机器人革命。

一、提升机器人产业培育能力包括营造创新环境、人才培育和面向下一代技术三个方面

（一）营造创新环境

一是成立专门的机器人创新协调机构——“机器人革命促进会”，负责协调各个相关机构，共享其进展情况，并具体推进机器人新战略。其职责还包括促进政产学研的合作，帮助用户与厂商进行对接，采集与发布机器人创新相关信息；参与起草促进机器人共同开发等国际合作方案；组织起草机器人标准，制定机器人创新管理制度和数据安全规则。二是建设机器人技术研发、应用实验室。为机器人技术的研发和应用提供宽松的空间，在实验室内，科研人员可以不受现有制度约束，从而能够自由地进行试验。同时，与日本科技创新推进小组密切合作，制定与科学技术和创新有关的机器人发展整体战略。

（二）人才培育

人才是创新的关键，《机器人新战略》提出要大力培育系统集成、软件编写等机器人创新技术人才，以保障机器人革命的成功开展。具体措施包括：增加既有技术又有经验的高级人才储备，以满足应用机器人的生产线设计需求；制定机器人创业创新人才的扶持政策，完善职业培训和职业资格制度，为学员增加现场安装机器人的机会，通过参加实际项目培育系统集成人才和机器人安装实施人才；广泛普及机器人知识，营造机器人文化环境，使大众理解机器人的工作原理，形成与机器人共同协调、共同生活的机器人文化。

（三）面向下一代技术和标准

在变化极快的机器人与人工智能领域中，为使日本保持机器人大国的地位，需要积极面对下一代的技术并制定标准。一是推进下一代技术的研发。在研究人工智能、感知与识别、驱动（伺服电机）以及控制等机器人核心技术的同时，还需要关注能源、材料、通信、安全、大数据、人机接口等目前尚未被纳入到机器人技术体系的广阔领域。在机器人研发中，不仅需要关注机器人功能的提升，还要关注机器人易用性的提升。二是推动日本标准的国际化。为了拓展日本机器人在国际上的应用，推动日本机器人标准的国际化，并以此为依据来推进实用化。同时，由机器人革命促进会牵头开展政企合作，研究具体方案、开展国际合作，带动日本机器人业务的国际市场化所需的环境建设。

二、加速机器人应用普及，利用机器人解决社会问题

（一）推动机器人在各领域的应用

机器人的大规模应用可以解放劳动力，将人类从繁重的劳动中解放出来，从而使人才转向高附加值领域。这样一来，能够大幅度提升生产效率，实现24小时的自动作业等划时代的生产过程，从根本上提升全日本的生产力。除了制造业等传统领域，还存在着很多潜在的机器人应用领域，包括娱乐领域和航空领域等等。在这些领域中，机器人并非仅仅替代手工劳动，而是能够培育新的价值。

（二）制定支持机器人灵活应用的总体政策

在人类社会中推广机器人的应用，不仅需要放松现有政策的管制，还需要建立新的制度，从而形成相对平衡的管理制度改革。《机器人新战略》鼓励机器人相关的管理制度向促进机器人先进应用的方向进行改革。“机器人革命促进会”负责准确把握机器人实际态势，并基于研究结果，与日本制度改革推进小组合作，撤销一些非必要的管理制度，并制定人类与机器人协同工作所需的新规则。

三、引领世界机器人革命

实现机器人革命的第三个核心目标是打造以机器人为核心的创新平台，进一步推进机器人革命，并引领世界机器人革命。数据是数据驱动型社会的价值来源，围绕数据获取与应用的竞争日益激烈。近年来，通过传感器从现实社会的各种活动中采集大数据的趋势越来越明显，而机器人在社会各领域的广泛应用，将使其

成为未来获取数据体系中的核心一员，成为获取数据的关键设备。实现领先世界的机器人革命，不仅仅要在工业领域，还需要在日常生活中搭建数据获取平台，打造大数据深度应用的高附加值生产系统。随着机器人的广泛应用，对其所获取数据的深度挖掘，能够充分带动日本大数据产业发展，赢得获取大数据的全球化竞争，开拓全球市场，引领世界机器人革命。

展望篇

第二十七章　2016年世界信息化面临形势

第一节　信息化与全球化相互交织步入转型跨越的新阶段

进入信息时代以后，互联网在全世界范围内的普遍蔓延和渗透为信息的全球流动铺平了道路，成为当今全球化的物质技术基础，信息化与全球化相互交织，为生产要素和信息的全球流动提供了便捷的通道。同时，信息化在各个领域的深入渗透，使其成为一个国家或地区综合实力、国际竞争力和软实力的重要标志。特别是近几年，新兴经济体和广大发展中国家抓住信息化在全球分工调整的特殊作用，逐渐参与到全球化市场竞争中，以信息化促进转型发展，提升综合竞争能力。韩国、俄罗斯、中国、印度、巴西等都在利用信息技术参与全球化竞争和推动本国经济发展方面成效显著，这些国家在新的形势下仍在纷纷采取措施，充分利用信息技术推动国家经济社会发展转型。

第二节　信息技术与产业融合推动制造业的组织模式发生变革

世界经济论坛发布了《2015 年十大新兴技术》，并对其发展前景进行了分析论述，这些技术有些是某一制造行业的革新性技术，例如燃料电池汽车；有些是制造业的共性技术，例如可回收的热塑性塑料。尤其值得关注的是，这份榜单中的增材制造技术、人工智能、下一代机器人技术、分布式制造技术都是即将或者正在为制造业带来颠覆式变革的重大共性技术，在这些新技术中，大部分技术都与信息技术直接或间接相关，新一轮工业革命正是基于信息物理系统、物联网和互联服务的革命，它将产生大量的数据流，这些大数据能够被搜集和分析用于指导高效高质的生产，预计未来制造业 80% 的创新都将基于信息通信技术。云计算、人工智能、大数据、物联网、移动互联网等新一代信息技术孕育兴起，特别是在与制造等领域先进技术跨界融合，信息技术推动信息世界与物理世界深度互动，形成互联互通、综合集成、共享智能的信息物理系统，带动制造业研发设计、生产制造、管理运营、销售物流等价值链环节向信息空间集中映射。

第三节　互联网成为构筑经济社会新形态的核心要素

当前，以互联网为基础设施和创新要素的经济社会发展新形态逐渐形成。互联网的创新成果与经济社会各领域深度融合，互联网融合创新从以最初的电子商务为主体，逐步渗透、蔓延至整个产业，新产业、新业态和新模式不断涌现。互联网提升了土地、生产资料和资金等传统生产要素的使用效能，推动了现代农业的发展。互联网改变了制造业生产、管理和销售方式，促进了信息化和工业化的深度融合。互联网促进了物流、商贸流通、金融行业等传统服务业向现代服务业的全面转型。基于网络的经济价值创造和创新产生颠覆式变革，根据波士顿咨询公司（BCG）《数字宣言：企业和国家如何在数字经济中获胜》（The Connected World The Digital Manifesto: How Companies and Countires Can Win in the Digtial Economy）预测，2016 年，G20（二十国集团）的互联网经济将会达到 4.2 万亿美元的规模。同时，英国互联网经济占 GDP 的比重仍将居全球之首，占到 GDP 的 12.4%。韩国的互联网经济规模排在英国之后，占到 GDP 的 7.3%。

第四节　全球范围内信息空间主导权争夺愈演愈烈

网络空间已经成为陆、海、空、天之外的“第五空间”，鉴于网络对全球经济社会的重要影响，网络空间的治理受到各利益相关方的高度关注。由于网络空间具有虚拟性特征，在网络空间里无法清晰地划出国与国的边界，作为全球共享的“第五空间”。在巴西圣保罗召开的全球互联网治理大会上，西方国家与以中俄为首的发展中国家继续展开激辩。虽然美国表示愿意让出 ICANN 的管理权，但发展中国家仍希望推进互联网改革，打破美国在互联网标准制定方面的垄断[1]。与此同时，美国和欧盟之间也面临着争夺互联网霸主地位的冲突。2014 年 2 月，德国总理默克尔与法国总统奥朗德在巴黎会晤时专门提出要建设独立的欧洲互联网，取代当前由美国主导的互联网基础设施。美国希望继续掌握互联网的游戏规则制定权，把互联网看作尽可能不对数据跨境传输进行限制的电子商务平台；但欧洲却希望建设独立的欧洲互联网，夺回一些 IT 主权并减少对外国供应商的依赖[2]。信息空间呈现政治化、军事化、情报化的趋势，网络空间主权呈现前所未有的挑战。

第五节　在线一体化集成服务成为政务发展的时代潮流

随着移动通信、社交媒体、云计算、大数据等新技术新应用的快速发展，为扩大在线服务的使用范围，满足公众的多元化、多层次需求，电子政务正逐步向在线一体化集成和创新服务应用的方向演变，新形势对各国电子政务建设提出新的更高要求。各国发展电子政务已成为世界各国政府进一步提高行政效率、节约行政成本、解决社会问题、提升公共服务的重要举措。在联合国最新发布的调查中，2003 年以来，联合国 193 个成员国中无政府网站的成员国比例逐年递减，2015 年，193 个联合国成员国首次全部拥有自己的政府网站。据统计，80% 以上的国家（联合国 193 个国家中有 157 个）在其门户网站上提供了至少一个政府机构的详细地址，说明政府普遍认识到保留柜台服务渠道的重要性。以移动终端办理业务的移动政务充分满足了公众无处不在的服务需求，成为政府为公民提供公共服务的新途径。目前，在美国、英国、德国、挪威、芬兰、瑞典等发达国家和老挝、孟加拉国、南非、印度、巴西、沙特、厄瓜多尔等众多发展中国家，移动技术已经被广泛应用于农业、应急救险、教育、社区服务、医疗卫生等领域，很大程度上提高了政府的工作效率，方便了政府与公众的沟通以及公众参与政府决策，为公民提供了更优质、高效和便捷的服务[3]。

[1]　https://www.netmundial.org/，2015.04。
[2]　《欧洲数字化单一市场战略》，工业和信息化部国际经济技术合作中心，2015年6月。
[3]　《迈向“十三五”的电子政务：国际趋势与经验借鉴》，信息化研究，2015年9月。

第二十八章　2016年世界信息化发展趋势

第一节　信息网络加快向信息物理空间一体化演变

当前，移动互联网、物联网等新技术的不断进步，物与物互联终端爆发式增长，嵌入式计算和控制能力的联网物理设备无处不在，内容分发网络和云计算中心等网络应用基础设施快速发展，这些都让虚拟的信息网络与物理空间的连接更加紧密，信息物理空间一体化正在加速。信息网络与物理空间实体的连接和协调提高了物理系统的智能化水平，让网络对人类生产生活的渗透程度进一步下沉。从全球范围看，信息通信技术向智能化、移动化、云化等方向发展，新型智能终端不断普及，5G关键技术研究、标准制定、产品开发及试验测试工作正在全面推进，连接服务的内涵已从人与人通信，延伸到物与物、人与物的智能连接，不仅连接规模成倍增长，而且连接与应用服务紧密结合将产生巨大的连接价值。2016年，将是万物智能、万物互联的开启元年，信息通信技术将与工业设施、医疗器械、医疗仪器、交通工具等创新融合，工业、医疗、交通等垂直行业的效率将全面提升。

第二节　软件及应用成为ICT产业乃至经济社会各领域支撑要素

当前，摩尔定律日益逼近天花板，随着互联网的快速发展，软件和应用开始主导信息技术和产业的创新模式和发展模式。软件作为ICT产业创新最活跃、增长最快速的领域，正在主导和定义经济社会各领域业务运行的基本理念和模式，软件定义芯片、软件定义硬件、软件定义服务、软件定义网络、软件定义服务器、软件定义数据中心、软件定义生产等新理念层出不穷，软件互联网化、软件服务化趋势日益凸显，软件正在主导硬件和系统，芯片正在变成“固化的软件”，软件的地位和作用越来越突出[1]。同时，软件与行业业务的联系日趋紧密，软件向经济社会各个领域的渗透不断深化，正成为经济社会各领域重要的支撑工具，为产业带来了更为广阔的创新发展空间。2016 年，软件技术创新将进入加速期，软件技术架构云端化、开发工具智能化、产品形态多样化趋势日益明显，软件的开发、部署、运行和服务向移动网络平台加快转移，各行业的发展将呈现出互联网化、软件化的共性特征，软件技术和产品将成为支撑行业业务发展的重要基础。

第三节　基于网络的经济价值创造和创新持续演进

互联网在经济活动中的渗透越来越深入，网络的角色从价值传递转变为支撑价值创造和创新。随着新一代网络信息技术的推广应用，世界各国传统行业特别是制造业与互联网技术加速融合，不断向智能化方向发展。同时，随着移动互联网时代的到来，基于网络的创新产生颠覆式创新成为现实，经合组织发布的《APP 经济（APP Economy）》报告中称，手机 APP 应用是经济创新的一个主要来源，在这次经济衰退中依然保持了惊人的速度。APP 扩展了互联网的通信潜力，甚至超越了传统的桌面计算机，使得用户几乎可以随时随地、随心所欲地获得各种各样的信息服务。2016 年，互联网持续融入农业、工业、教育、医疗、媒体、娱乐、零售、批发、物流、金融等领域的各环节，不断创新商业模式和创造经济价值，经济社会发展将全面进入以互联网为基础设施和实现工具的新时代。

第四节　智能制造引领全球进入“第四次工业革命”

智能制造已经成为制造业未来发展的全新驱动因素，世界主要工业国家都提出明确的政策支持体系来应对该轮制造业革新浪潮，并已经在智能制造领域积累了大量的发展经验。无人驾驶汽车、无人飞机、数控机床、智能机器人、智慧家庭、可穿戴设备等高度智能化产品的商业化步伐不断加快。智能装备呈现集成化、高端化、无人化趋势，制造装备正从智能制造单元、智能车间向智能工厂演进，

[1] http://www.chinadaily.com.cn/hqcj/xfly/2015-03-24/content_13429502.html.

基于信息物理生产系统（CPS）的智能工厂和智能制造模式正在引领制造方式的变革。服务智能化推动企业生产从以传统的产品制造为核心转向提供具有丰富内涵的产品和服务，直至为顾客提供整体解决方案。全球研发设计、生产制造、服务交易等资源配置体系加速重组，网络众包、异地协同设计、大规模个性化定制、精准供应链管理等正在构建企业新竞争优势[1]。2016年，以智能制造为核心的新工业革命将再度成为国际社会关注的焦点，智能制造技术创新应用加速从多点创新突破向系统集成应用迈进，人工智能、机器学习、虚拟现实、机器视觉、智能识别等智能制造技术创新将愈加活跃，智能工程机械、工业机器人、智能汽车、可穿戴设备等智能装备和产品普及率将大幅跃升，一大批智能制造解决方案提供商将在市场逐鹿中脱颖而出。

第五节　数据驱动的经济社会发展态势日趋明显

随着大数据、云计算、物联网等新一代信息技术的不断成熟和在经济社会各领域应用的不断深化，信息物理系统（CPS）推广、智能装备和终端的普及以及各种各样传感器的使用，将会带来无所不在的感知和无所不在的连接，所有的生产装备、感知设备、联网终端，包括生产者本身都在源源不断地产生数据，这些数据将会渗透到企业运营、价值链乃至产品的整个生命周期，是工业4.0和制造革命的基石[2]。在GE投资千亿美元进军工业互联网的宏大蓝图中，核心引擎就是“数据分析”。麦肯锡研究表明，单纯地将开放数据应用于全球经济七大领域：教育、交通、消费品、电力、石油天然气、医疗与消费金融，就足以产生超过3万亿美元的附加值。由麻省理工斯隆管理学院针对179家企业的研究表明：企业采用“数据驱动决策”比采用技术、投资等其他因素决策的生产效率提高5%到6%。2016年，数据将从以往的信息载体转变为重要的经济资源，成为助推全球经济转型、驱动创新发展的关键因素，数据驱动型经济的生态环境将初步形成。

[1] 《安筱鹏：工业4.0与制造业的未来》，2014年11月。
[2] 《安筱鹏：工业4.0是理解新一代信息技术与工业融合发展的坐标系》，2015年3月。

附 件

附录一：2015年世界经济论坛网络化准备指数

2015年排名	国家	指数	2014年排名	2015年排名	国家	指数	2014年排名
1	新加坡	6.0	2	73	保加利亚	4.0	73
2	芬兰	6.0	1	74	塞舌尔	4.0	66
3	瑞典	5.8	3	75	南非	4.0	70
4	荷兰	5.8	4	76	菲律宾	4.0	78
5	挪威	5.8	5	77	塞尔维亚	4.0	80
6	瑞士	5.7	6	78	摩洛哥	3.9	99
7	美国	5.6	7	79	印尼	3.9	64
8	英国	5.6	9	80	萨尔瓦多	3.9	98
9	卢森堡	5.6	11	81	突尼斯	3.9	87
10	日本	5.6	16	82	牙买加	3.9	86
11	加拿大	5.5	17	83	卢旺达	3.9	85
12	韩国	5.5	10	84	巴西	3.9	69
13	德国	5.5	12	85	越南	3.9	84
14	中国香港特别行政区	5.5	8	86	肯尼亚	3.8	92
15	丹麦	5.5	13	87	佛得角	3.8	89
16	澳大利亚	5.5	18	88	不丹	3.7	94
17	新西兰	5.5	20	89	印度	3.7	83
18	中国台湾地区	5.5	14	90	秘鲁	3.7	90
19	冰岛	5.4	19	91	阿根廷	3.7	100
20	奥地利	5.4	22	92	阿尔巴尼亚	3.7	95

（续表）

2015年排名	国家	指数	2014年排名	2015年排名	国家	指数	2014年排名
21	以色列	5.4	15	93	圭亚那	3.7	88
22	爱沙尼亚	5.3	21	94	埃及	3.6	91
23	阿拉伯联合酋长国	5.3	24	95	多米尼加共和国	3.6	93
24	比利时	5.3	27	96	伊朗，伊斯兰的代表	3.6	104
25	爱尔兰	5.2	26	97	老挝人民民主共和国	3.6	109
26	法国	5.2	25	98	吉尔吉斯斯坦共和国	3.5	118
27	卡塔尔	5.1	23	99	黎巴嫩	3.5	97
28	葡萄牙	4.9	33	100	洪都拉斯	3.5	116
29	马耳他	4.9	28	101	加纳	3.5	96
30	巴林国	4.9	29	102	纳米比亚	3.5	105
31	立陶宛	4.9	31	103	委内瑞拉	3.4	106
32	马来西亚	4.9	30	104	博茨瓦纳	3.4	103
33	拉脱维亚	4.7	39	105	巴拉圭	3.4	102
34	西班牙	4.7	34	106	塞内加尔	3.3	114
35	沙特阿拉伯	4.7	32	107	危地马拉	3.3	101
36	塞浦路斯	4.7	37	108	冈比亚	3.3	107
37	斯洛文尼亚	4.6	36	109	孟加拉国	3.3	119
38	智利	4.6	35	110	柬埔寨	3.3	108
39	巴巴多斯	4.6	55	111	玻利维亚	3.3	120
40	哈萨克斯坦	4.5	38	112	巴基斯坦	3.3	111
41	俄罗斯联邦	4.5	50	113	苏里南	3.2	113
42	阿曼	4.5	40	114	赞比亚	3.2	110
43	捷克共和国	4.5	42	115	科特迪瓦	3.2	122
44	波多黎各	4.5	41	116	乌干达	3.2	115
45	毛里求斯	4.5	48	117	塔吉克斯坦	3.2	—
46	乌拉圭	4.5	56	118	尼泊尔	3.2	123
47	马其顿	4.4	57	119	尼日利亚	3.2	112
48	土耳其	4.4	51	120	阿尔及利亚	3.1	129
49	哥斯达黎加	4.4	53	121	津巴布韦	3.1	117
50	波兰	4.4	54	122	加蓬	3.0	128
51	巴拿马	4.4	43	123	坦桑尼亚	3.0	125
52	约旦	4.3	44	124	莱索托	3.0	133

（续表）

2015年排名	国家	指数	2014年排名	2015年排名	国家	指数	2014年排名
53	匈牙利	4.3	47	125	斯威士兰	3.0	126
54	克罗地亚	4.3	46	126	喀麦隆	3.0	131
55	意大利	4.3	58	127	马里	3.0	127
56	黑山共和国	4.3	52	128	尼加拉瓜	2.9	124
57	阿塞拜疆	4.3	49	129	莫桑比克	2.9	137
58	亚美尼亚	4.2	65	130	埃塞俄比亚	2.9	130
59	斯洛伐克共和国	4.2	59	131	利比亚	2.9	138
60	格鲁吉亚	4.2	60	132	布基纳法索	2.8	136
61	蒙古	4.2	61	133	马拉维	2.8	132
62	中国	4.2	62	134	东帝汶	2.8	141
63	罗马尼亚	4.2	75	135	马达加斯加岛	2.7	139
64	哥伦比亚	4.1	63	136	也门	2.7	140
65	斯里兰卡	4.1	76	137	海地	2.5	143
66	希腊	4.1	74	138	毛里塔尼亚	2.5	142
67	泰国	4.0	67	139	缅甸	2.5	146
68	摩尔多瓦	4.0	77	140	安哥拉	2.5	144
69	墨西哥	4.0	79	141	布隆迪	2.4	147
70	特立尼达和多巴哥	4.0	71	142	几内亚	2.4	145
71	乌克兰	4.0	81	143	乍得	2.3	148
72	科威特	4.0	72				

资料来源：《2015年全球信息技术报告》，《世界经济论坛》2015年4月15日。

附录二：2015年国际电信联盟ICT发展指数

排名	国家	2015年指数	2010年排名	2010年指数
1	韩国	8.93	1	8.64
2	丹麦	8.88	4	8.18
3	冰岛	8.86	3	8.19
4	英国	8.75	10	7.62
5	瑞典	8.67	2	8.43
6	卢森堡	8.59	8	7.82
7	瑞士	8.56	12	7.60
8	荷兰	8.53	7	7.82
9	中国香港特别行政区	8.52	13	7.41
10	挪威	8.49	5	8.16
11	日本	8.47	9	7.73
12	芬兰	8.36	6	7.96
13	澳大利亚	8.29	15	7.32
14	德国	8.22	17	7.28
15	美国	8.19	16	7.30
16	新西兰	8.14	19	7.17
17	法国	8.12	18	7.22
18	摩纳哥	8.10	22	7.01
19	新加坡	8.08	11	7.62
20	爱沙尼亚	8.05	25	6.70
21	比利时	7.88	24	6.76
22	爱尔兰	7.82	20	7.04
23	加拿大	7.76	21	7.03

（续表）

排名	国家	2015年指数	2010年排名	2010年指数
24	中国澳门特别行政区	7.73	14	7.38
25	奥地利	7.67	23	6.90
26	西班牙	7.66	30	6.53
27	巴林	7.63	48	5.42
28	安道尔共和国	7.60	29	6.60
29	巴巴多斯	7.57	38	6.04
30	马耳他	7.52	28	6.67
31	卡塔尔	7.44	37	6.10
32	阿联酋	7.32	49	5.38
33	斯洛文尼亚	7.23	27	6.69
34	捷克共和国	7.21	33	6.30
35	以色列	7.19	26	6.69
36	白俄罗斯	7.18	50	5.30
37	拉脱维亚	7.16	34	6.22
38	意大利	7.12	31	6.38
39	希腊	7.09	35	6.20
40	立陶宛	7.08	39	6.02
41	沙特阿拉伯	7.05	56	4.96
42	克罗地亚	7.00	42	5.82
43	葡萄牙	6.93	36	6.15
44	波兰	6.91	32	6.38
45	俄罗斯联邦	6.91	46	5.57
46	科威特	6.83	45	5.64
47	斯洛伐克	6.82	40	5.96
48	匈牙利	6.82	41	5.92
49	乌拉圭	6.70	52	5.19
50	保加利亚	6.52	47	5.45
51	塞尔维亚	6.45	51	5.29
52	阿根廷	6.40	54	5.02
53	塞浦路斯	6.37	44	5.75
54	阿曼	6.33	68	4.41
55	智利	6.31	59	4.90
56	黎巴嫩	6.29	77	4.18

（续表）

排名	国家	2015年指数	2010年排名	2010年指数
57	哥斯达黎加	6.20	80	4.07
58	哈萨克斯坦	6.20	62	4.81
59	罗马尼亚	6.11	55	4.99
60	前南斯拉夫马其顿共和国	6.07	57	4.96
61	巴西	6.03	73	4.29
62	安提瓜和巴布达	5.93	58	4.91
63	圣基茨和尼维斯	5.92	43	5.80
64	马来西亚	5.90	61	4.85
65	黑山共和国	5.90	60	4.89
66	摩尔多瓦	5.81	74	4.28
67	阿塞拜疆	5.79	76	4.21
68	圣文森特和格林纳丁斯	5.69	63	4.69
69	土耳其	5.58	67	4.56
70	特立尼达和多巴哥	5.57	65	4.58
71	文莱达鲁萨兰国	5.53	53	5.05
72	委内瑞拉	5.48	71	4.36
73	毛里求斯	5.41	72	4.31
74	泰国	5.36	92	3.62
75	哥伦比亚	5.32	83	3.91
76	亚美尼亚	5.32	78	4.10
77	波斯尼亚和黑塞哥维那	5.28	75	4.28
78	格鲁吉亚	5.25	85	3.76
79	乌克兰	5.23	69	4.41
80	多米尼克	5.12	66	4.56
81	马尔代夫	5.08	82	3.92
82	中国	5.05	87	3.69
83	格林纳达	5.05	64	4.67
84	蒙古	5.00	97	3.52
85	苏里南	4.99	100	3.39
86	圣卢西亚	4.98	70	4.39
87	塞舌尔	4.96	81	3.98
88	南非	4.90	88	3.65
89	巴拿马	4.87	79	4.07

（续表）

排名	国家	2015年指数	2010年排名	2010年指数
90	厄瓜多尔	4.81	90	3.65
91	伊朗	4.79	99	3.48
92	约旦	4.75	84	3.82
93	突尼斯	4.73	93	3.62
94	阿尔巴尼亚	4.73	89	3.65
95	墨西哥	4.68	86	3.70
96	佛得角	4.62	107	3.14
97	吉尔吉斯斯坦	4.62	112	3.02
98	菲律宾	4.57	105	3.16
99	摩洛哥	4.47	96	3.55
100	埃及	4.40	98	3.48
101	斐济	4.33	102	3.28
102	越南	4.28	94	3.61
103	多米尼加共和国	4.26	101	3.38
104	秘鲁	4.26	91	3.64
105	牙买加	4.23	95	3.60
106	萨尔瓦多	4.20	110	3.10
107	玻利维亚	4.08	113	3.00
108	印度尼西亚	3.94	109	3.11
109	加纳	3.90	130	1.98
110	汤加	3.82	111	3.08
111	博茨瓦纳	3.82	117	2.86
112	巴拉圭	3.79	108	3.11
113	阿尔及利亚	3.71	114	2.99
114	圭亚那	3.65	103	3.24
115	斯里兰卡	3.64	115	2.97
116	伯利兹城	3.56	104	3.17
117	叙利亚共和国	3.48	106	3.14
118	纳米比亚	3.41	120	2.63
119	不丹	3.35	128	2.02
120	洪都拉斯	3.33	116	2.94
121	危地马拉	3.26	118	2.86
122	萨摩亚	3.11	121	2.43

（续表）

排名	国家	2015年指数	2010年排名	2010年指数
123	尼加拉瓜	3.04	123	2.40
124	肯尼亚	3.02	126	2.09
125	瓦努阿图	2.93	124	2.19
126	苏丹	2.93	127	2.05
127	津巴布韦	2.90	132	1.97
128	莱索托	2.81	141	1.74
129	古巴	2.79	119	2.66
130	柬埔寨	2.74	131	1.98
131	印度	2.69	125	2.14
132	塞内加尔	2.68	137	1.80
133	加蓬	2.68	122	2.41
134	尼日利亚	2.61	133	1.96
135	冈比亚	2.60	129	1.99
136	尼泊尔	2.59	140	1.75
137	科特迪瓦共和国	2.51	142	1.74
138	老挝人民民主共和国	2.45	135	1.92
139	所罗门群岛	2.42	139	1.78
140	安哥拉	2.32	144	1.68
141	刚果共和国	2.27	136	1.83
142	缅甸	2.27	150	1.58
143	巴基斯坦	2.24	138	1.79
144	孟加拉国	2.22	148	1.61
145	马里	2.22	155	1.46
146	赤道几内亚	2.21	134	1.96
147	喀麦隆	2.19	149	1.60
148	吉布提	2.19	143	1.69
149	乌干达	2.14	151	1.57
150	毛里塔尼亚	2.07	146	1.63
151	贝宁	2.05	147	1.63
152	多哥	2.04	145	1.64
153	赞比亚	2.04	152	1.55
154	卢旺达	2.04	154	1.47
155	利比里亚	1.86	161	1.24

（续表）

排名	国家	2015年指数	2010年排名	2010年指数
156	阿富汗	1.83	156	1.37
157	坦桑尼亚	1.82	153	1.54
158	莫桑比克	1.82	160	1.28
159	布基纳法索	1.77	164	1.13
160	刚果民主共和国	1.65	162	1.23
161	南苏丹	1.63	—	—
162	几内亚比绍	1.61	158	1.33
163	马拉维	1.61	159	1.33
164	马达加斯加岛	1.51	157	1.34
165	埃塞俄比亚	1.45	165	1.07
166	厄立特里亚国	1.22	163	1.14
167	乍得	1.17	166	0.88

资料来源：国际电信联盟。

附录三：世界各国和地区信息化发展相关统计数据

2010—2014 年世界各国每千人互联网用户数（单位：户）

国家和地区	2010	2011	2012	2013	2014
世界	291.96	318.24	351.50	379.91	406.89
阿鲁巴	620.00	690.00	740.00	789.00	837.80
安道尔共和国	810.00	810.00	864.34	940.00	959.00
阿富汗	40.00	50.00	54.55	59.00	63.90
安哥拉	100.00	147.76	169.37	191.00	212.60
阿尔巴尼亚	450.00	490.00	546.56	572.00	601.00
阿拉伯联盟国家	245.36	265.34	299.54	323.42	345.17
阿拉伯联合酋长国	680.00	780.00	850.00	880.00	904.00
阿根廷	450.00	510.00	558.00	599.00	647.00
亚美尼亚	250.00	320.00	375.00	419.00	463.00
安提瓜和巴布达	470.00	520.00	580.00	634.00	640.00
澳大利亚	760.00	794.88	790.00	830.00	845.60
奥地利	751.70	787.40	800.30	806.19	810.00
阿塞拜疆	460.00	500.00	542.00	587.00	610.00
布隆迪	10.00	11.10	12.20	13.00	13.80
比利时	750.00	816.10	807.20	821.70	850.00
贝宁	31.30	41.48	45.00	49.00	53.00
布基纳法索	24.00	30.00	37.25	91.00	94.00
孟加拉国	37.00	45.00	50.00	66.30	96.00
保加利亚	462.30	479.80	519.00	530.62	554.90

（续表）

国家和地区	2010	2011	2012	2013	2014
巴林	550.00	770.00	880.00	900.00	910.00
巴哈马	430.00	650.00	717.48	720.00	769.20
波斯尼亚和黑塞哥维那	427.50	477.70	527.80	577.90	608.00
白俄罗斯	318.00	396.49	469.10	541.70	590.20
伯利兹	282.00	307.00	310.00	336.00	387.00
百慕大	842.10	883.36	912.99	953.00	968.00
玻利维亚	224.00	300.00	353.40	369.40	390.20
巴西	406.50	456.90	485.60	510.40	576.00
巴巴多斯	651.00	670.00	700.00	730.00	766.70
文莱达鲁萨兰国	530.00	560.00	602.73	645.00	687.70
不丹	136.00	210.00	240.00	299.00	343.70
博茨瓦纳	60.00	80.00	115.00	150.00	185.00
中非共和国	20.00	22.00	30.00	35.00	40.30
加拿大	803.00	830.00	830.00	858.00	871.20
瑞士	839.00	851.93	852.00	863.40	870.00
智利	450.00	522.50	614.18	665.00	723.50
中国	343.00	383.00	423.00	458.00	493.00
科特迪瓦	27.00	29.00	50.00	84.00	146.00
喀麦隆	43.00	50.00	56.99	64.00	110.00
刚果（布）	50.00	56.00	61.07	66.00	71.10
哥伦比亚	365.00	403.51	489.80	517.00	525.70
科摩罗	51.00	55.00	59.75	65.00	69.80
佛得角	300.00	320.00	347.40	375.00	402.60
哥斯达黎加	365.00	392.12	475.00	459.60	494.10
加勒比小国	358.19	426.89	432.61	462.94	492.74
古巴	159.00	160.17	212.00	279.30	300.00
开曼群岛	660.00	694.66	741.27	741.00	741.00
塞浦路斯	529.90	568.60	606.90	654.55	693.30
捷克共和国	688.20	704.90	734.30	741.10	797.10
德国	820.00	812.70	823.50	841.70	861.90
吉布提	65.00	70.00	82.67	95.00	107.10
多米尼克	474.50	513.14	551.77	590.00	628.60
丹麦	887.20	898.10	922.60	946.30	959.90

（续表）

国家和地区	2010	2011	2012	2013	2014
多米尼加共和国	314.00	380.00	412.00	459.00	495.80
阿尔及利亚	125.00	140.00	152.28	165.00	180.90
厄瓜多尔	290.30	313.67	351.35	403.54	430.00
阿拉伯埃及共和国	216.00	256.00	264.00	294.00	317.00
厄立特里亚	6.10	7.00	8.00	9.00	9.90
西班牙	658.00	676.00	698.10	716.35	761.90
爱沙尼亚	741.00	765.00	783.90	794.00	842.40
埃塞俄比亚	7.50	11.00	14.83	19.00	29.00
芬兰	868.90	887.10	898.80	915.14	923.80
斐济	200.00	280.00	337.42	371.00	418.00
法国	772.80	778.20	814.40	819.20	837.50
法罗群岛	752.00	807.32	853.35	900.00	946.60
密克罗尼西亚联邦	200.00	228.00	259.74	278.00	296.50
加蓬	72.30	80.00	86.17	92.00	98.10
英国	850.00	853.80	874.80	898.44	916.10
格鲁吉亚	269.00	315.20	369.40	433.00	489.00
加纳	78.00	90.00	106.00	123.00	189.00
几内亚	10.00	13.00	14.90	16.00	17.20
冈比亚	92.00	108.70	124.49	140.00	155.60
几内亚比绍共和国	24.50	26.72	28.94	31.00	33.20
赤道几内亚	60.00	115.00	139.43	164.00	188.60
希腊	444.00	516.50	550.70	598.66	632.10
格林纳达	270.00	300.00	320.00	350.00	373.80
格陵兰	630.00	640.00	648.96	658.00	667.00
危地马拉	105.00	123.00	160.00	197.00	234.00
关岛	540.40	577.00	615.34	654.00	692.70
圭亚那	299.00	310.00	330.00	350.00	373.50
中国香港特别行政区	720.00	722.00	729.00	742.00	745.60
洪都拉斯	110.90	159.00	181.20	178.00	190.80
克罗地亚	565.50	577.90	619.40	667.48	685.70
海地	83.70	90.00	98.00	106.00	114.00
匈牙利	650.00	680.20	705.80	726.44	761.30
印度尼西亚	109.20	122.80	145.20	149.40	171.40

（续表）

国家和地区	2010	2011	2012	2013	2014
印度	75.00	100.70	125.80	151.00	180.00
爱尔兰	698.50	748.90	769.20	782.48	796.90
伊朗伊斯兰共和国	159.00	190.00	227.30	299.50	393.50
伊拉克	25.00	50.00	71.00	92.00	113.00
冰岛	933.90	948.20	962.10	965.47	981.60
以色列	675.00	688.74	708.00	708.00	714.50
意大利	536.80	543.90	558.30	584.59	619.60
牙买加	276.70	374.39	337.90	371.00	405.00
约旦	272.00	349.00	370.00	410.00	440.00
日本	782.10	790.54	794.96	897.10	905.80
哈萨克斯坦	316.00	506.00	533.16	540.00	548.90
肯尼亚	140.00	280.00	321.00	390.00	434.00
吉尔吉斯斯坦	163.00	175.00	198.00	230.00	283.00
柬埔寨	12.60	31.00	49.40	68.00	90.00
基里巴斯	90.70	100.00	107.47	115.00	122.50
圣基茨和尼维斯	630.00	632.00	640.00	646.00	654.00
大韩民国	837.00	837.59	840.70	847.70	843.30
科威特	614.00	657.69	704.50	754.60	787.00
老挝	70.00	90.00	107.48	125.00	142.60
黎巴嫩	436.80	520.00	612.50	705.00	747.00
利比里亚	23.00	25.00	26.00	32.00	54.10
利比亚	140.00	140.00	—	165.00	177.60
圣卢西亚	433.00	440.00	459.00	462.00	510.00
列支敦士登	800.00	850.00	894.08	938.00	952.10
斯里兰卡	120.00	150.00	182.85	219.00	258.00
莱索托	38.60	42.25	45.90	50.00	110.00
立陶宛	621.20	636.40	672.30	684.53	721.30
卢森堡	906.20	900.30	919.50	937.77	946.70
拉脱维亚	684.20	697.50	731.20	752.34	758.30
中国澳门特别行政区	551.98	602.04	613.10	658.00	697.80
摩洛哥	520.00	461.07	554.16	560.00	568.00
摩纳哥	750.00	803.00	870.00	907.00	924.00
摩尔多瓦	323.00	380.00	433.70	450.00	466.00

（续表）

国家和地区	2010	2011	2012	2013	2014
马达加斯加	17.00	19.00	23.00	30.00	37.00
马尔代夫	265.30	340.00	389.30	441.00	492.80
墨西哥	310.50	371.76	397.50	434.60	443.90
马绍尔群岛	70.00	100.00	125.00	140.00	168.00
马其顿王国	519.00	567.00	574.50	652.40	680.60
马里	20.00	22.00	28.00	35.00	70.00
马耳他	630.00	680.20	682.00	689.14	731.70
缅甸	2.50	9.80	10.69	16.00	21.00
黑山	375.00	356.12	568.39	603.10	610.00
蒙古	102.00	125.00	164.00	200.00	270.00
莫桑比克	41.70	43.00	48.49	54.00	59.40
毛里塔尼亚	40.00	45.00	50.00	62.00	107.00
毛里求斯	283.30	349.50	354.20	390.00	414.40
马拉维	22.60	33.30	43.51	50.50	58.30
马来西亚	563.00	610.00	658.00	669.70	675.00
纳米比亚	116.00	120.00	129.41	139.00	148.40
新喀里多尼亚	420.00	500.00	580.00	660.00	700.00
尼日尔	8.30	13.00	14.08	17.00	19.50
尼日利亚	240.00	284.30	328.00	380.00	426.80
尼加拉瓜	100.00	106.00	135.00	155.00	176.00
荷兰	907.20	914.20	928.60	939.56	931.70
挪威	933.90	934.90	946.50	950.53	963.00
尼泊尔	79.30	90.00	111.49	133.00	154.40
新西兰	804.60	812.30	820.00	827.80	855.00
阿曼	358.28	480.00	600.00	664.50	702.20
巴基斯坦	80.00	90.00	99.60	109.00	138.00
巴拿马	401.00	427.00	403.02	440.30	449.20
秘鲁	347.70	360.10	382.00	392.00	402.00
菲律宾	250.00	290.00	362.35	370.00	396.90
巴布亚新几内亚	12.80	20.00	35.00	65.00	93.80
波兰	623.20	619.50	623.10	628.49	666.00
波多黎各	453.00	480.00	690.00	739.00	787.80
葡萄牙	533.00	552.50	603.40	620.96	645.90

（续表）

国家和地区	2010	2011	2012	2013	2014
巴拉圭	198.00	247.64	293.40	369.00	430.00
法属波利尼西亚	490.00	490.00	528.77	568.00	606.80
卡塔尔	690.00	690.00	693.00	853.00	914.90
罗马尼亚	399.30	400.10	458.80	497.65	540.80
俄罗斯联邦	430.00	490.00	638.00	679.70	705.20
卢旺达	80.00	70.00	80.24	90.00	106.00
沙特阿拉伯	410.00	475.00	540.00	605.00	637.00
苏丹	167.00	173.04	210.00	227.00	246.40
塞内加尔	80.00	98.00	108.00	131.00	177.00
新加坡	710.00	710.00	720.00	810.00	820.00
所罗门群岛	50.00	60.00	69.97	80.00	90.00
塞拉利昂	5.80	9.00	13.00	17.00	21.00
萨尔瓦多	159.00	189.00	203.21	231.09	297.00
圣马力诺	—	496.00	—	—	—
索马里	—	12.50	13.77	15.00	16.30
塞尔维亚	409.00	422.00	481.00	515.00	535.00
南苏丹	70.00	—	—	141.00	159.00
圣多美和普林西比	187.50	201.61	215.72	230.00	244.10
苏里南	315.90	320.00	346.81	374.00	400.80
斯洛伐克共和国	757.10	744.40	767.10	778.83	799.80
斯洛文尼亚	700.00	673.40	683.50	726.76	715.90
瑞典	900.00	927.70	931.80	947.84	925.20
斯威士兰	110.40	181.30	207.82	247.00	271.00
塞舌尔	410.00	431.64	470.76	504.00	542.60
阿拉伯叙利亚共和国	207.00	225.00	243.00	262.00	280.90
乍得	17.00	19.00	21.00	23.00	25.00
多哥	30.00	35.00	40.00	45.00	57.00
泰国	224.00	236.70	264.60	289.40	348.90
塔吉克斯坦	115.50	130.30	145.10	160.00	174.90
土库曼斯坦	30.00	50.00	71.96	96.00	122.00
东帝汶	2.10	9.00	9.15	11.00	11.40
汤加	160.00	250.00	330.00	350.00	400.00
特立尼达和多巴哥	485.00	552.00	595.16	638.00	651.00

（续表）

国家和地区	2010	2011	2012	2013	2014
突尼斯	368.00	391.00	414.42	438.00	461.60
土耳其	398.20	430.66	451.30	462.50	510.40
图瓦卢	250.00	300.00	350.00	370.00	0.00
坦桑尼亚	29.00	32.00	39.50	44.00	48.60
乌干达	125.00	130.14	146.90	162.00	177.10
乌克兰	233.00	287.08	352.70	410.00	434.00
乌拉圭	464.00	514.05	544.54	576.90	614.60
美国	716.90	697.29	793.00	842.00	873.60
乌兹别克斯坦	200.00	302.00	365.21	382.00	435.50
圣文森特和格林纳丁斯	385.00	430.10	475.20	520.00	564.80
委内瑞拉玻利瓦尔共和国	373.70	402.20	490.50	549.00	570.00
美属维京群岛	312.20	356.00	405.48	453.00	500.70
越南	306.50	350.70	394.90	439.00	483.10
瓦努阿图	80.00	92.00	105.98	113.00	188.00
约旦河西岸和加沙	374.00	410.80	434.00	466.00	536.70
萨摩亚	70.00	110.00	129.22	153.00	212.00
也门共和国	123.50	149.05	174.47	200.00	225.50
南非	240.00	339.70	410.00	465.00	490.00
刚果（金）	7.20	12.00	16.80	22.00	30.00
赞比亚	100.00	115.00	134.68	154.00	173.40
津巴布韦	115.00	157.00	170.90	185.00	198.90

资料来源：世界银行数据库。

2010—2014 年世界各国每千人固定宽带互联网用户数（单位：户）

国家和地区	2010	2011	2012	2013	2014
世界	81.89	90.34	101.44	100.31	95.97
阿鲁巴	—	—	—	186.57	—
安道尔共和国	314.50	330.87	343.35	350.10	358.94
阿富汗	0.05	—	0.05	0.05	0.05
安哥拉	—	—	—	3.51	4.13
阿尔巴尼亚	33.50	40.65	50.63	57.53	65.74
阿拉伯联盟国家	24.10	25.44	31.97	35.33	43.75

（续表）

国家和地区	2010	2011	2012	2013	2014
阿拉伯联合酋长国	93.21	97.14	103.74	111.48	115.08
阿根廷	99.77	—	125.31	145.66	146.90
亚美尼亚	31.58	54.17	71.42	81.66	91.33
安提瓜和巴布达	81.61	68.06	146.74	173.88	150.71
澳大利亚	245.93	244.15	248.80	250.02	257.55
奥地利	244.04	248.75	251.68	262.62	275.45
阿塞拜疆	52.26	105.83	147.13	181.89	198.33
布隆迪	0.04	0.05	0.07	0.15	0.16
比利时	308.29	321.97	333.81	344.81	359.93
贝宁	2.84	3.84	4.16	4.11	3.97
布基纳法索	0.88	0.88	0.87	0.77	0.31
孟加拉国	—	3.06	3.88	9.74	11.94
保加利亚	152.21	171.39	182.99	196.81	207.38
巴林	123.78	—	224.15	225.24	213.95
巴哈马	68.52	42.30	—	41.07	—
波斯尼亚和黑塞哥维那	101.64	112.06	122.43	134.78	141.47
白俄罗斯	175.60	222.01	269.20	297.74	288.40
伯利兹	28.89	30.66	30.78	29.83	—
百慕大	617.39	—	—	—	—
玻利维亚	9.45	7.12	11.12	14.44	15.93
巴西	72.23	90.55	96.24	106.61	114.65
巴巴多斯	200.40	222.26	—	238.19	269.72
文莱达鲁萨兰国	54.17	57.03	48.15	65.96	71.50
不丹	12.10	18.14	22.60	27.17	32.63
博茨瓦纳	6.08	9.63	11.10	10.68	16.33
中非共和国	—	0.18	0.13	—	—
加拿大	316.97	327.15	335.55	343.77	—
瑞士	372.07	388.91	401.68	425.62	459.68
智利	104.33	116.20	124.04	131.13	140.84
中国	92.91	—	127.21	136.34	—
科特迪瓦	—	—	2.33	2.77	2.78
喀麦隆	0.29	0.51	0.64	0.76	0.71
刚果（布）	—	0.31	0.32	0.10	0.11

（续表）

国家和地区	2010	2011	2012	2013	2014
哥伦比亚	56.91	71.12	82.56	93.90	102.73
科摩罗	0.48	—	1.72	1.77	2.10
佛得角	32.96	43.49	40.16	42.52	37.88
哥斯达黎加	84.86	88.60	93.35	99.52	104.47
加勒比小国	66.65	69.05	73.00	87.35	100.24
古巴	0.33	—	—	0.48	—
库拉索	—	209.87	229.13	251.95	296.60
开曼群岛	339.62	332.43	335.68	347.99	396.26
塞浦路斯	176.19	190.01	195.38	200.84	211.27
捷克共和国	214.25	236.46	249.25	266.88	276.42
德国	315.14	328.82	337.64	346.01	357.80
吉布提	9.66	13.35	17.34	20.28	22.68
多米尼克	116.78	116.34	118.58	148.15	157.59
丹麦	380.55	384.42	389.36	403.38	413.79
多米尼加共和国	38.99	41.78	47.06	50.63	56.99
阿尔及利亚	24.28	25.97	—	32.65	40.06
厄瓜多尔	14.75	43.22	54.46	67.26	78.15
阿拉伯埃及共和国	18.59	23.24	28.35	32.61	36.79
厄立特里亚	0.02	0.02	0.03	0.02	—
西班牙	230.66	240.10	246.49	261.09	272.68
爱沙尼亚	267.90	269.56	270.77	280.40	273.68
埃塞俄比亚	0.05	0.07	0.09	2.53	4.88
芬兰	290.52	298.01	304.63	317.01	323.05
斐济	27.02	26.79	15.45	12.40	14.01
法国	337.45	357.79	375.06	387.92	401.76
法罗群岛	326.31	—	329.74	—	349.82
密克罗尼西亚联邦	9.63	—	—	19.92	29.76
加蓬	2.62	—	3.06	5.32	6.31
英国	308.57	329.81	345.41	364.92	373.76
格鲁吉亚	41.57	56.81	106.25	119.08	121.53
加纳	2.15	2.62	2.69	2.66	2.65
几内亚	0.05	—	—	0.07	—
冈比亚	0.21	0.25	—	0.24	1.25

（续表）

国家和地区	2010	2011	2012	2013	2014
几内亚比绍共和国	0.50	—	0.72	0.85	0.80
赤道几内亚	1.70	—	2.01	4.65	—
希腊	202.76	221.64	241.75	261.79	283.60
格林纳达	137.92	—	—	169.98	—
格陵兰	219.11	209.99	200.40	0.00	—
危地马拉	18.06	—	18.58	23.52	—
圭亚那	14.24	25.97	37.69	46.15	56.27
中国香港特别行政区	307.50	323.97	315.46	310.28	312.49
洪都拉斯	0.13	7.37	7.72	8.52	13.86
克罗地亚	193.14	206.49	213.40	222.56	230.45
匈牙利	215.63	231.40	240.18	260.89	273.47
印度尼西亚	9.47	11.22	—	13.01	11.90
印度	9.12	10.93	12.11	11.92	12.42
爱尔兰	228.30	236.75	243.03	257.01	269.12
伊朗伊斯兰共和国	—	—	49.77	66.64	94.63
伊拉克	0.10	—	—	—	—
冰岛	343.39	346.48	348.06	356.46	359.15
以色列	—	—	253.40	259.01	261.82
意大利	216.46	222.61	226.06	229.76	—
牙买加	42.56	42.93	44.44	50.58	54.15
约旦	45.44	44.07	42.84	45.15	46.62
日本	267.77	280.37	283.95	288.85	293.11
哈萨克斯坦	54.62	74.13	100.63	119.15	129.34
肯尼亚	0.17	1.29	1.26	1.67	1.86
吉尔吉斯斯坦	—	7.23	9.98	24.55	41.58
柬埔寨	2.48	1.51	2.00	2.16	—
基里巴斯	8.66	9.27	—	10.75	—
圣基茨和尼维斯	—	—	—	245.43	—
大韩民国	354.86	366.48	372.48	380.36	387.76
科威特	—	—	—	—	13.80
老挝	0.92	1.00	1.14	1.33	1.64
黎巴嫩	76.27	—	102.47	99.54	227.98
利比里亚	0.05	0.02	0.13	1.18	—

（续表）

国家和地区	2010	2011	2012	2013	2014
利比亚	—	11.47	—	10.43	—
圣卢西亚	115.51	119.04	135.86	137.16	153.60
列支敦士登	—	373.61	393.28	406.66	403.29
斯里兰卡	11.00	17.16	16.78	19.95	26.47
莱索托	0.20	0.66	—	1.10	1.09
立陶宛	221.39	239.06	253.95	277.17	314.62
卢森堡	331.51	328.76	324.01	332.78	—
拉脱维亚	208.02	220.62	—	241.91	247.41
中国澳门特别行政区	247.05	252.00	259.70	268.01	280.47
摩洛哥	15.94	18.57	21.20	25.57	29.61
摩纳哥	374.54	427.26	432.64	446.62	—
摩尔多瓦	75.78	100.57	119.09	134.60	147.11
马达加斯加	0.26	0.32	1.39	1.66	1.05
马尔代夫	47.75	53.13	53.36	58.98	—
墨西哥	89.77	96.90	102.89	109.27	115.62
马绍尔群岛	—	—	—	24.39	26.00
马其顿王国	123.08	133.83	148.31	160.64	161.91
马里	0.57	0.59	0.29	0.19	0.19
马耳他	296.39	301.81	317.37	333.35	352.31
缅甸	0.44	0.42	—	1.79	—
黑山	—	—	—	127.85	152.00
蒙古	28.29	34.15	39.39	49.22	68.45
莫桑比克	0.61	0.86	0.81	0.70	0.49
毛里塔尼亚	1.61	1.65	1.76	1.94	2.01
毛里求斯	76.32	95.74	112.14	130.50	145.70
马拉维	0.07	0.11	0.08	0.54	0.51
马来西亚	74.19	87.16	99.89	98.89	101.40
纳米比亚	—	7.94	10.65	15.52	17.55
新喀里多尼亚	155.03	171.21	—	—	—
尼日尔	0.09	0.13	0.21	0.36	—
尼日利亚	0.62	—	0.08	0.09	0.09
尼加拉瓜	12.59	14.41	16.91	21.66	24.77
荷兰	380.92	389.89	398.11	405.27	410.24

（续表）

国家和地区	2010	2011	2012	2013	2014
挪威	352.33	369.44	379.88	388.60	381.41
尼泊尔	2.24	3.49	8.39	11.20	8.11
新西兰	249.99	266.88	285.21	292.07	304.53
阿曼	20.89	25.86	34.20	42.48	45.09
巴基斯坦	4.56	6.62	8.47	8.94	10.85
巴拿马	70.22	75.62	77.52	79.52	78.98
秘鲁	31.87	40.92	48.11	53.10	57.41
菲律宾	18.43	88.47	—	181.70	232.19
帕劳	11.68	25.14	43.27	86.29	93.57
巴布亚新几内亚	0.89	—	—	1.54	—
波兰	153.37	182.49	205.33	227.40	238.30
波多黎各	148.67	150.82	155.17	163.10	165.69
葡萄牙	200.82	211.65	225.46	241.64	266.81
巴拉圭	13.85	18.27	20.36	23.02	—
法属波利尼西亚	120.30	132.90	146.81	—	174.39
卡塔尔	83.32	86.14	90.28	99.36	99.05
罗马尼亚	137.26	150.54	162.78	174.67	185.21
俄罗斯联邦	109.32	122.94	146.14	166.24	174.53
卢旺达	0.36	0.78	0.48	0.24	1.14
沙特阿拉伯	62.79	69.28	89.14	101.80	103.64
苏丹	—	0.48	0.67	0.68	0.54
塞内加尔	6.07	6.95	6.96	7.55	7.10
新加坡	263.52	271.22	270.17	275.96	277.86
所罗门群岛	4.79	4.52	3.88	3.36	—
萨尔瓦多	28.19	32.93	—	44.86	—
圣马力诺	194.16	210.58	316.89	325.33	—
索马里	—	—	3.92	5.72	—
塞尔维亚	108.67	124.13	137.13	152.33	155.67
南苏丹	—	—	—	0.01	0.01
圣多美和普林西比	3.28	4.02	4.14	5.07	—
苏里南	28.85	43.72	54.75	68.79	85.31
斯洛伐克共和国	161.40	175.19	191.98	203.49	218.41
斯洛文尼亚	229.05	239.76	246.33	253.19	265.51

（续表）

国家和地区	2010	2011	2012	2013	2014
瑞典	319.70	320.40	323.11	325.73	341.87
斯威士兰	—	6.62	2.79	3.36	—
塞舌尔	74.48	102.53	114.55	133.68	126.75
阿拉伯叙利亚共和国	3.24	5.56	11.06	15.81	16.85
乍得	0.03	—	1.56	1.15	0.77
多哥	4.32	—	6.25	1.01	1.14
泰国	48.97	58.50	67.66	77.48	82.08
塔吉克斯坦	0.62	—	—	0.71	—
土库曼斯坦	0.14	—	—	0.34	—
东帝汶	—	—	—	0.62	—
汤加	—	12.43	—	16.14	17.02
特立尼达和多巴哥	122.62	129.26	150.59	158.44	174.69
突尼斯	45.35	52.02	48.58	48.60	44.36
土耳其	98.40	103.91	106.34	118.69	116.91
图瓦卢	—	—	—	70.88	—
坦桑尼亚	0.17	—	0.86	1.15	1.67
乌干达	0.41	1.01	1.06	2.69	2.92
乌克兰	64.19	69.22	80.06	88.34	84.17
乌拉圭	113.75	139.76	171.02	216.34	245.78
美国	270.69	280.45	291.38	300.05	303.74
乌兹别克斯坦	—	—	7.73	10.59	—
圣文森特和格林纳丁斯	114.37	121.15	124.49	133.52	149.19
委内瑞拉玻利瓦尔共和国	57.61	61.55	67.99	73.46	78.22
越南	41.21	—	—	56.20	64.84
瓦努阿图	—	1.39	1.25	1.23	17.69
约旦河西岸和加沙	—	—	44.18	49.25	53.00
萨摩亚	—	—	5.74	—	—
也门共和国	3.69	4.68	7.01	10.52	—
南非	14.44	—	—	30.60	32.11
刚果（金）	—	—	—	0.01	0.01
赞比亚	—	1.20	1.07	0.96	1.42
津巴布韦	2.52	2.55	5.24	7.34	10.43

资料来源：世界银行数据库。

2010—2014年世界各国每千人所拥有的电话线路数量（单位:线）

国家和地区	2010	2011	2012	2013	2014
世界	177.65	171.85	166.70	159.05	151.85
阿鲁巴	344.89	—	351.62	340.10	338.39
安道尔共和国	489.96	493.17	489.03	486.91	477.05
阿富汗	0.59	0.46	3.02	3.13	3.26
安哥拉	14.38	7.90	10.01	10.01	12.71
阿尔巴尼亚	105.73	107.44	98.67	88.62	77.56
阿拉伯联盟国家	98.31	98.19	95.90	88.99	80.95
阿拉伯联合酋长国	175.26	204.54	213.73	223.20	222.65
阿根廷	245.56	238.71	230.14	233.12	225.80
亚美尼亚	199.87	198.02	196.59	194.33	189.17
美属萨摩亚	186.93	—	181.40	181.27	178.96
安提瓜和巴布达	416.38	402.53	372.28	368.21	356.42
澳大利亚	474.24	464.94	454.26	443.40	388.91
奥地利	404.43	401.76	399.34	392.46	383.13
阿塞拜疆	165.65	182.98	185.20	186.74	188.70
布隆迪	3.79	3.15	1.77	2.09	2.07
比利时	424.06	421.04	420.25	413.92	421.24
贝宁	14.03	15.62	15.59	15.44	18.46
布基纳法索	9.26	8.85	8.59	8.11	7.15
孟加拉国	8.47	6.40	6.22	6.91	6.85
保加利亚	292.90	309.94	293.07	268.92	253.48
巴林	182.18	213.90	227.20	218.82	211.80
巴哈马	358.71	363.05	362.94	360.39	359.93
波斯尼亚和黑塞哥维那	259.66	248.99	231.18	221.05	222.03
白俄罗斯	436.05	445.27	468.58	477.58	485.01
伯利兹	98.15	91.20	78.43	72.46	66.81
百慕大	889.90	—	1058.02	1101.91	446.59
玻利维亚	83.81	85.09	83.87	81.94	80.76
巴西	215.88	218.48	223.03	224.78	218.42
巴巴多斯	490.33	499.17	506.17	522.53	529.23
文莱达鲁萨兰国	199.47	196.40	172.07	135.75	114.01
不丹	36.67	37.69	36.40	35.13	31.12

（续表）

国家和地区	2010	2011	2012	2013	2014
博茨瓦纳	69.78	75.29	80.09	86.17	83.02
中非共和国	0.21	0.18	0.18	0.17	0.17
加拿大	539.00	529.87	508.81	480.96	466.48
瑞士	626.75	618.91	590.44	568.63	536.25
智利	201.59	194.49	187.84	181.80	191.73
中国	216.49	208.35	201.99	192.69	178.96
科特迪瓦	14.93	14.26	13.92	13.40	11.66
喀麦隆	26.16	31.62	33.98	35.90	46.07
刚果（布）	3.26	3.36	3.44	3.53	3.58
哥伦比亚	154.72	151.38	148.12	147.79	146.76
科摩罗	31.05	33.06	33.45	31.30	31.23
佛得角	147.60	151.87	142.03	132.65	116.22
哥斯达黎加	227.08	217.77	207.08	198.77	178.47
加勒比小国	179.94	180.24	176.14	175.75	176.01
古巴	103.14	105.84	107.93	109.83	112.34
库拉索	534.33	449.24	411.27	355.88	389.28
开曼群岛	672.88	657.74	649.50	628.34	555.55
塞浦路斯	374.37	362.76	330.56	305.92	284.35
捷克共和国	224.32	207.70	198.63	186.97	175.71
德国	637.22	620.08	605.07	588.69	568.90
吉布提	22.15	21.78	23.21	23.70	24.72
多米尼克	217.57	209.97	226.51	238.10	243.29
丹麦	470.87	445.09	410.76	372.76	333.19
多米尼加共和国	101.12	108.38	109.86	112.56	116.45
阿尔及利亚	78.86	81.01	85.48	79.90	77.45
厄瓜多尔	139.03	144.99	149.02	152.17	152.77
阿拉伯埃及共和国	123.19	109.76	106.01	83.12	75.74
厄立特里亚	9.45	9.86	9.80	9.78	9.79
西班牙	437.00	427.59	418.67	413.07	405.58
爱沙尼亚	371.35	364.55	347.24	331.32	317.26
埃塞俄比亚	10.44	9.27	8.69	8.09	8.50
芬兰	232.87	200.41	164.46	138.62	117.35
斐济	150.88	149.60	101.08	79.70	84.26

（续表）

国家和地区	2010	2011	2012	2013	2014
法国	642.44	634.93	621.08	607.86	600.31
法罗群岛	406.91	394.76	377.43	363.86	349.94
密克罗尼西亚联邦	81.58	81.22	81.24	97.03	67.61
加蓬	19.52	14.11	13.85	11.52	10.05
英国	538.28	532.66	528.76	528.76	523.52
格鲁吉亚	253.36	306.45	292.74	276.51	253.85
加纳	11.45	11.47	11.23	10.44	9.85
几内亚	1.66	1.61	—	—	—
冈比亚	29.02	29.08	35.84	34.71	29.25
几内亚比绍共和国	3.15	3.08	3.01	2.93	2.86
赤道几内亚	19.45	20.28	20.19	19.65	19.42
希腊	530.88	516.70	490.91	479.20	469.01
格林纳达	271.01	267.16	262.86	269.93	269.04
格陵兰	385.92	351.36	333.00	315.86	300.89
危地马拉	104.49	110.59	115.62	120.44	108.34
关岛	410.81	—	411.52	405.76	402.28
圭亚那	190.63	192.57	193.88	196.10	198.75
中国香港特别行政区	618.72	611.90	612.93	613.48	610.90
洪都拉斯	88.36	78.99	76.93	76.45	64.47
克罗地亚	430.09	427.41	404.78	388.90	367.20
海地	5.05	4.98	4.91	3.97	3.92
匈牙利	297.29	293.44	296.77	299.15	303.15
印度尼西亚	170.07	158.40	153.86	122.96	117.23
印度	29.11	26.89	25.02	23.19	21.30
爱尔兰	465.13	452.50	438.77	439.68	432.41
伊朗伊斯兰共和国	346.69	368.14	376.30	383.34	389.81
伊拉克	55.57	56.35	57.08	56.27	56.02
冰岛	608.77	593.44	552.38	509.88	514.91
以色列	459.28	464.05	470.18	375.01	370.74
意大利	372.45	364.00	357.21	345.92	336.83
牙买加	95.95	98.04	91.42	89.92	90.61
约旦	75.22	69.14	61.98	52.02	50.03
日本	515.25	507.92	504.72	479.92	500.87

（续表）

国家和地区	2010	2011	2012	2013	2014
哈萨克斯坦	254.86	264.99	268.04	267.14	261.23
肯尼亚	9.31	6.75	5.83	4.61	3.95
吉尔吉斯斯坦	91.68	92.91	89.30	83.15	78.77
柬埔寨	24.98	36.29	39.32	27.81	28.43
基里巴斯	85.91	85.25	89.30	87.93	88.51
圣基茨和尼维斯	378.21	373.79	373.25	354.30	348.61
大韩民国	589.08	604.70	614.24	615.74	595.44
科威特	173.63	164.72	156.90	150.81	141.98
老挝	16.12	16.51	67.71	103.65	133.56
黎巴嫩	193.04	190.93	186.57	180.42	194.47
利比里亚	1.47	2.28	3.28	2.56	2.28
利比亚	203.34	163.85	132.26	127.23	112.96
圣卢西亚	211.11	200.28	203.69	183.79	178.83
列支敦士登	542.64	538.64	503.87	495.60	483.95
斯里兰卡	172.38	172.44	163.49	127.24	124.91
莱索托	19.22	19.01	24.75	24.27	24.40
立陶宛	245.54	233.87	223.08	207.49	195.03
卢森堡	536.34	540.59	509.22	504.54	496.31
拉脱维亚	254.53	249.03	231.09	206.31	189.60
中国澳门特别行政区	314.94	304.44	291.91	279.70	266.88
摩洛哥	118.49	111.23	100.83	88.61	74.28
摩纳哥	1164.61	1194.14	1217.25	1238.40	1329.53
摩尔多瓦	324.98	333.04	343.10	350.27	351.96
马达加斯加	6.74	10.93	10.90	10.71	10.57
马尔代夫	87.12	72.55	68.37	65.38	61.09
墨西哥	168.96	167.53	170.36	171.97	170.43
马绍尔群岛	—	—	—	—	44.74
马其顿王国	196.50	200.61	193.92	188.18	186.16
马里	8.19	7.26	7.54	8.26	9.97
马耳他	583.03	544.62	537.07	539.23	535.54
缅甸	9.50	10.01	9.93	10.04	9.81
黑山	275.05	275.29	273.40	272.03	264.94
蒙古	71.23	68.10	63.19	61.89	79.24

（续表）

国家和地区	2010	2011	2012	2013	2014
北马里亚纳群岛	473.45	—	431.48	427.07	410.78
莫桑比克	3.67	3.58	3.50	3.00	2.60
毛里塔尼亚	19.83	19.52	17.14	13.88	12.91
毛里求斯	315.03	303.34	281.63	291.71	297.96
马拉维	10.13	11.22	14.29	2.05	3.82
马来西亚	163.03	157.27	156.94	152.63	146.09
纳米比亚	72.08	71.73	75.79	79.68	77.77
新喀里多尼亚	293.04	305.05	316.01	331.39	340.62
尼日尔	5.25	5.17	5.86	5.64	5.68
尼日利亚	6.58	4.38	2.48	2.08	1.03
尼加拉瓜	44.37	48.71	49.92	53.44	55.05
荷兰	435.26	427.99	429.70	425.17	424.07
挪威	336.81	307.91	279.55	245.25	227.21
尼泊尔	31.35	31.14	30.27	29.83	29.83
新西兰	430.39	425.92	421.54	410.59	406.47
阿曼	101.31	94.99	91.90	96.74	95.56
巴基斯坦	35.11	32.48	32.72	34.98	26.46
巴拿马	146.63	149.77	149.88	151.73	149.87
秘鲁	107.98	109.76	113.90	105.54	98.56
菲律宾	35.69	37.41	36.12	32.00	30.90
帕劳	340.79	335.63	352.94	347.21	338.86
巴布亚新几内亚	17.67	18.54	19.39	19.12	19.41
波兰	200.72	179.37	155.74	143.33	131.76
波多黎各	240.13	223.20	191.18	179.17	223.57
朝鲜民主主义人民共和国	48.16	47.91	47.65	47.40	47.15
葡萄牙	423.64	428.64	429.85	427.01	432.46
巴拉圭	56.18	56.11	61.46	64.34	53.76
法属波利尼西亚	204.96	203.05	200.87	198.68	196.54
卡塔尔	154.31	161.70	192.35	190.25	184.13
罗马尼亚	205.84	214.59	213.75	217.53	212.57
俄罗斯联邦	312.75	307.81	294.53	283.36	276.74
卢旺达	3.66	3.49	3.87	3.85	4.10
沙特阿拉伯	152.82	166.89	169.75	171.35	133.55

（续表）

国家和地区	2010	2011	2012	2013	2014
苏丹	12.51	13.27	11.42	10.95	10.78
塞内加尔	26.40	25.99	24.77	24.32	21.44
新加坡	393.01	388.68	374.79	363.47	355.22
所罗门群岛	15.96	15.60	14.67	13.57	13.14
塞拉利昂	2.43	2.73	3.01	2.63	2.66
萨尔瓦多	160.96	164.59	168.16	151.49	148.50
圣马力诺	633.68	601.81	598.46	596.29	587.92
索马里	10.38	9.08	6.87	6.10	5.29
塞尔维亚	393.06	387.65	383.67	393.48	373.28
南苏丹	0.23	0.21	0.01	—	—
圣多美和普林西比	43.79	43.46	42.72	36.15	34.36
苏里南	161.84	158.53	161.73	157.51	156.09
斯洛伐克共和国	202.23	194.11	178.99	177.44	168.43
斯洛文尼亚	443.39	427.38	403.95	385.31	370.83
瑞典	504.62	474.36	438.33	410.45	396.72
斯威士兰	44.39	62.55	37.02	36.81	35.02
塞舌尔	241.70	304.06	226.86	234.30	227.30
阿拉伯叙利亚共和国	188.97	196.70	194.34	202.25	181.31
乍得	4.37	2.64	2.24	2.44	1.78
多哥	9.52	9.31	9.27	9.17	9.04
泰国	102.94	100.05	95.49	90.37	84.64
塔吉克斯坦	48.21	48.63	49.07	51.78	52.41
土库曼斯坦	103.13	107.11	111.16	114.88	117.65
东帝汶	2.69	2.79	2.69	2.65	2.60
汤加	297.80	286.93	285.87	294.33	113.44
特立尼达和多巴哥	220.85	219.07	214.29	217.19	214.34
突尼斯	121.29	113.25	101.05	92.94	85.40
土耳其	224.59	208.20	187.30	180.85	165.21
图瓦卢	122.11	147.30	147.06	146.82	151.61
坦桑尼亚	3.88	3.47	3.69	3.35	2.98
乌干达	9.62	13.23	8.67	7.26	8.35
乌克兰	281.03	276.86	267.56	261.52	246.40
乌拉圭	285.35	285.17	297.75	307.73	316.76

（续表）

国家和地区	2010	2011	2012	2013	2014
美国	479.27	455.11	436.51	416.29	401.19
乌兹别克斯坦	68.14	68.48	69.37	69.12	85.51
圣文森特和格林纳丁斯	198.53	207.79	177.18	174.35	218.55
委内瑞拉玻利瓦尔共和国	243.87	248.55	255.34	255.67	253.10
美属维京群岛	712.53	—	—	712.77	712.60
越南	161.42	113.16	105.25	73.36	60.10
瓦努阿图	30.09	24.29	19.61	21.75	22.17
约旦河西岸和加沙	89.81	93.02	93.36	93.16	90.87
萨摩亚	43.00	—	43.78	44.03	61.40
也门共和国	45.96	46.13	46.28	46.83	46.80
南非	94.48	93.44	92.52	73.43	80.97
刚果（金）	0.68	0.89	0.91	—	—
赞比亚	8.96	6.29	5.86	7.96	7.62
津巴布韦	28.98	26.65	21.98	21.50	22.57

资料来源：世界银行数据库。

2010—2014年世界各国每百万人安全互联网服务器数量（单位：台）

国家和地区	2010	2011	2012	2013	2014
世界	154.27	183.06	180.71	159.35	188.95
阿鲁巴	364.18	500.31	312.52	281.77	338.36
安道尔共和国	923.96	1081.07	895.15	671.92	879.29
阿富汗	0.72	0.76	1.11	0.98	1.01
安哥拉	2.45	2.83	3.17	3.54	4.54
阿尔巴尼亚	9.27	15.15	20.69	17.60	23.84
阿拉伯联盟国家	8.82	11.36	13.19	14.44	19.13
阿拉伯联合酋长国	137.46	162.91	188.88	200.77	294.40
阿根廷	25.57	32.89	40.79	41.77	52.72
亚美尼亚	18.22	28.98	26.86	40.10	40.92
美属萨摩亚	35.95	108.47	54.32	36.17	54.12
安提瓜和巴布达	1100.50	1089.03	—	689.00	363.04
澳大利亚	1784.56	2027.80	1721.07	1252.54	1348.57
奥地利	858.74	996.47	1139.03	1078.62	1267.68

（续表）

国家和地区	2010	2011	2012	2013	2014
阿塞拜疆	5.08	4.69	6.45	8.50	13.53
布隆迪	0.21	0.10	0.30	0.29	0.55
比利时	487.99	597.41	674.41	738.28	854.24
贝宁	0.11	0.72	0.70	1.07	2.17
布基纳法索	0.26	0.62	0.60	0.82	0.63
孟加拉国	0.31	0.63	0.73	0.76	0.85
保加利亚	74.91	141.53	164.11	145.90	176.72
巴林	97.52	119.45	134.23	140.06	176.95
巴哈马	351.97	398.13	316.87	267.31	255.84
波斯尼亚和黑塞哥维那	15.64	19.83	25.86	24.06	35.89
白俄罗斯	9.48	12.35	19.55	26.09	44.56
伯利兹	323.37	325.04	273.23	171.42	210.40
百慕大	5850.38	5328.05	5015.59	4938.39	6489.62
玻利维亚	7.97	9.53	9.96	9.13	12.88
巴西	39.98	53.15	53.28	56.35	68.63
巴巴多斯	321.93	392.01	376.45	343.36	405.82
文莱达鲁萨兰国	66.11	115.16	113.44	119.08	150.94
不丹	4.17	5.46	12.10	9.28	14.38
博茨瓦纳	8.30	8.61	10.78	9.65	11.26
中非共和国	—	—	0.22	0.21	0.21
加拿大	1242.69	1374.20	1237.92	1035.26	1210.00
瑞士	1867.63	2136.01	2282.27	2210.69	2820.43
智利	53.13	67.73	82.53	93.82	127.63
中国	1.92	2.43	3.14	3.87	7.04
科特迪瓦	1.04	0.92	1.37	1.85	2.57
喀麦隆	0.53	0.99	1.20	1.49	1.67
刚果（布）	1.23	1.20	1.40	1.14	1.55
哥伦比亚	14.44	21.46	28.95	34.18	47.14
科摩罗	1.43	4.19	1.36	1.33	—
佛得角	14.27	16.16	23.96	25.63	50.59
哥斯达黎加	110.44	114.34	97.98	81.80	99.42
加勒比小国	111.90	125.86	114.63	106.22	115.06
古巴	0.09	—	0.09	0.44	0.35

（续表）

国家和地区	2010	2011	2012	2013	2014
库拉索	—	—	39.45	195.03	—
开曼群岛	1927.62	2492.05	2555.54	2090.15	2365.98
塞浦路斯	838.10	1121.22	786.33	621.03	606.77
捷克共和国	319.73	389.00	518.80	563.90	691.59
德国	872.03	1022.51	1110.78	1070.61	1420.02
吉布提	6.02	5.94	4.69	4.63	10.27
多米尼克	309.13	434.16	488.25	430.53	428.53
丹麦	1872.13	2182.00	2213.87	2102.61	2080.83
多米尼加共和国	15.26	20.34	23.24	20.62	28.25
阿尔及利亚	0.86	0.93	1.31	1.57	1.98
厄瓜多尔	14.13	19.04	22.24	24.58	34.46
阿拉伯埃及共和国	2.27	2.96	3.49	3.25	4.79
西班牙	230.93	281.63	290.92	269.20	316.76
爱沙尼亚	437.11	537.88	668.33	752.66	927.19
埃塞俄比亚	0.13	0.17	0.20	0.17	0.23
芬兰	1245.49	1486.38	1612.68	1546.98	1791.31
斐济	30.23	36.89	35.46	30.66	41.74
法国	296.41	354.61	409.31	486.88	683.45
法罗群岛	926.56	1278.56	—	1656.59	—
密克罗尼西亚联邦	38.60	77.31	57.96	19.28	—
加蓬	7.78	8.24	11.16	9.69	10.67
英国	1384.15	1576.98	1467.31	1193.27	1291.23
格鲁吉亚	11.90	18.74	26.05	28.75	37.08
加纳	1.73	2.21	2.94	2.60	3.70
几内亚	0.36	0.44	0.43	0.08	0.33
冈比亚	2.95	2.86	3.87	4.29	5.70
几内亚比绍共和国	0.61	0.60	1.17	1.14	1.11
赤道几内亚	2.74	2.66	1.29	1.25	3.65
希腊	126.06	156.88	171.19	136.30	147.38
格林纳达	85.98	76.14	47.40	28.33	37.61
格陵兰	1089.54	1494.11	1478.61	1434.06	1385.56
危地马拉	9.71	13.56	13.86	13.13	17.55
关岛	244.61	273.53	251.83	242.25	196.96

（续表）

国家和地区	2010	2011	2012	2013	2014
圭亚那	6.64	9.26	6.59	13.14	10.47
中国香港特别行政区	456.28	570.45	636.65	623.58	790.56
洪都拉斯	8.40	7.87	9.69	9.43	11.43
克罗地亚	168.86	231.27	245.11	193.15	219.53
海地	1.00	1.18	1.65	1.05	1.70
匈牙利	166.20	219.92	247.77	249.57	300.76
印度尼西亚	1.99	3.35	3.93	4.10	6.23
马恩岛	818.24	1140.25	—	2209.06	2559.48
印度	2.11	2.84	3.49	3.82	5.54
爱尔兰	980.67	1131.80	1003.51	718.09	775.03
伊朗伊斯兰共和国	0.74	1.01	1.35	1.27	2.14
伊拉克	0.13	0.13	0.12	0.27	0.72
冰岛	2524.83	3024.95	3133.61	2915.70	3214.39
以色列	396.66	470.14	396.31	270.36	254.28
意大利	157.56	195.34	212.88	201.86	249.20
牙买加	39.39	48.52	51.33	44.57	56.96
约旦	19.85	25.24	29.28	26.93	30.42
日本	646.70	743.93	750.05	736.67	911.68
哈萨克斯坦	5.21	6.34	7.38	9.39	14.46
肯尼亚	2.60	3.19	4.23	4.85	7.80
吉尔吉斯斯坦	1.10	2.54	4.10	5.42	9.08
柬埔寨	1.67	2.47	2.97	2.06	3.00
基里巴斯	9.74	9.55	9.38	9.21	9.05
圣基茨和尼维斯	1260.70	1207.59	1826.65	1381.19	1274.02
大韩民国	1128.08	2496.11	2751.54	1994.90	2178.35
科威特	124.20	155.90	170.20	173.36	198.77
老挝	0.80	1.26	0.93	1.06	2.09
黎巴嫩	27.90	39.88	48.42	42.73	54.54
利比里亚	0.76	1.23	1.19	0.93	2.50
利比亚	1.44	1.43	1.75	3.35	3.04
圣卢西亚	124.02	117.14	93.98	71.31	92.57
列支敦士登	5733.82	7636.09	—	8207.34	9762.38
斯里兰卡	4.45	6.04	7.67	8.98	11.43

（续表）

国家和地区	2010	2011	2012	2013	2014
莱索托	0.50	—	—	0.48	1.42
立陶宛	188.55	255.93	272.78	256.62	206.87
卢森堡	1412.36	1869.40	1985.14	2190.08	2645.33
拉脱维亚	184.98	221.88	273.31	272.28	360.74
中国澳门特别行政区	213.23	243.29	—	309.83	339.15
圣马丁（法属）	—	97.99	32.30	—	—
摩洛哥	2.96	4.27	3.52	3.59	4.92
摩纳哥	2442.67	3065.42	2753.72	2771.26	3216.12
摩尔多瓦	13.48	19.66	23.04	24.73	48.36
马达加斯加	0.47	0.51	0.54	0.65	0.93
马尔代夫	51.12	79.74	87.00	85.44	86.73
墨西哥	19.70	25.58	27.79	26.15	34.11
马绍尔群岛	114.44	171.29	132.92	113.67	18.90
马其顿王国	24.24	28.56	40.11	52.59	76.60
马里	0.73	0.96	0.93	0.96	1.29
马耳他	1375.12	1672.00	1623.54	1469.15	1691.61
缅甸	0.06	0.08	0.10	0.13	0.49
黑山	25.83	25.80	30.62	37.02	56.29
蒙古	10.69	13.77	19.23	22.03	28.52
北马里亚纳群岛	92.83	75.14	56.27	37.13	73.34
莫桑比克	0.82	1.08	1.48	1.55	1.76
毛里塔尼亚	1.95	1.90	1.85	2.07	2.52
毛里求斯	88.77	119.77	138.55	131.09	154.65
马拉维	0.27	0.39	0.89	0.93	1.14
马来西亚	41.89	54.98	66.16	67.40	88.52
纳米比亚	14.59	20.53	19.64	17.90	22.47
新喀里多尼亚	100.00	137.80	217.05	240.46	349.62
尼日尔	0.18	0.30	0.28	0.16	0.16
尼日利亚	1.20	1.68	1.75	1.68	2.32
尼加拉瓜	7.84	10.16	10.55	8.58	11.31
荷兰	2276.68	2750.30	2805.86	2382.11	2635.07
挪威	1651.17	1810.18	1879.02	1727.29	1941.99
尼泊尔	1.67	2.17	2.47	2.37	2.98

（续表）

国家和地区	2010	2011	2012	2013	2014
新西兰	1495.39	1605.16	1474.33	1108.03	1211.17
阿曼	26.16	47.35	52.47	58.36	79.32
巴基斯坦	0.99	1.13	1.29	1.29	1.85
巴拿马	123.19	138.78	135.96	91.18	116.61
秘鲁	14.09	18.41	21.55	21.23	28.06
菲律宾	6.69	7.58	8.69	8.13	10.93
帕劳	48.85	97.06	96.36	95.61	142.20
巴布亚新几内亚	3.21	6.86	7.27	7.80	10.72
波兰	211.58	270.76	303.39	312.98	429.71
波多黎各	89.48	106.05	113.67	109.57	127.95
朝鲜民主主义人民共和国	—	—	—	0.04	0.08
葡萄牙	174.69	225.43	241.18	218.41	262.85
巴拉圭	6.92	10.17	11.44	16.24	24.11
法属波利尼西亚	85.80	110.76	146.11	133.69	160.84
卡塔尔	84.96	123.86	143.38	167.04	231.58
罗马尼亚	42.18	56.98	70.79	68.96	125.11
俄罗斯联邦	20.19	26.93	39.04	51.13	84.42
卢旺达	0.68	0.95	2.13	2.71	3.88
沙特阿拉伯	17.09	21.02	29.29	32.68	45.88
苏丹	0.02	0.02	0.06	0.04	0.03
塞内加尔	1.08	1.35	2.10	2.18	3.54
新加坡	529.67	607.29	635.31	609.35	822.35
所罗门群岛	3.80	7.44	7.28	5.35	3.50
塞拉利昂	0.17	0.68	0.66	0.81	0.95
萨尔瓦多	13.75	17.34	21.41	19.54	22.10
圣马力诺	1270.77	1680.78	1668.16	1433.53	1867.38
索马里	0.10	0.20	0.10	—	0.10
塞尔维亚	19.89	29.03	37.78	34.76	43.76
南苏丹	—	—	—	—	0.17
小国	42.67	53.05	51.58	40.68	45.98
圣多美和普林西比	17.56	17.18	67.23	49.35	10.73
苏里南	21.23	34.39	37.84	33.74	55.74
斯洛伐克共和国	128.54	165.05	226.35	262.87	321.31
斯洛文尼亚	303.62	433.06	557.08	547.59	648.33

（续表）

国家和地区	2010	2011	2012	2013	2014
瑞典	1268.38	1451.97	1511.44	1437.96	1602.24
斯威士兰	10.06	13.20	6.50	8.80	10.24
圣马丁（荷属）	—	—	—	109.27	159.30
塞舌尔	1113.96	1326.61	1121.14	611.79	469.81
阿拉伯叙利亚共和国	0.10	0.24	0.37	0.46	0.50
特克斯科斯群岛	419.45	567.34	493.37	332.30	266.75
乍得	—	—	—	—	0.15
多哥	1.88	1.98	3.26	3.03	4.22
泰国	13.67	17.20	19.46	17.98	23.34
塔吉克斯坦	0.40	0.52	0.88	1.23	1.45
土库曼斯坦	0.20	0.20	0.39	0.19	0.38
东帝汶	0.94	2.68	—	0.85	0.83
汤加	19.24	28.74	28.63	19.02	28.41
特立尼达和多巴哥	73.04	86.16	96.16	92.71	111.48
突尼斯	14.13	19.30	13.08	16.99	17.91
土耳其	99.60	143.36	116.60	50.38	57.34
坦桑尼亚	0.39	0.49	0.74	1.06	1.51
乌干达	0.87	1.52	1.50	1.20	1.61
乌克兰	13.23	17.72	23.49	26.49	45.48
乌拉圭	44.75	70.00	80.37	75.12	95.34
美国	1444.95	1562.51	1473.15	1304.45	1548.20
乌兹别克斯坦	0.21	0.44	0.67	0.79	1.66
圣文森特和格林纳丁斯	109.77	128.04	192.07	237.82	192.03
委内瑞拉玻利瓦尔共和国	7.38	8.02	10.72	11.13	12.18
美属维京群岛	385.82	463.21	446.45	401.00	422.39
越南	3.13	4.68	6.70	8.16	11.86
瓦努阿图	215.83	223.25	129.29	43.45	27.04
约旦河西岸和加沙	3.94	4.84	4.69	4.56	5.12
萨摩亚	21.50	21.34	26.47	26.26	31.28
也门共和国	0.30	0.41	0.44	0.63	0.73
南非	61.60	72.49	81.90	86.07	115.55
刚果（金）	0.12	0.18	0.24	0.32	0.40
赞比亚	1.15	1.46	2.23	2.62	3.43
津巴布韦	0.93	1.19	2.81	3.02	4.53

资料来源：世界银行数据库。

2010—2013年世界各国信息和通信技术产品出口占产品出口总量的比重（单位：%）

国家和地区	2010	2011	2012	2013
阿鲁巴	0.40	0.40	0.40	0.40
阿尔巴尼亚	0.84	0.52	0.39	0.36
阿根廷	0.11	0.10	0.10	0.15
亚美尼亚	0.75	0.73	1.26	0.16
安提瓜和巴布达	2.16	12.11	11.61	4.88
澳大利亚	0.96	0.85	0.88	0.92
奥地利	3.95	3.79	3.89	4.21
阿塞拜疆	0.01	0.00	0.00	0.04
布隆迪	0.41	0.18	0.15	—
比利时	2.33	2.19	2.06	1.74
贝宁	0.03	0.01	0.01	0.03
布基纳法索	0.01	0.04	—	0.04
孟加拉国	0.05	0.04	—	—
保加利亚	2.47	2.13	1.96	2.35
巴林	0.25	0.57	—	—
巴哈马	0.16	1.69	0.23	0.26
波斯尼亚和黑塞哥维那	0.15	0.14	0.19	0.18
白俄罗斯	0.50	0.38	0.63	0.66
伯利兹	—	0.48	—	0.25
百慕大	—	—	6.63	9.60
玻利维亚	0.00	0.00	0.00	—
巴西	1.01	0.70	0.55	0.48
巴巴多斯	1.51	0.66	0.76	0.70
文莱达鲁萨兰国	—	—	0.28	0.13
不丹	11.35	15.87	—	—
博茨瓦纳	0.27	0.14	0.19	0.10
中非共和国	0.19	—	0.00	0.02
加拿大	2.76	2.48	2.27	2.10
瑞士	1.64	1.47	1.45	1.48
智利	0.37	0.36	0.34	0.40
中国	29.12	26.76	27.06	27.42

（续表）

国家和地区	2010	2011	2012	2013
科特迪瓦	0.21	0.05	0.06	0.08
喀麦隆	0.02	0.04	0.02	—
刚果（布）	0.01	0.00	0.07	0.01
哥伦比亚	0.15	0.10	0.12	0.15
哥斯达黎加	19.91	19.49	19.45	21.87
加勒比小国	0.20	—	—	—
塞浦路斯	9.17	5.64	3.48	3.88
捷克共和国	15.01	15.33	14.53	13.09
德国	5.09	4.60	4.41	4.27
多米尼克	2.45	—	7.77	—
丹麦	3.67	3.42	3.48	3.34
多米尼加共和国	1.98	2.07	0.93	—
阿尔及利亚	0.00	0.00	0.00	0.00
东亚与太平洋	26.12	23.62	24.11	24.60
东亚与太平洋地区（所有收入水平）	24.41	22.16	22.09	22.53
欧洲和中亚	2.14	1.95	1.70	1.44
欧洲与中亚地区（所有收入水平）	5.32	4.81	4.38	4.18
厄瓜多尔	0.12	0.12	0.07	0.07
阿拉伯埃及共和国	0.14	0.23	0.24	0.42
欧洲货币联盟	5.29	4.86	4.47	4.35
西班牙	2.19	1.53	1.27	1.07
爱沙尼亚	7.95	11.47	10.90	11.61
埃塞俄比亚	0.15	0.13	0.16	0.08
欧洲联盟	6.04	5.46	4.96	4.73
芬兰	6.36	4.92	3.98	2.31
斐济	0.24	0.83	0.83	0.83
法国	4.41	4.27	4.08	3.96
英国	5.78	4.67	4.24	3.82
格鲁吉亚	0.24	0.30	0.46	0.69
加纳	0.02	0.05	0.06	0.19
冈比亚	0.12	0.11	0.07	0.10
希腊	2.50	2.01	1.68	1.36

（续表）

国家和地区	2010	2011	2012	2013
格陵兰	0.11	0.09	0.03	0.03
危地马拉	0.88	0.32	0.32	0.25
圭亚那	0.06	0.28	0.09	0.08
高收入国家	9.58	8.69	8.34	8.24
中国香港特别行政区	44.16	42.48	42.18	41.54
洪都拉斯	0.15	0.20	0.31	—
重债穷国（HIPC）	0.22	0.20	0.21	—
克罗地亚	2.10	1.55	1.89	1.45
匈牙利	25.59	21.58	17.39	14.80
印度尼西亚	4.98	3.86	4.06	3.62
印度	2.00	2.18	1.98	1.59
爱尔兰	7.49	5.78	5.65	5.83
伊朗伊斯兰共和国	0.04	0.01	—	—
冰岛	0.07	0.07	0.17	0.10
以色列	12.29	10.69	11.70	11.84
意大利	2.15	2.10	1.86	1.75
牙买加	0.39	0.74	0.39	0.34
约旦	1.29	1.47	1.61	1.39
日本	10.68	9.23	9.15	8.64
哈萨克斯坦	0.05	0.14	0.44	0.34
肯尼亚	1.35	—	—	—
吉尔吉斯斯坦	0.56	0.24	0.08	0.06
柬埔寨	0.09	0.05	0.18	1.23
基里巴斯	—	—	1.94	0.01
圣基茨和尼维斯	19.27	22.52	—	—
大韩民国	21.40	17.99	17.16	19.14
科威特	—	—	—	0.05
拉丁美洲&加勒比海地区	11.02	9.28	9.23	9.23
黎巴嫩	7.11	0.95	0.65	0.86
拉丁美洲与加勒比海地区（所有收入水平）	8.15	6.99	6.91	6.87
斯里兰卡	0.46	0.39	0.50	0.30
中低等收入国家	4.46	4.27	5.47	6.21

（续表）

国家和地区	2010	2011	2012	2013
中低收入国家	16.11	14.53	15.22	15.54
立陶宛	2.71	2.40	2.27	2.43
卢森堡	2.87	2.87	2.78	2.04
拉脱维亚	5.77	5.39	6.14	7.67
中国澳门特别行政区	4.60	5.16	14.86	—
摩洛哥	3.77	3.26	3.08	2.87
摩尔多瓦	0.68	0.56	0.26	0.17
马达加斯加	0.24	0.22	0.13	0.11
中东与北非地区（所有收入水平）	1.74	—	—	—
墨西哥	20.17	16.98	16.86	16.27
中等收入国家	16.22	14.63	15.32	15.64
马其顿王国	0.32	0.34	0.31	0.35
马里	0.10	0.09	0.05	—
马耳他	30.87	22.89	20.20	18.80
缅甸	0.02	—	—	—
中东&北非	0.87	0.85	—	—
黑山	0.27	0.24	0.44	0.41
蒙古	—	—	—	0.19
莫桑比克	0.11	0.02	0.01	0.11
毛里求斯	1.12	0.55	0.76	2.84
马拉维	0.36	0.24	—	0.06
马来西亚	34.01	29.44	27.90	28.18
北美	8.31	7.49	7.09	6.94
纳米比亚	0.52	0.63	0.65	0.64
新喀里多尼亚	0.13	0.13	0.21	—
尼日尔	0.33	0.27	0.19	0.45
尼日利亚	0.00	0.02	0.00	0.01
尼加拉瓜	0.14	0.14	—	—
荷兰	12.46	11.91	10.20	10.33
高收入非经合组织国家	20.78	19.58	19.77	19.47
挪威	1.43	1.03	0.79	0.80
尼泊尔	0.40	0.15	—	0.07

（续表）

国家和地区	2010	2011	2012	2013
新西兰	1.20	1.18	1.13	0.98
高收入经合组织国家	7.30	6.49	6.08	5.95
经合组织成员	7.64	6.77	6.37	6.22
阿曼	0.10	0.14	0.11	0.09
巴基斯坦	0.20	0.24	0.24	0.23
巴拿马	9.60	7.87	—	—
秘鲁	0.08	0.05	0.08	0.12
菲律宾	26.77	22.74	29.47	31.60
帕劳	—	—	0.95	—
巴布亚新几内亚	—	0.01	0.01	—
波兰	9.63	7.04	7.04	6.82
葡萄牙	3.98	3.83	3.38	2.70
巴拉圭	0.08	0.07	0.09	0.05
太平洋岛国	0.21	0.67	0.68	0.66
法属波利尼西亚	0.79	0.52	0.41	0.52
卡塔尔	0.04	0.02	—	—
罗马尼亚	8.39	7.82	4.99	3.97
俄罗斯联邦	0.22	0.24	0.31	0.42
卢旺达	0.61	0.47	0.23	0.46
南亚	1.58	1.72	1.67	1.34
沙特阿拉伯	0.11	0.11	0.12	0.22
苏丹	0.01	0.01	0.01	—
塞内加尔	0.38	0.44	0.31	—
新加坡	34.33	28.91	28.40	29.94
所罗门群岛	0.10	0.03	0.02	0.02
萨尔瓦多	0.33	0.32	0.37	0.45
塞尔维亚	1.63	1.42	2.11	1.50
撒哈拉以南非洲	0.53	0.43	0.49	0.55
撒哈拉以南非洲地区（所有收入水平）	0.53	0.43	0.49	0.55
圣多美和普林西比	0.74	0.10	0.20	1.54
苏里南	0.08	0.09	—	—
斯洛伐克共和国	19.13	16.10	16.66	17.55

（续表）

国家和地区	2010	2011	2012	2013
斯洛文尼亚	2.18	1.92	1.79	1.67
瑞典	9.72	9.17	7.18	6.72
阿拉伯叙利亚共和国	0.02	—	—	—
特克斯科斯群岛	—	1.65	1.86	—
多哥	0.21	0.07	0.04	0.03
泰国	18.93	15.57	16.04	15.59
东帝汶	—	—	—	11.00
汤加	0.00	0.03	1.06	—
特立尼达和多巴哥	0.05	—	—	—
突尼斯	6.53	7.38	6.70	5.85
土耳其	1.84	1.66	1.74	1.45
坦桑尼亚	0.35	0.15	0.14	0.17
乌干达	5.65	6.35	6.55	2.32
乌克兰	1.07	0.89	1.10	0.93
中高等收入国家	19.34	17.31	17.90	18.01
乌拉圭	0.05	0.06	0.09	0.08
美国	10.54	9.50	9.02	8.87
圣文森特和格林纳丁斯	1.35	0.67	2.48	—
委内瑞拉玻利瓦尔共和国	0.02	0.01	0.00	0.00
越南	7.91	11.64	18.24	24.54
瓦努阿图	0.38	0.04	—	—
约旦河西岸和加沙	1.35	1.00	0.73	0.58
世界	11.03	9.98	9.82	9.79
萨摩亚	0.10	0.51	0.14	0.06
也门共和国	0.04	0.01	0.01	0.01
南非	1.20	1.02	1.18	1.22
赞比亚	0.04	0.04	0.12	0.23
津巴布韦	0.04	0.03	0.04	0.04

资料来源：世界银行数据库。

2010—2013年世界各国信息和通信技术产品进口占产品进口总量的比重（单位：%）

国家和地区	2010	2011	2012	2013
阿鲁巴	4.76	4.63	4.42	5.27
阿富汗	0.37	0.33	0.15	0.00
阿尔巴尼亚	4.11	3.58	2.97	2.97
阿根廷	9.02	8.42	8.29	8.51
亚美尼亚	4.66	4.19	3.69	2.98
安提瓜和巴布达	3.05	3.80	3.52	2.31
澳大利亚	10.64	9.83	8.89	8.86
奥地利	5.80	4.94	5.14	5.24
阿塞拜疆	3.47	3.46	3.31	2.41
布隆迪	5.81	1.71	1.94	—
比利时	3.53	3.40	3.10	2.75
贝宁	1.31	2.08	1.00	1.55
布基纳法索	2.54	3.24	—	1.85
孟加拉国	4.05	3.44	—	—
保加利亚	5.64	5.61	6.20	4.71
巴林	2.81	3.34	—	—
巴哈马	2.83	2.74	3.89	2.90
波斯尼亚和黑塞哥维那	2.89	2.57	2.68	2.80
白俄罗斯	2.43	1.71	2.44	3.62
伯利兹	3.65	2.42	3.56	2.83
百慕大	3.39	3.21	3.56	2.87
玻利维亚	3.46	3.43	3.41	2.74
巴西	9.46	8.83	8.82	8.65
巴巴多斯	6.13	5.03	4.43	5.43
文莱达鲁萨兰国	—	—	4.12	4.87
不丹	2.49	2.38	—	—
博茨瓦纳	3.10	2.45	2.45	2.23
中非共和国	7.67	5.90	7.04	5.26
加拿大	8.43	7.99	7.32	7.30
瑞士	5.88	5.59	5.45	5.58
智利	7.86	7.08	7.20	7.64

（续表）

国家和地区	2010	2011	2012	2013
中国	20.40	18.00	19.56	20.55
科特迪瓦	3.33	3.08	2.48	2.06
喀麦隆	2.56	2.78	2.71	—
刚果（布）	0.89	0.81	0.67	0.59
哥伦比亚	9.63	8.50	8.97	9.95
佛得角	7.55	3.32	3.67	3.89
哥斯达黎加	17.72	18.21	18.31	18.47
加勒比小国	3.58	—	—	—
塞浦路斯	4.69	4.56	4.11	4.44
捷克共和国	17.79	15.82	14.73	13.69
德国	9.16	7.95	7.55	7.20
多米尼克	4.81	—	4.31	—
丹麦	7.92	7.88	8.24	7.26
多米尼加共和国	4.76	3.46	3.24	—
阿尔及利亚	2.96	3.35	4.03	4.15
东亚与太平洋	19.84	16.78	18.19	18.76
东亚与太平洋地区（所有收入水平）	20.12	17.71	18.18	18.51
欧洲和中亚	4.92	4.34	4.53	4.70
欧洲与中亚地区（所有收入水平）	8.52	7.40	6.99	6.90
厄瓜多尔	6.29	6.31	6.43	6.64
阿拉伯埃及共和国	3.75	3.54	3.43	3.55
欧洲货币联盟	8.22	7.12	6.67	6.50
西班牙	6.68	5.24	4.62	4.54
爱沙尼亚	9.64	11.43	10.54	10.72
埃塞俄比亚	8.38	3.83	3.45	3.33
欧洲联盟	8.87	7.68	7.19	7.09
芬兰	8.23	7.13	6.91	5.77
斐济	3.87	3.67	4.25	3.66
法国	7.33	6.54	6.22	6.25
英国	9.49	8.23	7.30	7.86
格鲁吉亚	5.32	4.92	4.90	5.10
加纳	7.13	5.71	4.55	3.77
冈比亚	1.41	1.94	3.03	1.76

（续表）

国家和地区	2010	2011	2012	2013
希腊	4.98	4.99	5.10	3.95
格陵兰	6.14	4.18	3.90	4.48
危地马拉	6.81	5.99	5.65	5.65
圭亚那	2.91	3.62	5.80	2.45
高收入国家	12.09	10.79	10.50	10.48
中国香港特别行政区	42.76	40.41	40.79	38.76
洪都拉斯	5.87	4.79	5.00	—
重债穷国（HIPC）	4.13	3.58	3.33	—
克罗地亚	5.52	4.21	4.35	5.45
匈牙利	21.20	17.48	16.15	15.10
印度尼西亚	8.49	7.41	7.08	7.09
印度	6.31	5.97	5.31	5.78
爱尔兰	10.18	9.33	9.01	9.01
伊朗伊斯兰共和国	3.63	4.60	—	—
冰岛	4.26	4.37	4.09	4.79
以色列	9.20	8.73	8.86	8.76
意大利	7.73	6.21	5.18	4.64
牙买加	3.88	2.87	2.50	2.58
约旦	4.26	4.09	3.63	3.45
日本	11.98	10.14	10.24	10.89
哈萨克斯坦	4.97	5.74	5.81	5.83
肯尼亚	7.22	—	—	—
吉尔吉斯斯坦	2.71	3.82	2.34	2.21
柬埔寨	2.55	2.12	1.68	1.48
基里巴斯	1.82	2.06	1.50	5.00
圣基茨和尼维斯	4.54	5.87	—	—
大韩民国	11.88	10.43	9.79	10.44
科威特	—	—	—	6.84
拉丁美洲&加勒比海地区	14.54	13.15	12.70	13.40
黎巴嫩	2.79	2.34	2.18	3.14
利比亚	3.58	—	—	—
拉丁美洲与加勒比海地区（所有收入水平）	13.18	12.01	11.64	12.13

（续表）

国家和地区	2010	2011	2012	2013
最不发达国家：联合国分类	3.59	3.10	—	—
低收入国家	4.21	3.29		2.69
斯里兰卡	2.95	3.54	3.72	3.78
中低等收入国家	8.13	6.16	7.64	7.95
中低收入国家	13.77	12.00	12.77	13.27
立陶宛	4.12	3.70	3.63	3.61
卢森堡	4.93	4.02	4.08	3.79
拉脱维亚	6.42	5.44	5.96	7.02
中国澳门特别行政区	12.63	13.19	14.49	—
摩洛哥	5.87	4.78	3.51	3.61
摩尔多瓦	3.94	3.45	3.34	3.32
马达加斯加	3.13	2.56	2.38	1.41
马尔代夫	6.50	5.85	4.27	5.08
中东与北非地区（所有收入水平）	5.44	—	—	—
墨西哥	19.23	17.28	16.51	17.11
中等收入国家	13.90	12.13	12.89	13.42
马其顿王国	4.83	3.69	4.00	4.01
马里	2.57	2.95	3.62	—
马耳他	15.43	13.00	10.88	11.49
缅甸	1.69	—		
中东&北非	3.88	4.13	—	—
黑山	3.58	3.29	3.02	3.69
蒙古	—	—	—	3.46
莫桑比克	1.83	1.48	2.25	3.01
毛里塔尼亚	0.94	1.43	1.24	0.71
毛里求斯	5.07	4.35	5.12	5.60
马拉维	5.15	3.54	—	2.15
马来西亚	29.80	25.62	23.12	22.61
北美	13.33	12.08	11.95	12.07
纳米比亚	3.59	3.62	3.10	3.51
新喀里多尼亚	3.29	3.37	3.34	—
尼日尔	1.95	3.73	2.35	2.67
尼日利亚	6.62	3.91	5.54	3.59

（续表）

国家和地区	2010	2011	2012	2013
尼加拉瓜	4.77	4.40	4.43	4.39
荷兰	14.54	12.85	12.09	12.56
高收入非经合组织国家	23.83	22.16	22.33	21.65
挪威	7.45	6.93	7.08	6.91
尼泊尔	6.73	5.27	—	3.49
新西兰	8.32	8.03	7.67	7.55
高收入经合组织国家	10.44	9.22	8.87	8.92
经合组织成员	10.61	9.38	9.03	9.09
阿曼	2.40	2.91	2.98	2.38
巴基斯坦	3.35	3.56	4.36	3.79
巴拿马	9.57	8.08	5.59	5.26
秘鲁	7.48	7.39	7.82	7.85
菲律宾	31.63	13.16	24.75	23.21
帕劳	3.33	3.87	2.53	—
巴布亚新几内亚	—	2.92	2.21	—
波兰	9.81	7.33	8.20	8.62
葡萄牙	5.72	5.01	5.06	4.68
巴拉圭	27.01	21.56	19.11	17.78
太平洋岛国	3.61	3.39	3.79	3.56
法属波利尼西亚	6.01	5.64	5.17	5.37
卡塔尔	4.28	—	—	5.57
罗马尼亚	9.30	7.98	6.77	7.06
俄罗斯联邦	8.53	7.16	7.50	6.84
卢旺达	—	7.04	7.80	7.05
南亚	5.54	5.29	5.02	5.29
沙特阿拉伯	7.17	7.99	7.26	7.41
苏丹	3.95	3.68	3.80	—
塞内加尔	3.27	2.68	2.18	—
新加坡	27.85	23.54	23.41	24.87
所罗门群岛	0.64	1.93	2.72	3.17
萨尔瓦多	5.39	5.03	5.01	4.98
塞尔维亚	4.22	3.92	3.78	3.72
撒哈拉以南非洲	6.71	5.56	5.41	5.56

（续表）

国家和地区	2010	2011	2012	2013
撒哈拉以南非洲地区（所有收入水平）	6.71	5.56	5.41	5.56
小国	3.77	—	—	—
圣多美和普林西比	5.83	6.30	3.22	4.22
苏里南	3.01	2.78	—	—
斯洛伐克共和国	15.62	11.53	12.82	14.23
斯洛文尼亚	4.66	3.97	3.57	3.28
瑞典	11.34	10.67	9.98	9.72
阿拉伯叙利亚共和国	2.22	—	—	—
特克斯科斯群岛	—	2.56	2.98	—
多哥	5.07	4.52	1.86	1.34
泰国	14.18	11.92	11.82	11.30
东帝汶	—	—	—	6.36
汤加	6.36	3.89	3.84	—
特立尼达和多巴哥	3.07	—	—	—
突尼斯	6.31	6.63	5.79	4.96
土耳其	4.47	3.83	4.18	4.57
坦桑尼亚	3.77	3.66	3.63	3.44
乌干达	7.42	7.82	6.63	5.39
乌克兰	3.19	2.59	3.77	3.79
中高等收入国家	15.77	14.00	14.54	15.07
乌拉圭	5.64	5.26	5.62	6.09
美国	14.24	12.84	12.82	12.96
圣文森特和格林纳丁斯	3.67	3.57	3.30	—
委内瑞拉玻利瓦尔共和国	7.57	6.17	6.14	4.19
越南	8.40	10.17	16.18	19.93
瓦努阿图	5.41	3.12	—	—
约旦河西岸和加沙	2.75	3.11	2.54	2.58
世界	12.45	11.05	10.97	11.06
萨摩亚	2.37	2.76	2.74	2.71
也门共和国	1.34	0.99	1.03	1.16
南非	9.24	8.19	7.47	8.18
赞比亚	2.35	2.97	2.28	2.22
津巴布韦	5.53	2.84	3.37	3.78

资料来源：世界银行数据库。

2010—2014年世界各国信息和通信技术服务出口占服务出口总量的比重（单位：%）

国家和地区	2010	2011	2012	2013	2014
阿鲁巴	13.97	13.13	13.96	14.03	—
阿富汗	37.53	45.26	51.64	65.85	—
安哥拉	5.88	6.04	4.55	2.87	—
阿尔巴尼亚	10.84	10.54	11.59	11.07	9.18
阿拉伯联盟国家	17.40	—	—	—	—
阿根廷	42.27	45.40	46.69	47.12	42.09
亚美尼亚	13.53	10.79	9.92	10.73	11.08
安提瓜和巴布达	6.36	6.30	6.25	6.68	—
澳大利亚	17.74	17.79	18.69	19.70	18.23
奥地利	24.98	27.54	29.69	30.62	31.39
阿塞拜疆	20.12	14.14	14.99	17.18	12.91
布隆迪	—	3.48	6.59	14.13	—
比利时	37.57	38.68	40.69	44.82	45.89
贝宁	23.03	21.15	17.20	—	—
布基纳法索	21.06	—	—	—	—
孟加拉国	36.29	37.73	26.54	24.55	27.04
保加利亚	19.10	20.21	23.11	21.30	18.52
巴林	23.11	27.97	22.84	21.63	—
波斯尼亚和黑塞哥维那	7.41	7.40	6.33	6.05	5.41
白俄罗斯	17.88	17.26	17.94	18.35	20.16
伯利兹	9.56	9.80	11.51	9.83	11.68
百慕大	41.96	40.14	40.81	41.43	—
玻利维亚	11.07	9.83	9.71	10.15	8.53
巴西	51.97	52.86	55.75	54.23	57.16
巴巴多斯	25.90	—	—	—	—
不丹	—	—	—	—	1.98
博茨瓦纳	41.92	45.30	42.22	33.82	—
加拿大	42.66	42.41	42.96	42.83	42.43
瑞士	21.48	22.45	23.61	23.17	25.35
智利	20.19	21.51	24.09	26.03	27.00
中国	31.28	32.85	31.17	34.56	—

（续表）

国家和地区	2010	2011	2012	2013	2014
科特迪瓦	28.52	30.10	27.77	29.91	—
喀麦隆	30.58	38.01	29.94	26.43	—
哥伦比亚	17.09	14.13	17.02	15.53	13.75
科摩罗	—	—	22.25	—	—
佛得角	4.80	5.37	5.22	6.05	9.36
哥斯达黎加	40.93	43.62	43.36	42.61	43.57
加勒比小国	13.82	51.69	—	—	—
塞浦路斯	24.78	24.98	25.06	15.38	—
捷克共和国	27.77	30.51	31.05	32.52	31.98
德国	36.64	37.57	39.04	38.44	38.96
多米尼克	22.36	19.57	21.56	20.96	—
丹麦	—	—	—	16.99	17.81
多米尼加共和国	6.95	6.57	6.81	6.11	—
阿尔及利亚	57.77	61.48	58.59	60.46	—
东亚与太平洋	31.42	31.98	31.02	32.59	—
东亚与太平洋地区（所有收入水平）	23.53	24.04	23.07	24.37	—
欧洲和中亚	14.15	13.94	14.38	15.10	15.09
欧洲与中亚地区（所有收入水平）	32.24	32.30	33.49	34.30	32.34
阿拉伯埃及共和国	8.77	7.04	7.28	7.09	10.47
欧洲货币联盟	33.77	34.39	35.75	36.82	34.34
西班牙	29.46	30.23	30.46	35.86	—
爱沙尼亚	25.90	25.05	25.99	26.06	26.75
埃塞俄比亚	8.95	5.97	6.48	—	—
欧洲联盟	33.78	34.03	35.27	36.20	33.94
芬兰	43.50	42.63	44.12	39.29	—
斐济	2.94	4.18	4.30	4.44	—
法国	34.41	33.81	35.25	36.00	38.19
法罗群岛	22.99	25.84	—	—	
密克罗尼西亚联邦	10.94	10.69	14.36	13.07	—
英国	33.49	32.10	33.37	38.29	34.04
格鲁吉亚	4.52	4.60	4.61	4.09	3.91
几内亚	53.66	49.29	64.94	69.26	—

（续表）

国家和地区	2010	2011	2012	2013	2014
几内亚比绍共和国	55.38	64.32	62.79	—	—
希腊	7.64	7.70	7.87	8.02	8.05
格林纳达	15.49	15.01	13.49	13.90	—
危地马拉	18.59	17.28	21.66	19.92	20.92
圭亚那	32.14	34.44	42.22	29.33	—
高收入国家	29.14	29.46	30.01	30.78	30.30
中国香港特别行政区	16.35	15.38	15.41	14.77	—
洪都拉斯	10.60	10.91	11.19	11.23	—
重债穷国（HIPC）	21.39	20.96	20.48	23.90	—
克罗地亚	13.46	12.66	14.06	12.67	—
匈牙利	28.62	28.94	28.76	27.72	28.22
印度尼西亚	33.29	34.02	38.18	33.48	30.48
印度	64.10	61.84	65.89	66.73	65.92
爱尔兰	64.89	64.91	66.30	68.43	—
伊拉克	4.51	4.36	11.97	—	—
冰岛	—	—	—	12.89	13.43
以色列	56.09	59.32	61.86	63.08	62.71
意大利	30.78	31.21	32.54	32.37	32.38
牙买加	8.43	7.81	8.04	7.29	7.56
日本	24.89	27.42	20.29	23.05	24.91
哈萨克斯坦	11.61	11.36	10.89	11.85	—
吉尔吉斯斯坦	27.66	21.65	20.24	15.97	14.41
柬埔寨	5.78	6.36	6.71	8.44	—
圣基茨和尼维斯	14.68	14.30	12.68	10.71	—
大韩民国	15.24	16.41	17.21	19.10	22.01
科索沃	22.87	27.13	20.74	7.57	19.90
科威特	39.50	35.68	39.00	54.61	49.32
黎巴嫩	26.74	48.13	25.41	34.75	—
圣卢西亚	8.55	8.80	7.85	7.59	—
最不发达国家：联合国分类	20.71	20.39	19.95	23.75	—
低收入国家	20.29	20.18	21.49	—	—
斯里兰卡	24.00	22.89	18.73	16.18	14.10

（续表）

国家和地区	2010	2011	2012	2013	2014
中低等收入国家	43.21	44.73	46.58	48.18	51.10
中低收入国家	31.91	33.32	33.22	34.49	—
莱索托	30.56	20.38	23.24	24.34	—
立陶宛	9.69	9.63	9.71	11.07	11.07
卢森堡	17.55	18.08	20.35	21.31	21.34
拉脱维亚	20.33	19.38	19.74	22.01	22.63
中国澳门特别行政区	0.87	0.91	0.68	0.61	—
摩洛哥	20.15	20.11	21.80	22.68	—
摩尔多瓦	26.37	26.62	26.15	24.88	24.83
马达加斯加	22.15	13.75	19.65	15.21	—
中等收入国家	32.18	33.65	33.50	34.64	—
马其顿王国	29.76	23.03	23.89	24.60	22.65
马里	33.91	35.94	43.25	42.54	—
马耳他	19.08	16.06	25.59	25.76	25.97
缅甸	—	—	19.79	29.60	—
黑山	7.97	7.51	7.88	7.93	8.16
蒙古	10.24	21.12	20.69	35.79	—
莫桑比克	29.76	23.43	32.00	26.15	—
毛里塔尼亚	—	—	46.85	50.45	—
毛里求斯	31.88	31.12	35.39	38.04	36.99
马拉维	12.18	18.75	27.08	—	—
马来西亚	21.83	24.66	27.86	29.11	—
北美	24.85	24.98	25.69	25.15	25.35
纳米比亚	11.78	6.77	40.79	38.74	—
新喀里多尼亚	19.18	11.08	8.37	10.66	—
尼日尔	5.44	14.78	18.33	—	—
尼日利亚	2.13	2.53	4.39	—	—
尼加拉瓜	13.28	12.32	12.70	12.17	11.78
荷兰	34.25	35.54	34.74	35.48	34.30
高收入非经合组织国家	20.48	21.03	20.94	21.10	—
挪威	36.44	27.55	35.20	33.70	—
尼泊尔	29.65	40.54	41.47	42.06	—
新西兰	15.31	15.94	15.68	14.75	14.02

（续表）

国家和地区	2010	2011	2012	2013	2014
高收入经合组织国家	30.27	30.62	31.29	32.15	30.52
经合组织成员	29.89	30.23	30.87	31.72	30.04
阿曼	26.45	22.66	15.48	15.24	—
巴基斯坦	16.35	23.44	20.29	32.64	28.38
巴拿马	8.74	7.72	6.02	5.96	8.11
秘鲁	14.01	15.62	15.83	12.52	—
菲律宾	74.92	73.53	70.01	70.89	71.46
巴布亚新几内亚	49.33	73.25	64.16	—	—
波兰	33.06	30.58	30.88	29.49	—
葡萄牙	18.43	20.76	19.68	21.46	20.52
巴拉圭	3.13	2.26	1.83	1.64	—
太平洋岛国	4.34	5.36	4.73	5.67	—
法属波利尼西亚	9.56	7.87	7.01	6.01	—
罗马尼亚	35.07	35.00	37.28	36.09	37.24
俄罗斯联邦	30.44	30.74	31.92	32.25	32.31
卢旺达	8.27	8.59	3.81	—	—
南亚	59.64	58.92	61.89	63.33	62.18
沙特阿拉伯	3.39	2.92	3.59	3.26	2.44
苏丹	30.95	6.32	4.20	9.08	9.35
塞内加尔	33.64	32.27	—	—	—
新加坡	22.90	23.50	25.29	27.15	27.13
所罗门群岛	5.28	6.73	2.88	22.95	—
塞拉利昂	5.84	49.81	57.15	48.80	—
萨尔瓦多	13.25	10.47	10.50	8.96	9.46
塞尔维亚	40.39	38.50	36.08	35.94	—
撒哈拉以南非洲	16.21	16.57	17.27	—	—
撒哈拉以南非洲地区（所有收入水平）	16.11	16.48	17.34	—	—
圣多美和普林西比	9.85	7.86	9.50	13.66	19.58
苏里南	—	44.19	26.73	25.56	29.42
斯洛伐克共和国	22.96	24.51	31.71	32.21	30.19
斯洛文尼亚	20.97	21.52	21.56	22.02	22.27
瑞典	45.96	46.81	46.10	46.95	46.32

（续表）

国家和地区	2010	2011	2012	2013	2014
斯威士兰	28.96	47.01	42.53	48.01	—
塞舌尔	7.46	8.03	21.93	28.50	27.98
阿拉伯叙利亚共和国	2.46	—	—	—	—
多哥	23.22	20.29	13.45	—	—
泰国	20.55	17.15	16.13	14.55	17.40
塔吉克斯坦	75.15	48.52	40.74	14.90	48.37
汤加	8.84	12.94	11.83	—	—
特立尼达和多巴哥	6.47	85.33	—	—	—
突尼斯	8.22	10.76	9.56	10.53	10.10
土耳其	1.99	1.62	1.59	1.54	1.25
图瓦卢	10.31	11.70	10.22	10.69	—
坦桑尼亚	12.87	13.87	12.72	12.99	—
乌干达	13.01	11.49	12.95	17.31	—
乌克兰	17.32	17.92	19.34	22.20	30.66
中高等收入国家	25.63	27.25	26.23	27.35	—
乌拉圭	19.15	16.50	18.88	20.85	22.22
美国	22.38	22.58	23.29	22.81	23.28
圣文森特和格林纳丁斯	26.55	23.99	24.52	25.14	—
委内瑞拉玻利瓦尔共和国	13.00	12.62	11.91	13.36	—
瓦努阿图	4.13	3.31	1.96	1.98	—
约旦河西岸和加沙	6.01	4.35	6.48	18.17	—
世界	29.65	30.17	30.64	31.47	31.26
萨摩亚	9.13	11.24	7.86	6.93	—
也门共和国	7.27	10.27	20.78	22.00	—
南非	13.17	14.64	14.49	15.13	15.41
刚果（金）	37.34	19.46	33.34	18.42	9.61
赞比亚	4.75	4.57	3.25	4.49	4.24

资料来源：世界银行数据库。

附录四：丝绸之路经济带国家信息化基本状况概述

一、战略规划

1. 俄罗斯

2015 年，俄罗斯政府持续推动实施《2018 年前信息技术产业发展路线图》，大力支持信息技术产业发展，充分发挥该产业对经济的带动作用。该路线图以创建创新信息技术研发中心、发展 IT 基础设施、提高 IT 程序员综合素质和减税作为促进信息技术产业发展路径，提出了联邦政府对信息技术产业的四个着重关注点。该路线图计划到 2018 年将信息技术产业的从业人员数量翻一番，降低财政对资源性行业的依存度，使信息技术产业的平均增长率超过 GDP 的平均增长率，同时将俄信息技术产业的产值从 84.4 亿美元提升至 140.6 亿美元，降低俄经济对原材料出口的依存度,通过普及推广信息技术来提高劳动生产率。为推进该《路线图》的实施，俄政府提出四个着重关注点：第一，重点实施信息技术领域的研究和开发。为支持创新研发，俄罗斯政府计划在 2018 年前投入 40 亿卢布（约 8 亿元人民币）建设 50 个信息技术领域的创新研发中心。第二，发展和改善 IT 基础设施，包括创立科技园。据统计，截至 2015 年，11 个科技园项目的面积达到 35 万平方米，为社会创造不少于 2.5 万个高新技术领域的就业岗位。俄罗斯政府将大力支持 IT 产品出口，力争在 2018 年前使俄罗斯 IT 产品出口额达到 90 亿美元。第三，系统培训 IT 程序员、减少人才流失。据统计，俄罗斯 IT 程序员工作岗位目前仍有大量空缺，IT 产业从业人数仅占全国总人口的 1.4%。第四个着重关注点最受社会争议——将享受社会保险缴纳优惠（14%）的 IT 企业员工数量门槛从 30 人降低到 7 人。有关数据显示，2013—2015 年间，俄罗斯为 IT 公司提供的保险缴纳优惠金额达到40亿—50亿卢布（约为8亿—10亿元人民币），但这笔资金并没有划拨到预算中。针对这一争议，俄副总理提出，国家应为IT产业提供优惠政策，以促使俄罗斯培育出大型的IT公司。

为加强促进国家信息化发展，俄政府分别发布了《2020年前俄联邦信息技术产业发展战略及2025年前远景战略》和《俄联邦2030年前科技发展前景预测》。《2020年前俄联邦信息技术产业发展战略及2025年前远景战略》由俄联邦通信和大众传媒部联合经济发展部、教育和科学部、工业和贸易部、劳动和社会保障部及其他有关联邦权力执行机构共同制定完成。该战略明确提出保障措施及预期目标，确定将电子文件流转系统、宽带网络、构建数据中心、开放国家数据、加速发展服务产业作为实施该战略的必要外部条件。预计到2020年，俄罗斯信息技术产业规模将超过4100亿卢布。《俄联邦2030年前科技发展前景预测》由俄联邦教育和科学部起草，该文件明确了未来俄罗斯科学技术发展优先方向，其中，信息通信技术被列在首位，其次为生物科技、医药和健康、新材料和纳米技术、自然环境合理利用、运输和空间系统、能源效率和节能。根据文件，2020年前俄罗斯科学技术开发费用支出在GDP中的比重将由目前的1.2%增至3%。

2.哈萨克斯坦

为促进信息化社会发展，2015年，哈萨克斯坦继续落实《信息化哈萨克斯坦—2020》国家纲要。该纲要旨在确保国家管理高效，有效使用信息交通基础设施，为经济、社会和文化发展建立良好的信息环境，以及促进国内信息空间的发展。该计划加强推动国家各级机关采用信息技术，这不但可以确保有序监管，而且还可避免重复办理手续和提供材料，既削减了财政支出，又提高了服务质量。此外，按照该纲要中国家发展信息通信基础设施的主要方向，国家大力发展以下任务：通过全面使用信息通信技术的方式，解决完善国家管理、建立信息开放的“手机政府”、提高信息基础设施的易用性；通过电子教育、生活培训为公民掌握并获取包含信息技术的工作，获得远程工作和获得电子卫生服务创造条件；通过在经济基础领域最大限度利用智能系统，形成具备竞争力的开放型经济。根据预测，到2017年，各种电子车船票要占所售总数的40%，哈萨克斯坦电视频道的播放扩大到100个国家；到2020年，各种电子车船票将达到所售总数的100%，电视频道的播放扩大到110个国家，计算机知识普及率达到80%，卫星广播电视覆盖哈萨克斯坦全境等。除此之外，信息化法案也已出台。2015年11月，哈萨克斯坦颁布信息化法案，目的是为进一步加强与推进国家信息化建设，促进地方ICT行业发展，节约预算资金采购正版软件、设备及配套软件系统，保障国家机关信息安全，提高国民信息安全意识和素养，通过法律措施引进符合国际标准的先进体系。

与传统销售渠道相比，哈萨克斯坦电子商务市场在最近几年表现出较高的增长态势。市场数据显示，网上购物金额占到全部零售金额的22%—26%。电子商务市场增长的主要因素可以归结为互联网覆盖率的增长、用户网上购物体验效果增加、法律法规逐渐完善、用户数据信息安全保护性增强、便捷的支付工具、价格低廉的商品配送基础设施等。据了解，为进一步促进哈电子商务市场发展，相关部门向议会提交一项关于《哈萨克斯坦就完善电子商务领域法律问题的修正和补充》法案，该项法案涉及若干文件的更改，包括行政法、刑法典、税法典，以及关于贸易活动的法律、消费者和儿童权益保护法等。

3. 塔吉克斯坦

为满足塔吉克斯坦国内不断增长的信息需求和尽快融入世界信息社会，塔政府责成通讯部主持编写了《建设塔吉克斯坦电子政府》《用信息技术发展塔吉克斯坦》和《塔吉克语言的计算机软件程序》等方案，以建成精简高效与无纸办公化的“电子政府”并加快塔现代信息化技术的建设。此外，为改变塔信息业发展落后、计算机普及率低、互联网接入速度慢的窘况，塔通讯部编写了《塔吉克斯坦通信网建设》投资项目书，即塔政府拟建首都杜尚别通向全国各州、市、地区中心的光纤网，与亚欧光缆干线相连。2015年初，塔政府正式采用由国家信息发展计划即塔通讯部编写的《塔信息技术的发展和应用》，该文件中明确规定，信息化建设的目的就是有效提高经济、国家管理和地方管理，为大规模使用信息通信技术创造条件，加快发展和建设塔现代化通信基础设施，促进计算机化的发展，培养高技术人才，完善法律和保障国家信息安全。

4. 乌兹别克斯坦

为引导乌兹别克斯坦步入信息化社会，乌兹别克斯坦政府制定了信息和通信领域发展的长期战略规划，规划了2020年之前本领域的发展方向：电信基础设施发展计划包括17个项目，主要涉及提高移动互联网的访问速度、通信系统的现代化改造等；电子政务发展计划包括22个项目，主要涉及建设信息系统以及数据库;在实体经济内加强IT系统的使用有86个项目,涉及国民经济的各个领域;

还有IT领域的职业培训，主要是培养相关人才。该战略的实施将有助于提高乌政府和经济管理部门工作效率、促进现代化信息通信手段在国家和公共建设领域广泛应用、提高公民计算机知识水平、扩大互联网基础设施建设规模、提高网上公共服务和电子支付水平。此外，乌政府为促进本国信息产业的发展，通过了包括《信息化法》《电子商务法》《数字电子签名法》《电子文件流通法》等在内的一些法律法规。2015年2月，乌兹别克斯坦共和国总统发布了总统令，成立乌兹别克斯坦共和国信息技术和通信发展部。成立该部的目的是进一步完善国家管理体系，加快引进现代化信息和通信技术、“电子政府”系统以及国家经济领域信息系统，对电信基础设施和数据交换网进行现代化改造。信息技术和通讯发展部是在乌兹别克斯坦通信、信息化和电信技术国家委员会的基础上成立的，新部将承接前者包括国际性义务和合同在内的一切义务和合同。2015年5月，乌兹别克斯坦总统签署了新版《电子商务法》。该法规定，电子商务由政府及政府专门授权的电子商务领域的国家机关实施监督管理，以电子形式呈现、能够识别发送人的电子证书和信息与手写的纸质证书具有相同的效力，可以被用作完成交易的证明。该法进一步明确规定，电子商务中的卖方既可以是法人也可以是个体经营户。如果其他的法律没有做出规定，那么，参与电子商务不应当成为限制电子商务的参与者开展不使用信息系统的其他经营活动的依据。新版《电子商务法》明确了电子商务参与者以及信息平台的权利和义务。法律禁止将用户的个人资料用于合同以外的目的并转交给第三方，也不允许未经所有人许可将其个人资料用于产品推广和广告。

5. 土库曼斯坦

2015年初，土库曼斯坦正式实行《土库曼斯坦互联网发展和服务管理法》，该法律旨在促进公共网络迅速发展，提高信息技术在国民经济各领域活动中的作用，扩大全国移动网络发展。该法律保障了在土库曼斯坦境内用户可自由登录互联网，明确了在互联网上发布信息或通过互联网传递信息的法律制度，防止在互联网上实施社会危险行为，为有效发现和查处实施此类违法行为的人创造条件等。调节与土库曼斯坦互联网发展有关的各种关系的主要原则之一是，保障土库曼斯坦公民使用互联网和获取网上信息的权利和自由。法律对儿童接触网上传播的信息做出了特别限制，还规定了互联网用户的责任。用户通过互联网发送包含国家机密的信息，发送国家法律限制或禁止传播的信息，在互联网上散布包含侮辱或诽谤总统内容的信息，号召暴力改变宪法制度，宣扬战争、暴力、种族、民族和宗教仇恨等将被追责。该法律对土库曼斯坦公民个人用户使用互联网权益具有重大意义。

6. 巴基斯坦

巴基斯坦内阁一致通过了《信息技术（IT）行动计划》，该项行动计划着眼于动员国家资源和社会力量，大力培养信息技术人才，加强通信基础设施建设，鼓励软件开发业，推广互联网应用，全面提升国家的信息技术水平和经济竞争力。这份计划成为巴基斯坦历史上第一份关于信息产业的行动计划。根据这项计划，巴政府将重点发展信息技术教育，其中包括设立虚拟 IT 大学和 IT 大学，建设现有的 IT 教育机构，培训 IT 教师，聘请访问学者，为相关专业的优秀学生提供奖学金；建设多个软件技术园，并通过减免税收等手段鼓励软件出口；实施政府上网工程，并在全国的社区设立互联网中心，在邮局设立网亭，方便老百姓上网；设立风险投资基金，为有潜力的 IT 企业提供资金。此外，巴政府还颁布了《数字化签名法》《反计算机犯罪法》等四项法案，以保证和维护信息产业的健康发展。

7. 沙特阿拉伯

自沙特阿拉伯决定开放电信业以来，电信市场逐渐私有化，引入外资和竞争，打破了沙特电信公司对沙特阿拉伯电信业的独家垄断。沙特成立了沙特通信和信息技术委员会（the Saudi Telecommunications and Information Technology Commission ，CITC），它是沙特电信市场的监管者，职责是对私人投资者授予许可证、监管电信和互联网服务以及其他媒体、鼓励投资信息技术服务。沙特通信和信息技术委员会（CITC）通过了解除对通信市场管制的条例，条例涉及许可证的发放、费率、反垄断以及通信设备的标准等。该计划的目标是使沙特更多的人使用到移动电话，据此，沙特通信和信息技术委员会逐步解除了对数据业务、GSM 以及固定电话市场的管制，进一步开放市场，刺激电信业的发展，满足国民的需要。近年来，沙特通信和信息产业发展成为中东地区速度最快的国家之一，据统计，沙特信息产业市场从 2010 年的 35 亿美元增加到了 2014 年的 57 亿美元，年增长率达 13%，2014 年人均消费达 200 美元。

8. 阿富汗

2015 年 8 月，阿电信部长表示，阿富汗将在未来三年重点优先发展互联网、手机和其他信息技术。预计阿富汗五年国家发展战略在电信领域的总投资将达到5亿美元。此外，阿富汗也在中央和地方重新整合了信息通信技术。

9. 伊朗

截至2015年9月，伊朗每年如期举办国际电信展，其目的在于展示国际通信业的最新科技成果及其在伊朗市场的应用，通过国际电讯、资讯科技及网络的相关展品，对伊朗及其周边中东国家和地区的通信业发展规划起到积极示范作用。伊朗曾出台《关于计算机支持信息－提供网络的总政策》，其目的是鼓励互联网的使用和发展。2015年3月，伊朗政府开始向诸如谷歌这样的科技公司提供必要的设备，以保证他们可以在伊朗境内正常提供服务。

近年来，伊朗网络“过滤”系统负责大量审查和封杀具有攻击性和犯罪性的互联网内容，政府发布互联网管制新法令，使对互联网的控制更加容易和系统化，并具体说明以前的管制条令以及对网络犯罪的惩罚。此外，伊朗全面实施高科技发展计划，致力于扩大就业，增加国内生产总值和提升通信的潜在能力。增加定点电话和电话亭，可使大学毕业生和寻求就业人数从目前的30万人提高到60万人，同时改善电信基础设施问题也是其主要任务。通信高科技发展将有助于IT产业作用的发挥，可增加大量的Interne 网络用户。

10. 伊拉克

近年来，伊拉克政府持续展开大规模基础设施重建计划工作，其中包括移动通信与运营 ，PHS无线市话系统及终端，光纤通信，卫星通信，微波通信，网络通信，扩频通信，程控交换，电话设备，通信电源，防雷设备，光缆电缆与附件，仪器仪表等，各类交换设备，光纤及电信相关设备材料等；IT及信息科技有网络服务产品，宽带技术，数码技术设备，计算机，交换机，图形产品，软件与耗材，投影仪器，办公自动化设备，电子产品与配件等相关产品。

11. 土耳其

为加大对社交媒体的管控力度，土耳其出台了加强互联网管理的新法。根据这一法律，如发现某网站存在侵犯隐私权的情况，那么电信组织可以阻止用户对该网站的访问或者直接删除这些内容，这一行为并不需要预先获得法庭的许可。此外，网络服务提供商需加入由政府组办的互联网协会，还需要将访问其网络的用户的活动记录保存两年，在相关部门需要时须予以提供等。在建设信息化基础设施方面，2015年9月，土耳其政府表示，近年来一直在大力提倡加快基础建设，并制定了以能源、交通和电信为发展方向的方针和政策。例如，在铁路交通方面，土耳其决定将其近万公里的现有线路逐步实现电气化、信号和通信自动化。目前，已就投资总额约2.5亿美元的安卡拉—伊斯坦布尔五百公里铁路提速项目开始进行国际招标。此外，利用日本OECF贷款，土耳其已投资金额近7亿美元来完成海峡铁路隧道项目，而伊斯坦布尔市郊铁路改造项目投资总金额也将达到26亿美元。

12. 叙利亚

叙利亚政府为加强网络管理颁布了相应法案，该法案将强化国家对互联网的控制，并对比传统媒体自由度更高的网络媒体形成严重冲击。此外，新法规将授权警察对网络媒体的编辑记者进行搜查和逮捕，并让后者面临刑事指控。此外，近年来叙利亚政府放宽了对这些社交媒体上的内容审查力度。据有关人士报道，叙利亚政府审查的互联网流量极少，大约只有1%。在1%被审查的网络访问请求中，叙利亚政府的审查主要依据四个条件：URL过滤、关键词过滤、目标IP地址和定制化的分类审查条件。URL过滤的重点是Skype这样的即时通信软件，审查对象主要是与政治内容有关的关键词、域名、视频以及逃避审查的技术。

13. 希腊

为提高国家医疗成本效益，希腊政府推出电子处方系统，其主要目的是通过缩减过量的药方来减少国家开支。希腊公共卫生秘书长表示，投资医疗行业是医疗系统最具成本效益的解决方案，部署这类医疗信息技术系统，可以促进增长、社会经济进步并提高就业率。

14. 意大利

自意大利《政府信息社会发展纲要》出台后，意大利信息技术应用方面有了明显提高，其中包括宽带应用、数字签名、远程教育、电子图书馆、远程医疗等领域的信息技术应用。此纲要提出并实现了三大发展战略：一是利用信息通信技术转变政府职能；二是加大人力资源、财政资源、基础设施的投入，鼓励创新，实施信息社会发展计划；三是加强信息通信技术的国际合作，并为战略实施提供了相应的财政资金、人力保障和组织机构支撑与保障。随后，为适应信息化建设深入推进和新技术加快发展的趋势，意大利政府进行了机构改革，将意大利通信部和工业部进行了合并，通信部和工业部已合署办公。另外，为提高政府办公效率，意大利政府发布电子政务计划，大力推广电子政务建设，提高政府办公效率，增加政府决策的透明度。网络基础设施建设方面，政府决定从建设宽带基础设施入手，大幅度提高宽带的普及率，实施了跨越数字鸿沟和下一代接入网两个宽带建设计划。预计到2020年，所有公民都能享受到至少30Mbps的宽带服务。另意大利通过立法，规定优先建设光纤网络基础设施。并实施“米兰计划”，在米兰等试点城市推行光纤到户，积极推广应用fttp等新技术，以光纤化为目标的新一轮宽带网络建设正在意大利全面展开。意大利是最早发起数字电视计划和欧盟内最早发展移动电视的国家。

二、基础设施

1. 俄罗斯

截至2013年初，俄罗斯互联网用户数量达到了6000万，位居欧洲第一，成为欧洲第一网络大国。俄罗斯个人电脑普及率为71.4%，城市为75.6%，农村为58.4%；城市电话机拥有量为3660万部，农村仅为490万部。2014年，俄罗斯互联网普及率达到62%，互联网用户数量达到7230万人，每天上网人数为6000万人。互联网用户年增长量为600万人，而日增长量为670万人。

2. 哈萨克斯坦

截至2014年初，哈萨克斯坦信息和通信总值同比增长12.8%。哈萨克斯坦电信公司是哈萨克斯坦主要通信运营商,在国内电讯市场占据垄断地位。2014年，哈萨克斯坦电信公司开始调整国际长途电话计费标准，从10秒起改为1秒起；哈萨克斯坦农村地区CDMA EV-DO网络服务费用也降幅35%。此次计费调整是根据哈萨克斯坦交通通讯部的命令。

3. 塔吉克斯坦

2014年4月，塔吉克Tcell公司开始提供4G服务。截至2014年7月，塔吉克斯坦共有10家移动电话运营商，其中较有实力的有塔最大私营通信公司Babilon-Mobile、塔俄合资的MLT Mobile、塔美合资的Indigo，以及中塔合资的TK Mobile。此外，塔吉克斯坦互联网接入主要提供商为MLT、Megafon、Tcell、Intercom、Babilon等。据互联网世界统计（Internet World Stats，IWS），塔吉克斯坦互联网普及率为13%，在亚洲的排名仅高于土库曼斯坦；互联网用户为

112万人。而据塔方统计，塔互联网的普及率为50%，这是因为把手机用户也计算在内。塔互联网速度较慢，且价格较高，2M带宽的上网费用每月需要1000美元左右。

4. 土库曼斯坦

截至2014年8月，土移动公司已拥有近400万用户。此外，土库曼斯坦自东向西横贯了一条最先进的光纤电缆，使得本地电话用户的增加使国际和城际通信业务快速增长。

5. 阿富汗

截至2015年1月，阿富汗最大的电信公司——罗山公司已有100万以上的用户，约占全国市场的55%。阿富汗电信市场在快速增长，预计有5个全国性电信公司和2个地区性电信公司进入市场。这些竞争使通信费用从大约每分钟3美元下降到每分钟10美分以下。截至2015年8月，阿富汗已有75%的人口享受电信服务，主要为手机和固话。未来三年，阿拟将该人口电信覆盖率进一步提高到90%。

6. 伊朗

伊历年第一季度（2014年3月21日—5月22日），伊朗7800万人口中有4000万互联网用户，其中2300万为互联网签约用户，互联网普及率达53.2%。互联网用户最多的省份是马赞德兰省，普及率为92%；紧随其后是德黑兰、伊斯法罕、胡泽斯坦和塞姆南，其普及率分别为79.93%、63.29%、59.01%和57.43%。北呼罗珊省普及率最低，仅为29.04%。根据第一季度数据，伊朗宽带普及率为31.6%，相比较去年同期为17.77%。最普遍的上网方式是ADSL，共有1300万伊朗人使用ADSL上网，其中500万是签约用户。移动互联网紧随其后，有1100万人通过移动电话接入互联网,移动互联网普及率为14.73%。而Wi-Fi普及率低，网速较慢。

7. 伊拉克

伊拉克全国有三个通信网经营者，分别是伊拉克Zain、Asiacell和韩国电信。Zain和Asiacell在伊拉克南部、中部和北部运营的是GSM网。其中，Zain是伊拉克最大的运营商，拥有超过50%的市场份额。互联网业务国家公司（The State Company for Internet Services，SCIS）是伊拉克唯一一家互联网业务提供商，与阿拉伯国家和周边国家相比，伊拉克的互联网业务费用是最高的。

8. 土耳其

近年来，电信、旅游、航空等服务行业成为土耳其经济增长的主要推动力，电信服务业发展迅速，需求量也随之增大，目前土耳其电信网络已实现多元化。全国有移动电话用户6600万，渗透率超过90%，公共交换电话网容量2100万，互联网用户3000万，宽带用户600万，国家公路及铁路网络已完全融入欧亚基础设施网络，以及土耳其银行、交通、公共工程、能源和软件开发方面对先进技术的需求一直在增长，目前土耳其电信服务已经进入多元化的新的经济模式，拥有庞大的未饱和市场。2013年，土耳其信息通信技术管理局数据显示，2013年第三季度，土耳其宽带互联网用户数量已达3370万，与2008年600万相比增加4倍多。移动用户6890万，增长2.6%;其中，3G移动用户增长17%。固定用户下降2.8%,为1390万。前三季度,土耳其固话和移动通讯净营业收入63亿里拉（约合31.5亿美元），网络净营业收入16亿里拉；通信领域投资9.06亿里拉，网络投资3.59亿里拉。2014年，土耳其位于伊斯坦布尔的领先移动通信运营商在纽约证券交易所上市，在《福布斯》2014年全球企业2000强中排名第958位。

2015年初,全球领先运营商土耳其Turkcell宣布,将大规模部署3C-HSDPA(三载波高速下行分组接入）技术，使3G网络的下行速率达到63.3Mb/s。Turkcell将由此建成全球最快的3G网络。据了解，Turkcell将在其81个城市的3G网络中部署3C-HSDPA，同时将引入DC-HSUPA（双载波高速上行分组接入）技术，使上行峰值速率达到11.5Mb/s，从而使上下行峰值速率分别比原来提高100%和50%，极大提升用户体验。

9. 叙利亚

据有关人士透露，尽管近年来叙利亚一直被战争阴影笼罩，但其网络基础设施运行得超乎寻常的“正常”。除了一些偏远郊区和农村网络信号不稳定，收费偏贵之外，在大部分城市，有不少运营商可以提供宽带、3G、GPRS服务，他们之间的竞争使得城市的3G网络的资费比郊区和农村便宜，上网的速度也更快。

10. 希腊

自希腊债务危机爆发后，信息产业的浪潮随之到来，新型整合性网路信息平台帮助人才市场上大量求职无门专业人才获得私营企业等的广泛信息、建立起市场交流，提高年轻人就业率的同时也帮助中小型企业更有效地获得人才资源。截至 2015 年，信息平台获得风险投资约合人民币 4500 万职员增至 50 人，目前业务覆盖了三十多个国家，其中 70% 的用户来自美国并在波士顿、伦敦等城市设有海外分部。此外，希腊推出电子处方系统，此系统是欧洲最高级的系统之一，使希腊医药支出减少了 50%,97% 的医生使用电子处方。在电子处方系统刚被推出时，每月全部药方平均成本为 2500 万欧元（即 3380 万美元）左右，每月有 300000 个药方。系统实施三个月后,每月平均成本减少到 1300 万欧元(即 1760 万美元)，每月有 200000 个药方。

11. 意大利

截至 2015 年 1 月，意大利电信公司显示，只有 21% 的意大利人能接入 30Mbps 宽带，远远低于欧盟 62% 的平均水平。此后，爱立信与意大利电信签署一项合作协议，旨在基于 3G 和 4G 移动网络提供移动服务和创新的解决方案。爱立信将为意大利电信提供最先进的移动网络解决方案（包括无线接入网与核心网），在世博会期间为 2000 万参观者和世界各地的参与者优化服务。该网络基础设施将保证必要的网络覆盖，以满足所有参观者以及提供接待和协助服务的数千参与者的联网需求，平均每天 14 万访客，最高达到 25 万。2015 年 6 月 9 日，阿尔卡特朗讯（巴黎证交所和纽约证交所：ALU）宣布，将为意大利电信（TelecomItalia）提供 100Gb/s 睿智光网络技术，促进其基础设施转型，为家庭用户和商业客户交付超宽带互联网和电视服务。阿尔卡特朗讯的 100G 睿智光网络技术将帮助意大利电信的核心网和城域网进行转型，并向 IP 服务演进。截至 2005 年 10 月，意大利电信集团已提供 2500 万条固定电话线路，宽带连接达 630 万条，拥有 370 万公里的国内光缆连接和长途电话网。

三、技术应用

1. 俄罗斯

俄罗斯在 3D 打印领域的某些技术上处于国际领先地位。政府已开始支持建设 3D 打印技术中心，并在重工业发展较好的地区也推动 3D 打印产业的发展。俄罗斯在激光领域的许多研究机构与德国的机构齐名，在全球处于领先地位，著名的光纤激光器供应商 IPG Photonics 公司就是来源于俄罗斯。因此，尽管 3D 打印领域的研究机构数量不多，但由于激光和 3D 打印机之间的特殊联系使得俄罗斯企业在这一领域占据了全球战略性地位，在一些技术领域，如粉末床熔融技术、直接金属激光烧结技术（DMLS）和选择性激光熔化成型技术（SLM）等，俄罗斯处于世界领先地位。此外，俄罗斯的研究机构还在研究3D打印领域的尖端应用，如通过选择性激光烧结技术（SLS）使用金属纳米粒子打印燃料电池和氢蓄电池（俄罗斯科学院）；医疗领域的应用，如通过激光近形技术（LENS）打印基于钛和镍的多孔材料输送药物（列别捷夫物理研究所）、通过选择性激光烧结技术（SLS）打印蛋白植入物（激光与信息技术研究所）、与巴西和拉脱维亚合作实现了器官打印等。OSTEC基金计划通过子公司Shvabe光学仪器控股集团支持建设一个3D打印工厂，该工厂位于克拉斯诺戈尔斯克，主要涉及利用3D打印制造数码相机零部件、摄像机镜头、医用光学仪器等。

随着俄罗斯电子科技在医疗系统上的发展与应用，电子处方成为一个名为EMIAS项目的一部分。EMIAS是一种数字访问系统，旨在提高公共卫生设施的医疗援助质量。该系统为病人提供了预约服务以及包括电子处方在内的多种服务。政府允许公民根据各自不同的身份类别获得免费或优惠的药品产品。

俄罗斯计划在2018年到2024年期间，将一个拥有1800台机架的数据中心扩展到拥有8000台机架。扩建完成后，大约能够满足丝绸之路经济带各国云计算市场总需求的1%。项目第一阶段的预算为5500万，第二阶段的建设预算超过3亿。目前，该项目已被列入金砖五国2020年的贸易、经济以及投资合作蓝图。据了解，该数据中心将为俄罗斯和亚洲市场提供高科技IT服务，主要在中国提供包括云服务、高性能计算和大数据分析系统。

2. 哈萨克斯坦

哈萨克斯坦已开始在军工领域应用3D打印技术，目前正在对军方技术人员进行操作和组装的培训。据了解，用于军事领域的3D打印设备可凭借其内置编辑器，直接从计算机图形数据中生成任何形状的零件，为大幅度提升武器装备的成型和应用速度提供可能。3D打印技术的普及为诸多创新打开了大门，哈萨克斯坦医生还利用3D打印技术为患者制造可更换鼻腔和其他身体器官，3D打印制作的鼻腔将使用生物材料，以及从患者手指关节或膝关节提取的软骨组织。这一技术的广泛运用将极大地降低开销，并为病人及早康复提供有效的帮助。

2015年，哈萨克斯坦保障国家远程医疗网络覆盖全境。“智能医学”、远程预防和治疗及“电子医学”服务投入实施，研究推行公民强制医疗险。预计以上卫生保健方向的发展，将使居民死亡率降低30%，将居民预期寿命提高到73岁。

近年来，哈萨克斯坦积极顺应电子金融和网络工业发展的趋势，居民中使用电子支付系统的人持续增长。哈国家金融电子支付系统包括远程金融服务和银行（非银行）终端，划分为手机服务（手机和短信银行），银行非手机服务（网上银行）和非银行非手机服务（电子货币）。非现金支付可直接通过互联网或使用普通手机、智能手机、平板电脑、电脑通过移动运营商的网络进行。银行目前使用POS机、印码器、ATM机、银行多功能机这几种远程接入终端设备。目前市场上有11种支付系统：国家支付系统、MyPay、HandyPay、KZM、Tau电子钱包、QIWI、iKassa.kz、Quickpay、m'Pay、KiberPlat、Taulink和Yandex Money。

3. 塔吉克斯坦

塔移动电话共采用5种技术标准：AMPS、GSM、CDMA450、CDMA2000 1X和3G-UMTS，移动电话网络基本形成，信号已能覆盖全国各大中城市、主要交通干线及其邻近地区和居民点，但广大农村地区和偏远山区仍是一片空白。随着塔开通独联体第一家3G（第三代通信）业务，移动服务已不仅限于拨打国内国际电话，还可提供因特网、可视电话和远程教育等高端服务。

4. 土库曼斯坦

为进一步适应国家实现现代化的需求，土政府各部门和教育系统大力发展现代通信产业，土总统下令制定了国家的“电子通信系统”发展计划。该系统首先在各主要城市推出，然后进一步在全国范围内推广，最终建立覆盖全国的“电子通信系统”。据土专家介绍，土总统指示建立的所谓“电子通信系统”就是世界许多国家已经广为应用的电子政务系统，即在大量布设电脑和全面接通互联网的基础上，通过安装财务和政务方面的软件实现网上办公和联络。

5. 巴基斯坦

巴基斯坦铁路公司决定采用甲骨文公司的数据库软件、Oracle协作套件和Oracle开发套件。自动化系统可逐渐取代费时费力的旧有流程，数据准确性得以提高，生产力与客户服务获得显著提升，并增强了商业智能（BI）。对巴基斯坦铁路公司来说，运行甲骨文基于Linux的数据库，建立自动数据采集和存储系统，是历史上的一次重要突破。在此之前，每一个与业务有关的活动，包括售票、薪酬和财务报告等，都是依靠人工收集纸质材料。巴基斯坦铁路公司已为每一个部门，包括客服、人力资源、技术、法律、销售、市场推广、售票等，全面部署Oracle数据库。

6. 阿富汗

阿富汗曾在小规模联合作战中使用高端信息技术。例如，使用侦察攻击型无人机、全球信息栅格，验证了网络中心战理论，首次实现了C^4ISR系统为主的全球一体化作战模式；使用单兵数字通信系统、掌上电脑、光电侦察设备、地面传感器和GPS接收机等信息系统，验证了信息化战争中的特种作战理论。

远程医学所起到的作用在阿富汗的农村地区得到了极好的展现。阿富汗农村地区通过使用惠普硬件及打印设备为阿富汗农村提供MedWeb的远程医疗解决方案及服务，从而使远程医疗服务更具移动性，并成功在阿富汗的乡间为当地患者提供医疗救助服务。通过使用带有全球追踪功能的智能手机，能够将所获得的最新病情、疫情数据通过互联网及时更新、传播出去。阿富汗还建立了移动的健康站点对疫情进行实施监测，从而使疫情信息覆盖范围达到周围半径10公里地区。在阿富汗首都喀布尔的实验室里，实验人员能够在喀布尔实时查看疫情发展和传播的最新数据。此外，通过MedWeb所提供的服务，地方诊所的医疗设备故障率也得到明显下降，并且能够将X光片影像及其他医学图像发送到美国、巴基斯坦和印度，从而利用更先进医学技术为患者进行诊断。

7. 伊朗

伊朗在其军事项目揭幕仪式上，对外公开了23个涉及激光和光电领域的新型军事项目，这些新型电子系统产品为伊朗伊斯兰共和国的军队提供了最先进的技术。其中，包括了6种不同类型的搜索跟踪和光电火控系统，可以用来发现、跟踪和打击空中和海上的目标。

2015年，伊朗公开了第三代人形机器人Surena III。Surena III变得更加智能化。研发小组成员对前代Surena的传感器和驱动器做了大幅升级，使得Surena III拥有视觉，可识别人脸和物体，并追踪人的移动。语音识别可以识别一些预设的波斯语句子。同时，Surena III全新的控制软件基于机器人操作系统（ROS），能使其与周边环境进行即时同步交流、管理机器人行为、监控机器人的传感器，并监测系统错误。

8. 希腊

希腊的信息化技术在军事领域上得以应用，允许利顿公司应用技术子公司牵头的财团（包括该公司、雷声公司电磁系统子公司和特拉科航宇公司），提供其先进的自卫综合设备（ASPIS）电子战的一种改型，以装备在希腊空军的F–16 C/D 飞机上，作为希腊F–16飞机的电子战系统。

9. 意大利

根据意大利《政府信息社会发展纲要》，政府制定了十大电子政务发展计划，包括在线服务、电子身份证及国家服务卡、数字签名、电子采购、电子邮件、政府在线付款和预订、公务员计算机技能认证和电子培训等计划。意大利还创建了服务于地方政府的“电子政务能力建设中心”。意大利共有20个大区、103个省、8100个市（镇），而人口少于5000人的小城镇占城镇总数的72%。小城镇在电子政务建设方面存在许多薄弱环节，需要在软件设计、技术标准和能力建设方面给予扶持。因此，政府鼓励一些小城镇共建“电子政务联合服务中心”，实现资源共享，以节省开放和管理费用。此外，一些地方政府开发的医疗保健服务系统、中小企业信息服务系统、网络培训系统等也具有较高的技术水平和推广价值。另外根据有关报道，信息技术在意大利炼油厂也得以应用，意大利阿基普石油公司的IT系统，组合了先进过程控制、实时优化和管理信息系统，现有6座炼油厂实施了自动化操作和控制。

意大利非常重视在医疗活动中采用高科技提高治疗效果，例如，在很多中小型医院展开远程医疗项目。有数据表明，目前在意大利，有能力传输高质量图像的远程医疗系统成为人们就医的优选。此外，意大利成熟的远程医疗应用还体现在远程眼科医疗方面。在开展远程眼科医疗应用的时候，由于系统所传送的是十分精细的眼科手术实时图像，因此要求保证传输过程中的图像十分清晰、稳定，一旦信号有异常波动，将会直接导致整个医疗活动的失败。作为一种远程培训和远程会议的应用工具，意大利为眼科远程医疗开发的产品——Eykona，连接了医院、门诊部、医疗中心、大学医科系和医师等用户，使得他们之间相互联系成为可能。Eykona系统是由装备声音、视频硬件编解码器和标准的视频会议附件组成的计算机平台。该系统的视频会议在ISDN网络上运行，全面兼容H.320协议，相同的标准保证了不同厂家的互通性。另外，该视频会议系统可以传输高质量的静态图像，咨询医疗专家可以清楚地察看远地患者的详细情况并做出诊断。同时，该技术也为健康矫正和糖尿病患者视网膜病的诊断带来一定的好处。

附录五：21世纪海上丝绸之路国家信息化基本状况概述

一、战略规划

1. 泰国

泰国通过发展国家数字经济，推动国家经济增长、提高国家竞争力。一方面加快建设数字基础设施，升级现有设备，提高国内网络覆盖率。另一方面组建东盟最大的数字信息中心，以满足政府公务服务需求和向企业提供租赁管理服务。除此之外，政府还通过电子政府提升公务系统办公效率，为市民提供更加快捷的服务，市民只需要将智能身份证卡插入相应的设备就能办理相关业务。目前，数字经济已经深入生活的方方面面，如数字系统在金融机构财务管理方面的运用，远程教育系统的运用以及公共资源管理数字化的运用等。

在泰国政府推动数字经济发展的过程中，信息科技与通讯部积极配合，引入2016—2020年国家数字经济计划作为发展数字经济的框架。在计划中设立了目标：5年内互联网用户数量达到4000万，信息通信技术产品和服务价值翻一倍。该草案计划包括6大支柱，分别是提供全国高速宽带连接的硬件设备、制定支持网络安全的法律法规及标准、提供软件设施、构建公共服务基础设施、推广数字经济、推广数字社会、推广数字知识。另外，信息科技与通讯部还与财政部、商业部讨论建立一个特别团队在中小企业中推行电子支付系统；和旅游与体育部合作建立一个全国在线旅游网络平台，助力泰国旅游业者拓展国际市场。

2. 柬埔寨

柬埔寨制定了国家信息通讯技术总规划，旨在推动信息通讯技术的发展，以促进国家经济增长。该规划符合《四角战略》第三阶段的国家发展政策以及2015年东盟信息通讯技术总规划，包含4大重点，分别为加强人才建设、保障系统连接、加大办事力度、推动电子服务。为了促进规划落实，邮电部制定了五项优先试点方案，涉及电子政府、电脑应急响应中心、电子商务、电子旅游业以及电子教育。

3. 越南

越南积极制定信息技术工业发展计划，提出了远景规划：至2025年，越南信息技术工业将变成经济高速、稳定发展、营收高、出口价值大的行业。该计划提出的任务之一是，发展重点信息技术工业产品，并据此选择组织、企业，帮助它们参加投资、开发、生产和促进贸易化研究活动以及开展实验。此外，该计划还要求，通过制定、评估和应用有关流程和管理标准，来提高信息技术工业的组织和企业的服务能力和竞争力，确保信息技术工业服务的质量和安全，提高信息技术工业服务人员的技能、业务水平，并提供资金帮助。根据至2025年的目标，越南将具有充足的能力开发、生产信息技术工业的各种产品和服务，很好地满足国内外市场需求，夯实知识经济发展基础，为确保国家数字主权和信息安全贡献力量。

4. 新加坡

2015年，新加坡加入国际电联可持续智慧城市关键绩效指标的试点项目。该项目为期两年，将有助于国际电联对这些指标实现国际标准化，并以此为基础制定一套“全球可持续智慧城市指数”。

新加坡制定智慧金融中心的发展策略，包括五个计划，第一是“金融领域科技和创新计划”，将投入2.25亿元，以鼓励金融机构在新加坡设立研发中心，并展开行业级别的科研项目；第二是要研发更有效的数码支付方式，金管局和财政部已在引领跨部门的合作，力求让支付方式更简单、便捷和安全，减少现金和支票等的使用；第三是要制定新监管汇报框架，包括将匿名数据提供给业内专家以评估金融系统的风险；第四是为金融科技起步公司提供更多帮助；第五是通过高等学府和研究所等培养业内人才，确保员工技能可以跟上相关技术的进步。

5. 印度

印度正在大力推进“数字印度计划”的实施。该计划的目标包括到2019年实现25万座村庄通网络，到2020年停止数码和电子产品的净进口以及创造超过

1亿个就业岗位等。目前，印度采取的措施包括：第一，实施国家光纤网络工程（NOFN）。该工程是印度最大的农村网络连接工程，将铺设75万千米的光纤电缆，旨在连接25万个村级潘查亚特，并为超过6亿的农村居民提供便利的宽带连接。工程的第一阶段由BSNL、印度国家电网PGCIL以及RailTel三家中央国有企业负责实施，覆盖5万个村级潘查亚特，其余的20万个村级潘查亚特预计会分阶段完成，到2016年实现全覆盖。目前，印度政府已授权在喀拉拉邦的伊杜基区建立第一个高速农村宽带网络。第二，启动“数字周”活动，推动“数字印度”建设。第三，通过频谱共享法规，并将4G频谱纳入共享范围。频谱共享有助于带宽的有效利用，可解决掉话和线路拥堵问题。以立法的形式明确频谱共享的相关条款，可对移动运营商的行为进行约束。第四，与美国展开合作。一方面，讨论ICT和电信政策，注重扩大ICT的传播和使用，促进ICT行业创新，增强国家间的数据流通性，并利用互联网的全球性和开放性促进经济增长。另一方面，磋商全球信息安全问题，内容包括共同打击网络犯罪、强化网络安全威胁预警共享机制及加强网络安全事件协同应急响应能力。

6. 孟加拉国

孟议会通过“国家信息和通信技术政策（2015）草案”，旨在通过发展信息和通信技术，建立透明、负责的政府。

二、基础设施

1. 泰国

2014年国际电信公会社会资讯指数研究报告指出，泰国网民增长率世界第一，网民人数排名由第105名上升到第71名，上升了34位。2015年信息通讯技术（ICT）发展指数排名第74名。

开泰研究中心调查显示，2015—2016年泰国有线和无线宽带互联网建设投资将明显增长，预计投资总额将高达1732亿泰铢，其中有线宽带互联网、3G和4G移动通信网络投资金额分别为1112亿泰铢和620亿泰铢。投资主要来自政府部门、国有企业及电信经营商。

泰国机场向国际标准迈进，扩大免费Wi-Fi服务区域。目前，泰国已实现免费Wi-Fi服务全覆盖的机场包括素旺那普、廊曼、清迈、清莱、普吉以及合艾6个主要机场。

2. 缅甸

缅甸移动通信基站建设迅速扩大，预计至 2016 年底移动通信网络将覆盖缅甸超过 70% 的地区。

缅甸通讯与信息技术部与韩国进出口银行签署了信息技术网络扩建项目贷款协议，金额为 5587.4 万美元。该项贷款将用于扩建东芝—曼德勒、曼德勒—密支那、马圭—实兑间的高速光纤网络。

3. 柬埔寨

社交媒体专业传播公司 We Are Social 发表的《数字、社交媒体及手机 2015》报告显示，柬埔寨的网民数量约为 380 万人，比例为 25%。但其网民数量增幅居亚太地区首位，比去年增加了约 3 倍。

4. 越南

Yeahmobi 的调查显示，越南互联网普及率达到 40% 左右。越南不仅网速快，网络基础设施建设也很到位，已解决了一些偏远乡村的上网问题。此外，Wi-Fi 覆盖非常广，在大城市几乎都是免费的。

据越南统计总局统计，2015 年上半年，越南通信业营收额为 178 万亿盾（约合 82.8 亿美元），同比增长 8.4%。其中，互联网通信营收 10.5 万亿盾（约合 4.9 亿美元），同比增长 12.2%。上半年，越南 3G 手机用户数量为 2910 万户，增长 30%，累计全国 3G 手机用户数量已达到 1.37 亿户。而对于 4G 服务，越南将在河内、胡志明市和岘港等主要城市率先启动。

2014 年初，越南政府要求国内运营商暂停 GSM 投资，主推 U900Refarming。越南运营商 Vinaphone 和中兴通讯于 2015 年签订了 U900Refarming&U2100 扩容合同，将在保证现有 GSM 网络运营的前提下，重整频谱资源，实现高效重复利用。项目预计将于 2016 年完工，建成后将覆盖越南全国约 1/3 的面积，覆盖用户数将达 2000 万。

5. 老挝

目前，老挝的电话使用率已达到 85%，相比 2010 年提升了 15 个百分点。其中，部分大城市的电话使用率已达到 100%。此外，互联网（含宽带上网及光纤上网）使用率达到了 21%，比 2010 年提升了 10 个百分点。

6. 马来西亚

Yeahmobi的调查显示，马来西亚互联网用户有135万，渗透率为70%。其主要城市都有3G覆盖,特定的地区还有4G服务。此外,Wi-Fi基本上涵盖全部大城市,市区郊外的覆盖率还在逐渐提升。

马来西亚电讯公司目前已耗资1.2亿马币在柔佛州努沙再也建设数据中心，工程分两期，首期预计在2017年第一季度竣工。该数据中心旨在将马来西亚打造成世界级的数据储存中心，以满足马来西亚甚至是东南亚各企业、政府机构的资料储存及托管需求。

7. 新加坡

世界经济论坛发布的《2015年全球信息技术报告》显示，新加坡在运用信息通讯技术（ICT）推动社会经济发展方面排名全球第一。在该报告的年度“网络就绪指数”（NRI）排名中，新加坡取代芬兰名列榜首。

Yeahmobi的调查显示，新加坡互联网普及率达80%，其平均宽带速度达118.8Mbps，占据亚太地区的领先地位。在移动网络方面，3G/4G使用率达106%。目前，只有很少一部分用户仍在使用2G设备，且新加坡将从2017年4月起终止2G语音、短信和数据服务。此外，新加坡几乎所有地方都可以连接上Wi-Fi。

新加坡推出了三套标准，为迈向“智慧国”的目标做准备。第一套是传感器网络标准，以确保通过各地传感器收集的数据能进行即时分析。第二套是关于物联网基础设施的设计准则。这套标准能让更多不同电子产品和电脑软件相互配合使用，同时保护各机构之间互相传输的数据不被轻易盗取。最后一套标准为特定领域产品的标准，专为医疗、交通和城市生活产品的开发商而设计，主要作用是确保产品的安全性。

8. 印度

印度电信部的研发机构C-DOT推出了四款适合连接所有印度村庄的宽带产品，以实现互联网用户数在两年半的时间从3亿增加到5亿的目标。这也是数字印度计划的目标之一。

印度行业机构互联网和移动协会IAMAI及市场调研公司IMRB的联合报告显示，印度互联网用户数在2015年12月底达4.02亿，较2014年增长49%；预计到2016年6月将增加到4.62亿。此外，截至2015年10月，印度城市移动互联网用户数为1.97亿，较2014年增长65%；农村移动互联网用户数为0.8亿，较

2014年增长99%。而城市和农村互联网用户数截至2015年12月分别达到2.19亿和0.87亿。

9. 巴基斯坦

巴基斯坦电信局报告显示，2014年7月至11月，巴移动3G业务用户净增500万，数量已占全国手机用户的4%，同时全国宽带网络用户总数增加至800万。

10. 埃及

2014年埃及通信行业发展迅猛，通信业产值同比增长13%，占GDP的4%。通讯行业投资2014年增至78亿埃镑。此外，互联网及信息技术在埃及医疗卫生、农业和旅游业等行业的逐步使用，为通信业的发展提供了更大的空间。

埃及将于2016年第一季度推出第四代移动通信技术（4G）。截至2015年5月，埃及的移动通信线路达9703万条，平均通信费是中东国家中最低的；埃及移动电话用户为9600万，比去年同期（1.017亿）减少8.8%；网络用户为3210万，比去年同期（1920万）增加25.9%，其中移动网络用户为2420万。

三、技术应用

1. 泰国

泰国移动支付盛行。截至2014年12月底，手机银行系统中，使用银行交易用户的账户数量累计有337万个，手机用户银行交易金额累计1560亿铢。随着移动设备的普及以及3G/4G网络建设的进展，2015年泰国通过移动设备使用互联网的用户数将从2014年的1830万户大幅增至3300万—3460万户。

据电子交易发展机构（ETDA）发布的一项调查结果显示，2015年泰国电子商务市值达2.1万亿铢，2015年的电子商务市场将比2014年上涨3.65%。

2. 印度尼西亚

印尼与韩国两国政府已就土地信息合作达成共识，将开展土地信息技术的交流合作，并成立专家组以加快推进印尼土地信息系统的建设。

印尼工业部倡议在爪哇至巴厘、苏拉威西、苏门答腊建设5个信息科技与通信工业中心，推动信息科技与通信、软件、多媒体产业发展。由于这类产业的商品的进口量大于出口量，因此，政府希望在2016—2020年实现该类产业的自给自足，而在2021—2025年能具有国际竞争力并实现出口。目前，已有7家企业在印尼国内发展信息与通信技术产业，另有3家企业正在准备建厂中。

印尼万隆市政府、印尼第一大运营商Telkom与华为三方合作，在万隆会议60周年纪念活动主会场及周边部署了印尼首个“平安城市”样板点，以强化安全保卫工作。万隆“平安城市”样板点作为建设“智慧城市”目标的一部分，包含了监控点、传输网络、数据平台、资源管理系统、宽带集群、应急指挥中心六部分，能够严密监控万隆会议60周年纪念活动与会嘉宾步行路线，确保安全。

3. 越南

越南已启动全国FDI数据库系统，以实现国家FDI企业及项目数据库的标准化、计算机化。利用该系统,FDI企业不仅可在提交纸质文件申请投资许可证之前，在线提供项目信息，还可完成向政府管理机构提交在线报告的任务。

越南总理阮晋勇已批准信息技术园区发展指导计划及2030年展望。越南将在河内市、胡志明市和岘港市建设2—3个IT园区。该计划将完善IT园区监管机制和优惠政策，鼓励在IT园区内进行研发投资和创业活动，并加强园区与研究培训机构的联系。

4. 马来西亚

马来西亚2016年将对中国、美国、加拿大、印度、斯里兰卡、缅甸、尼泊尔等国家开放“电子签证”。

据尼尔森和PayPal的调查显示，2014年马来西亚电商市场规模达到47.6亿马币，其中商品交易为14亿马币；2015年底达34.3亿马币，其中15.8亿马币为商品交易。目前，移动电子商务已成为马来西亚民众追求科技生活的新趋势。万事达卡发布的调查报告显示，马来西亚在亚太地区的手机购物排名第三，仅次于印度。

5. 新加坡

新加坡正加快推进智慧国的建设。在技术领域，异构网和智慧国平台是两大支柱，为智慧国战略提供创新支持。其中，智慧国平台的一个核心部分是数据融合与分析平台。该平台由新加坡资讯通信发展管理局设立，主要负责分析公共数据以支持政府决策、改善服务。如在交通领域，通过利用易通卡的使用数据，可分析公众的乘车习惯，从而发掘更多可提供快速交通服务的地点。而对于异构网的建设，新加坡政府在裕廊湖区全面展开了异构网试点计划。该异构网试点计划范围包括裕廊湖区内的组屋电梯、人行道、巴士转换站和地铁站。通过本次试点，可对缓解人流量高峰地区网络拥堵问题的解决方案进行评估，并对蜂窝网络与无线网络之间无缝连接的可行性进行测试。

目前，新加坡越来越多的零售商从线下转为线上，其在线购物市场规模2014年达27亿美元，2015年为34.5亿美元。此外，新加坡拥有高份额的跨境贸易业务，据Forrester的研究显示，60%的新加坡电商销售都来源于海外的订单，这一数值明显高于马来西亚（40%）、日本（18%）和韩国（25%）。

6. 印度

印度正式宣布实施智慧城市项目及城市发展项目，并将在未来五年内投入约1万亿卢比的资金，用于实现城市基础设施建设压力的缓解、投资营商环境的改善，努力打造出更加宜居的城市。其中，城市发展项目选取人口超过10万的500个城市和乡镇，以推进城市基础设施建设，提升公共服务功能。

印度从2015年7月30日开始正式向中国公民推出“电子旅游签证”。

7. 孟加拉国

孟加拉国政府加强网络安全维护，一方面建立网络过滤系统，对社交媒体的内容进行审查。另一方面则是要求国际网关运营商建立深层数据包检查系统，若运营商不予执行，其营业执照将被吊销。此外，孟加拉电信管理委员会（BTRC）还通过建立网络服务商数据库进行有效管理。

8. 埃及

埃及将通信技术应用于城市交通监控系统。该系统可利用摄像头、移动交通站点采集信息，从而对道路交通状况进行监测。与此同时，该系统还建立交通事故快速响应机制，并设立交通通讯站收集市民的投诉、建议。

PAYFORT发布的报告显示，埃及电子商务市场在2020年将达到27亿美元，是2014年的两倍；网上旅游产品销售市场将达到8.7亿美元；在线机票市场将达到28亿美元。埃及目前使用互联网的人数超过4000万，其中在线购物人数约为1520万，占据阿拉伯国家的首位。

9. 阿联酋

目前，阿联酋推出的从电子政务向移动政务转换的路线图已经取得明显成效。据移动政务进展报告显示，在两年时间内完成转换的政府部门达到了96.3%。此外，根据计划，使用政府移动服务的用户数到2018年将提高80%。

后 记

当前，“融合、创新、变革”已成为世界信息化发展的主旋律，信息化与全球化相互交织推动着资本、信息、人才在全球范围内加速流动。以网络空间、共享经济、工业互联网、人工智能、3D打印、量子通信、数字化单一市场、网络安全为主要特征的信息网络社会日渐成熟，已成为不可阻挡的时代潮流，带来了生产方式、生活方式、消费方式的深刻变革。世界各国纷纷意识到信息化对经济社会发展的强大引领作用，更多的国家和地区会从战略高度推动信息化发展、打造网络强国，构筑信息时代的国家竞争新优势。为摸清全球范围内信息化发展现状，帮助政府部门准确把握信息化发展的趋势和规律，赛迪智库信息化研究中心组织专门团队，组织撰写了《2015—2016年世界信息化发展蓝皮书》。

全书共分二十八章。由樊会文担任主编，杨春立、潘文担任副主编，潘文负责全书编写框架的设计、组织和统稿。具体各章节的撰写人员为：综合篇、展望篇由潘文撰写，发展篇由王蕤撰写，领域篇由高婴劢撰写，政策篇由张朔撰写，热点篇由潘文、王蕤、高婴劢、张朔、卢竹、张弛、余坦撰写，附件由卢竹、张弛整理。其他参加本课题研究、数据调研及观点提炼的人员有：肖拥军、鲁金萍、刘若霞、姚磊、刘鹏宇、袁晓庆、许旭、赵争朝、王伟玲、汤敏贤、徐靖等。本书的出版还得到了院软科学处的大力支持，在此一并表示诚挚感谢。

本书的内容和观点虽然经过广泛而深入的讨论，在编写过程中也经过多次修改和提炼，但由于涉及领域宽、研究难度大，有些实践还待时间考验，加之编者的理论水平、眼界和视野所限，难免存在不少缺点和不足，敬请广大读者批评指正。

面向政府　服务决策

思想，还是思想
才使我们与众不同

《赛迪专报》	《两化融合研究》	《财经研究》
《赛迪译丛》	《互联网研究》	《装备工业研究》
《赛迪智库·软科学》	《网络空间研究》	《消费品工业研究》
《赛迪智库·国际观察》	《电子信息产业研究》	《工业节能与环保研究》
《赛迪智库·前瞻》	《软件与信息服务研究》	《安全产业研究》
《赛迪智库·视点》	《工业和信息化研究》	《产业政策研究》
《赛迪智库·动向》	《工业经济研究》	《中小企业研究》
《赛迪智库·案例》	《工业科技研究》	《无线电管理研究》
《赛迪智库·数据》	《世界工业研究》	《集成电路研究》
《智说新论》	《原材料工业研究》	《政策法规研究》
《书说新语》		《军民结合研究》

编 辑 部：赛迪工业和信息化研究院
通讯地址：北京市海淀区万寿路27号院8号楼12层
邮政编码：100846
联 系 人：刘 颖　董 凯
联系电话：010-68200552 13701304215
010-68207922 18701325686
传　　真：0086-10-68209616
网　　址：www.ccidwise.com
电子邮件：liuying@ccidthinktank.com

研究，还是研究
才使我们见微知著

信息化研究中心	工业化研究中心	规划研究所
电子信息产业研究所	工业经济研究所	产业政策研究所
软件产业研究所	工业科技研究所	军民结合研究所
网络空间研究所	装备工业研究所	中小企业研究所
无线电管理研究所	消费品工业研究所	政策法规研究所
互联网研究所	原材料工业研究所	世界工业研究所
集成电路研究所	工业节能与环保研究所	安全产业研究所

编 辑 部：赛迪工业和信息化研究院
通讯地址：北京市海淀区万寿路27号院8号楼12层
邮政编码：100846
联 系 人：刘 颖　董 凯
联系电话：010-68200552 13701304215
010-68207922 18701325686
传　　真：0086-10-68209616
网　　址：www.ccidwise.com
电子邮件：liuying@ccidthinktank.com